ARTEN DES LEBENDIGSEINS

BAPTISTE MORIZOT

ARTEN DES LEBENDIGSEINS

Annäherung an das verwobene Leben

Aus dem Französischen
von Richard Steurer-Boulard

INHALT

Wer das Tiefste gedacht, liebt das Lebendigste

Hölderlin, *Sokrates und Alcibiades*

HINWEIS FÜR DEN LESER

Dieses Buch versammelt sechs Texte unterschiedlicher Art, von denen man meinen könnte, einige seien bereits an anderer Stelle, in Zeitschriften oder Zeitungen, veröffentlicht worden. Die Wahrheit ist komplexer.

Der Schriftsteller Jean-Christophe Bailly sagte mir einmal, als wir über die Rätsel des Schreibens diskutierten, dass er einen gewissen Spielraum habe, wenn er Prosa schreibe, aber wenn er Poesie schreibe, der Text sich ihm aufzwinge, sodass er nichts entscheiden könne, so als diktiere man ihm die Worte. Seine genaue Formulierung, die mich beeindruckt hat, war: »Wenn ich Poesie schreibe, ist jemand am anderen Ende der Leitung.« Wenn ich schreibe, bin ich oft in einer ähnlichen Situation. Ich habe das seltsame Gefühl, dass bestimmte Ideen mich erwählen und von mir verlangen, dass ich ihnen gerecht werde. Sie sind am anderen Ende der Leitung. In meinem Fall spricht die Stimme in einer Fremdsprache, die ich nicht verstehe. Doch sie fordert gebieterisch von mir, dass ich ihr Kauderwelsch mit der größten Genauigkeit übersetze, als hinge mein Leben davon ab. Ich darf nicht aufhören, auszubessern, wiederaufzunehmen, umzuschreiben, bis ich spüre, dass ich der Idee, der Vision, der Einsicht gerecht geworden bin, selbst wenn es immer schmerzlich unvollkommen ist (jedenfalls von ihrem Standpunkt aus). Die offiziellen Formate interessieren sie leider nicht. Was die Ideen von mir verlangen, führt zu einem Text, der immer zu lang für einen Artikel und zu kurz für ein Buch ist. Vom »anderen Ende der Leitung« tyrannisiert, gelingt es mir nie, dem geforderten Format zu entsprechen (auch wenn das für Schriftsteller und Forscher ein ziemlich banales Problem ist). Ich schreibe also eine komplette, vollendete Version, die in meinen Augen die einzig »wahre« ist, die einzige, die der Idee wirklich gerecht wird, und danach muss ich sie mit der Axt zurechtstutzen, sie manchmal auf ein Drittel oder Viertel kürzen (das bricht mir das Herz), damit sie in die editorischen Formate passt (was ich hier nicht kritisiere, der Umfang ist mit Anforderungen verbunden, die sich verteidigen lassen).

Es handelt sich hier also um diese kompletten, vollendeten, vollständig entfalteten Texte. Sie sind so etwas wie ein *director's cut* beim Film.

Der Romanautor Jim Harrison stellte eines Tages fest, dass seine Geschichten zu lang für Novellen und zu kurz für Romane sind. Er hat eine sonderbare literarische Gattung zwischen den beiden entdeckt, ein Mischwesen, das er *Novella* nannte. Als ich das las, fand ich ein Wort für die Textgattung, die Sie lesen werden: es handelt sich um *philosophische Novellas*.

Ich habe sie ausgewählt und zusammengestellt, damit sie gemeinsam eine größere Wirkung bei denen entfalten, die sie durchstreifen, nämlich die Wirkung, auf die Begegnungen mit dem Lebendigen in uns und außerhalb von uns vorzubereiten, indem sie auf eine andere Art von Aufmerksamkeit, auf eine anderen Aufmerksamkeitsstil hinarbeiten, auf so etwas wie eine Aufgeschlossenheit für die Arten des Lebendigseins. Mehr verrate ich nicht.

EINFÜHRUNG

DIE ÖKOLOGISCHE KRISE
ALS KRISE DER SENSIBILITÄT

Die Welt besteht aus so vielen verschiedenen Arten,
jede einzelne ein verrücktes Experiment.[1]
Richard Powers

Wir befinden uns auf dem Col de la Bataille[2], es ist Spätsommer, es ist kalt, starke Nordwinde treffen hier auf Südwinde. Es ist ein trostloser, im Paläolithikum verbliebener Gebirgspass, über den eine kleine asphaltierte Straße führt, die oft gesperrt ist. Aber es ist keine Wüste, sondern eine Drehscheibe für das Leben in den Lüften. Hier kommen nämlich viele Vögel, unzählige Arten, auf ihrer langen Reise Richtung Afrika vorbei. Es ist eine mythische Pforte, durch die man auf die andere Seite der Welt gelangt. Wir sind hier, um sie zu zählen. Ausgerüstet mit einem manuellen Personenzähler, wie man ihn in Diskotheken und Theatersälen verwendet, klicken wir wie wild, in einer Art fröhlicher Trance für jede Schwalbe, die vorbeifliegt. Es sind Tausende, Zehntausende. Meine Begleiterin zählt 3547 in drei Stunden: Rauchschwalben, Mehlschwalben, Felsenschwalben. Sie kommen aus dem Norden, in Trauben, in Schwärmen, sie drängen sich in den Sträuchern unterhalb des Passes zusammen und warten auf Zeichen, die uns rätselhaft sind. Sie schätzen den Wind ab, das Wetter, ihre Anzahl, was weiß ich noch, sie füllen ihre winzigen Fettreserven während des Halts auf; und in einem bestimmten Augenblick, aus Gründen, die sich unserem Verständnis entziehen, stürzt sich ein ganzer Schwarm Schwalben in die Bresche, die sich in der Zeit aufgetan hat, um den Pass im richtigen Moment zu überqueren, gerade im richtigen Moment. Die Vögel bedecken den Himmel wie Sterne. Sobald die Windwand, die sie vom Süden trennt, überwunden ist, sind sie auf der anderen Seite. Sie haben es geschafft, sie haben eine Schwelle überschritten. Es wird weitere geben. Weiter unten, dicht am

Boden, spielt sich die schleichende Migration der Sperlinge ab: Sie flattern von Baum zu Baum, kaum wahrnehmbar, als wären sie auf einem Spaziergang, aber von Baum zu Baum gelangen sie bis ans Ende der Welt. Manche Blaumeisen überqueren die Passstraße zu Fuß, um unter der Windwelle durchzukommen. Sie brauchen eine Minute, um stur den Asphalt zu überqueren. Sie zögern nicht, aber sie beeilen sich auch nicht. Sie haben eine Reise vor sich, die bis nach Nordafrika führt. Wie kann man einen Kontinent von Mut in elf Gramm Leben unterbringen? Die Greifvögel sind auch hier, der Fischadler, der heimliche König der Flüsse, der seine Krallen zu kräftigen, fischenden Bärentatzen entwickelt hat, ist eine reine Verkörperung der Tat: zwei Flügel, die vom Himmel stürzen, gepaart mit zwei unermüdlichen Klauen. Die Turmfalken und die Baumfalken mischen sich in den Schwarm, Jäger inmitten der Beute, so wie die Löwen mit den Gazellen reisen. Dies ist nur eine von vielen Schwellen im langen Zug von einem Ende der Erde zu einem anderen: die Migration von allem, was uns von den Dinosauriern bleibt, die noch ziemlich lebendig sind, obwohl einige Naive glauben, sie seien ausgestorben (sie haben sich bloß in Spatzen verwandelt). In diesem Zug findet man Pieper, Stelzen, Braunellen, riesige Geier und winzige Finken, Goldhähnchen, Girlitzen, Mauerläufer und Rotmilane, die wie gallische Stämme in ihren Farben stolzieren, jeder mit seinen Sitten, seiner Sprache, seinem ichlosen, spiegellosen Stolz – jeder mit seinen Ansprüchen. Und jede dieser Lebensformen hat ihre einzigartige Perspektive auf diese miteinander geteilte Welt, und beherrscht die Kunst, Zeichen zu lesen, die alle anderen ignorieren.

Die Schwalben zum Beispiel müssen während der ganzen Dauer des Flugs Nahrung aufnehmen; als Klimaexperten kennen sie die Tageszeiten, zu denen Insektenschwärme ihren Weg kreuzen werden, um sich im Flug von ihnen zu ernähren, ohne die Richtung zu ändern, ohne anzuhalten, ohne langsamer zu werden.

Plötzlich zieht ein Motorengeräusch unsere Aufmerksamkeit auf sich. Unten auf der Straße erklimmt eine Schlange Oldtimer den Pass. Es handelt sich um eines jener Treffen von Sammlern, die am Sonntag ausfahren, um ihre aufgetakelten Klapperkisten auf den Bergstraßen funkeln zu lassen. Sie machen am Pass Halt. Sie verlassen die Autos für ein, zwei Minuten, um ein paar akrobatische Selfies zu schießen, indem sie versuchen, Kühlerhaube, Lächeln und Landschaft auf dem Bildschirm zusammenzubringen. Sie sind rührend, und glücklich, hier zu sein. Dann brechen sie wieder auf. Meiner Freundin neben mir steht ein Bild vor Augen, das uns im schrecklichen Wind lähmt: »Sie haben es nicht bemerkt. Sie haben nicht bemerkt, dass sie sich inmitten von so etwas wie dem lebendigsten, kosmopolitischsten, buntesten Hafen des Mittelmeers befanden, von dem aus unzählige Völker nach Afrika aufbrechen.«[3] Völker, die gegen die Elemente kämpfen, sich mit den Energieströmen vermählen, in der Sonne jubilierend mit der Kraft des Windes gleiten.

Als Primaten, die von ihresgleichen verblendet sind, haben sie nur einen trostlosen Gebirgspass gesehen, eine leere Kulisse, eine stumme Landschaft, einen Bildschirmhintergrund. Diese Bemerkung impliziert keinerlei Klage gegen diese Leute. Sie sind weder besser noch schlechter als wir. Wie oft haben denn nicht auch wir nichts von dem mitbekommen, was sich an Lebendigem an einem Ort abspielte? Wahrscheinlich jeden Tag. Unser kulturelles Erbe, unsere Sozialisierung hat uns so geprägt, es gibt Gründe und Ursachen dafür. Aber das ist kein Grund, nicht dagegen zu kämpfen. Kein Vorwurf, aber eine gewisse Traurigkeit angesichts dieser Blindheit, ihrer Tragweite und ihrer unschuldigen Gewalt. Die große Herausforderung besteht darin, dass wir als Gesellschaft wieder lernen, die Welt von Entitäten bevölkert zu sehen, die *wunderbarer* als Autosammlungen und Museumsgalerien oder auf andere Weise wunderbar sind. Und anzuerkennen, dass sie eine Wandlung unserer Lebensweisen und unseres Zusammenlebens erfordern.

Aus dieser Erfahrung lässt sich eine Idee skizzieren. Unsere ökologische Krise ist tatsächlich eine Krise der menschlichen Gesellschaften: Sie bringt das Schicksal zukünftiger Generationen, geradezu unsere Existenzgrundlagen und unsere Lebensqualität durch verschmutzte Umwelt in Gefahr. Sie ist auch eine Krise des Lebendigen: in der Form des sechsten Massenaussterbens, des Verschwindens von Wildtieren sowie der Störung ökologischer Dynamiken und Evolutionspotenziale der Biosphäre durch den Klimawandel. Doch sie ist auch eine Krise von etwas anderem, von etwas, das unscheinbarer, aber vielleicht grundlegender ist. Ich stelle die Hypothese auf, dass dieser blinde Fleck darin besteht, dass die aktuelle ökologische Krise nicht so sehr eine Krise der Menschen *auf der einen Seite* und der Lebewesen *auf der anderen*, sondern vielmehr eine Krise unserer *Beziehungen* zum Lebendigen ist.

Sie ist auf spektakuläre Weise vor allem eine Krise unserer produktiven Beziehungen zur lebendigen Umwelt, die sich im finanzgetriebenen Ausbeutungswahn des vorherrschenden Wirtschaftssystems zeigt. Sie ist aber auch eine Krise unserer kollektiven und existenziellen Beziehungen, unserer Verbindungen und Zugehörigkeiten zu den Lebewesen, die die Frage nach ihrer *Bedeutung* aufwerfen, Beziehungen, durch die sie zu unserer Welt gehören oder *außerhalb* unserer Wahrnehmungs- und Gefühlswelt sowie außerhalb der politischen Welt stehen.

Diese Krise ist schwierig zu benennen und zu verstehen. Doch jeder spürt deutlich, wozu sie uns aufruft: Wir müssen unsere Beziehungen zu den Lebewesen ändern.

Die aktuelle Begeisterung, die hervorgerufen wird durch politische Experimente innovativer Arten des Zusammenlebens und In-Beziehung-Tretens mit den Lebewesen, das Aufkommen von Formen alternativen gemeinschaftlichen Lebens, das Interesse an ökologischer Landwirtschaft und subversiven Wissenschaften – die die lebendige Natur neu beschreiben, nämlich als reich an Kommunikation und Bedeutungen –, das alles sind frühe und doch kräftige Signale für diesen Wendepunkt in dieser besonderen Zeit, die die unsere ist.

Ein Aspekt dieser Krise wird jedoch weniger wahrgenommen, weil er unscheinbarer und in seiner politischen Dimension, das heißt in seinen Politisierungsmöglichkeiten kaum vernehmbar ist. Das ist der Aspekt, der darin besteht, die Krise als eine Krise der Sensibilität[4] zu verstehen.

Die Krise unserer Beziehungen zum Lebendigen ist eine Krise der Sensibilität, weil die Beziehungen zu den Lebewesen, die wir uns angewöhnt haben, zu ihnen zu unterhalten, Beziehungen zur »Natur« sind. Wie der brasilianische Anthropologe Eduardo Viveiros de Castro erklärt, denken wir Erben der abendländischen Moderne, dass wir »natürliche« Beziehungen zur Welt der nichtmenschlichen Lebewesen unterhalten, weil jede andere Beziehung zu ihnen unmöglich wäre. Im Kosmos der Modernen gibt es zwei mögliche Arten von Beziehungen: entweder natürliche oder gesellschaftspolitische, und die gesellschaftspolitischen Beziehungen sind ausschließlich den Menschen vorbehalten. Das impliziert folglich, dass man die Lebewesen im Wesentlichen als Kulisse, als ein Reservoir an Ressourcen ansieht, das für die Produktion zur Verfügung steht, als einen Ort der Erholung oder als eine emotionale und symbolische Projektionsfläche. Als Kulisse und als Projektionsfläche haben sie ihre ontologische Konsistenz verloren. Etwas verliert seine ontologische Konsistenz, wenn man die Fähigkeit verliert, es als ein vollwertiges Wesen zu achten, das im Gemeinschaftsleben zählt. Das Ereignis, mit dem die Krise der Sensibilität beginnt, besteht darin, dass die lebendige Welt aus dem Bereich der kollektiven und politischen Aufmerksamkeit, aus dem Bereich des Wichtigen und Bedeutsamen herausgefallen ist.

Unter »Krise der Sensibilität« verstehe ich die Verarmung der Möglichkeiten, wie wir Lebendiges fühlen, wahrnehmen und verstehen können, welche Beziehungen wir zum Lebendigen knüpfen können; eine Verringerung der Bandbreite an Affekten, Perzepten, Konzepten und Praktiken, die uns mit ihm verbinden. Wir besitzen eine Vielfalt von Wörtern, von Relationstypen und von Gefühlsweisen, um die Beziehungen zwischen Menschen, zwischen Gemeinschaften, zwischen Institutionen, die Beziehungen zu technischen Gegenständen oder zu Kunstwerken zu bezeichnen, aber viel weniger für unsere Beziehungen zum Lebendigen. Diese Reduktion der Spanne der Sensibilität fürs Lebendige, das heißt der Palette an Formen der Aufmerksamkeit und der Qualitäten der Aufgeschlossenheit gegenüber dem Lebendigen, ist sowohl eine Wirkung als auch ein Teil der Ursachen unserer ökologischen Krise.

Ein erstes Symptom dieser Krise der Sensibilität, vielleicht das spektakulärste, drückt sich im Begriff des »Aussterbens der Naturerfahrung«[5] aus, den der Schriftsteller und Schmetterlingsforscher Robert Pyle vorgeschlagen hat: das Verschwinden der alltäglichen und erlebten Beziehungen zum Lebendigen. Eine kürzlich durchgeführte Studie zeigt etwa, dass ein nordamerikanisches Kind zwischen 4 und 10 Jahren fähig ist, im Nu mehr als tausend Markenlogos zu erkennen und zu unterscheiden, aber unfähig ist, die Blätter von zehn Pflanzen, die in seiner Gegend wachsen, zu identifizieren.[6] Die Fähigkeit, Existenzformen und -stile anderer Lebewesen zu erkennen und zu unterscheiden, verschiebt sich massiv hin zu industriellen Produkten. Gleichzeitig ist die Sensibilität für die Lebewesen, die mit uns die Erde bevölkern, sehr schwach ausgeprägt. Auf die Auslöschung der Erfahrung und auf die Krise der Sensibilität zu reagieren, bedeutet, die Palette der Arten und Weisen zu erweitern, in denen wir die Vielfalt der Lebewesen empfinden, verstehen und Beziehungen mit ihr eingehen können.

Es besteht eine unscheinbare, aber tief reichende Verbindung zwischen dem gegenwärtigen massiven Verschwinden der Feldvögel, das von wissenschaftlichen Studien dokumentiert wird, und der Fähigkeit eines Vogelgesangs, fürs menschliche Ohr Sinn zu erzeugen. Wenn ein Koyukon-Indianer den Schrei eines Raben in Alaska hört, dringt der Ton in ihn ein und ruft sowohl die Identität des Vogels, die Mythen, die seine Sitten und ihre gemeinsame Abstammung erzählen, als auch ihre unvordenklichen Bündnisse in der mythischen Zeit in Erinnerung.[7]

In unseren Städten gibt es überall Raben, ihre Rufe dringen täglich an unsere Ohren, aber wir hören nichts, weil wir sie in unserer Vorstellungswelt zu Tieren gemacht haben, zu »Natur«. Es ist traurig, dass die zehn Vogelgesänge, die man jeden Tag hört, nur als *weißes Rauschen* auf unser Gehirn treffen, oder bestenfalls an einen bedeutungslosen Vogelnamen erinnern: so wie alte Sprachen, die niemand mehr spricht und deren Schätze unsichtbar sind.

Die Gewalt unseres Glaubens an die »Natur« kommt dadurch zum Ausdruck, dass die Gesänge der Vögel, Grillen und Heuschrecken, in die man im Sommer eingebettet ist, sobald man sich von den Stadtzentren entfernt, in der Mythologie der Modernen als *erholsame Stille* erlebt werden. In Wirklichkeit bilden sie, für denjenigen, der versucht, sie zu übersetzen und sie aus dem Status des weißen Rauschens herauszuholen, eine Myriade von geopolitischen Botschaften, territorialen Verhandlungen, Serenaden, Einschüchterungen, Spielen, gemeinschaftlichen Freuden, Herausforderungen und wortlosen Verhandlungen. Die geringste Blumenwiese ist eine kosmopolitische, vielsprachige Karawanserei, die von unermüdlicher Aktivität der unterschiedlichen Arten wimmelt. Es ist wie ein Raumschiff an den Rändern des Universums, wo Hunderte unterschiedliche Lebensformen sich begegnen und einen *Modus Vivendi* herstellen, indem sie mit Lauten kommunizieren. In den

Frühlingsnächten hört man in diesem Raumschiff die Laser-Gesänge der Nachtigallen, die gewaltlos, mit Schönheit, um Weibchen kämpfen, die nach ihnen von der Migration zurückkommen und in der Nacht in den Wäldern herumirren, um ihre Männchen zu finden; man hört verblüfft das Bellen der Rehe, ein gutturales Knurren intergalaktischer Wildtiere, die die Verzweiflung des Begehrens heulen.

Was man »das Land« an einem Sommerabend nennt, ist der bunteste und lärmigste Suk voller Spezies, voller geschäftiger Energien, ein nichtmenschlicher Times Square am Montagmorgen – und die Modernen sind so verrückt, ihre Metaphysik so selbstbestätigend, dass sie darin eine erholsame Stille, eine kosmische Einsamkeit, einen zur Ruhe gekommen Raum sehen; einen Ort ohne reale Anwesenheit, einen stummen Ort.

Die Stadt zu verlassen bedeutet also nicht, sich bukolisch von Lärm und Belästigung zu entfernen, bedeutet nicht, auf dem Land zu leben, sondern *in der Minderheit* zu leben. Sobald die Natur denaturalisiert wird – keine kontinuierliche Fläche mehr ist, keine eindimensionale Kulisse, vor deren Hintergrund sich die menschlichen Abenteuer abspielen –, sobald man das Lebendige zu Lebewesen macht und nicht zu Dingen, wird der artenreiche Kosmopolitismus für den Geist überwältigend, fast erstickend, erdrückend, denn dann sind wir in der Minderheit. Ein gutes Heilmittel für die Modernen, die die schlechte Angewohnheit angenommen haben, alle »anderen« in Minderheiten zu verwandeln.

Von einem gewissen Gesichtspunkt aus gesehen stimmt es, dass wir eine bestimmte Sensibilität *verloren* haben: Die massive Urbanisierung, die Tatsache, im Alltag nicht im Kontakt zu zahlreichen Lebensformen zu leben, hat uns die Fähigkeiten des Spurenlesen verlernen lassen. Ich verstehe Spurenlesen in einem angereicherten philosophischen Sinn als die Sensibilität und die Aufgeschlossenheit für die Zeichen anderer Lebensformen. Diese Kunst des Lesens ist verloren gegangen. Man »sieht nichts«, und es ist wichtig, Wege der Sensibilität wiederherzustellen, um wieder sehen zu lernen. Wir sehen nicht nur deshalb nichts in der »Natur«, weil wir über keine ökologischen, ethologischen und evolutionären Kenntnisse verfügen, sondern weil wir in einer Kosmologie leben, in der es vorgeblich nichts zu sehen gibt, das heißt hier, dass es nichts gibt, was zu *übersetzen* wäre, keinen Sinn, der zu deuten wäre.[8] Die ganze philosophische Herausforderung besteht darin, es wieder sinnlich fassbar und offensichtlich zu machen, dass es in der uns umgebenden lebendigen Umwelt etwas zu sehen und reichhaltige Bedeutungen zu übersetzen gibt. Es genügt jedoch, diesen Schritt zu machen und die ganze Landschaft verändert sich. Das ist der ganze Gegenstand des ersten Texts dieses Sammelbands, der den Leser auf eine Expedition mitnimmt, auf der die Spuren eines Wolfsrudels im Schnee des Vercors-Gebirges gelesen werden. Der Text ist zwischen einem ethologischen Thriller und der Erzählung vom ersten Kontakt mit *Alien*-Lebensformen angesiedelt.

Die Vorstellung eines »Verlusts« von Sensibilität ist jedoch in ihrer Formulierung selbst zwiespältig. Das Missverständnis dieser Vorstellung liegt nämlich darin, dass sie so etwas wie einen nostalgischen Primitivismus zu bergen scheint, der in dieser Angelegenheit nicht angebracht ist. Es war nicht unbedingt »früher besser« und es geht nicht darum, zu Lebensformen zurückzukehren, wo man nackt in den Wäldern lebt. Alles, worum es geht, ist gerade, neue Lebensformen zu *erfinden*.

TIERE ALS VERMITTLER

Ein anderes Symptom der Krise der Sensibilität, das fast unsichtbar geworden ist, weil wir es so sehr naturalisiert haben, zeigt sich in der Kategorie, in die wir die Tiere einordnen. Unabhängig von der Frage der Behandlung des Viehs (das weder die einzige Form der Animalität noch gar ihr Modell darstellt), besteht die große unsichtbare Gewalt unserer Zivilisation gegenüber den Tieren darin, sie zu Figuren für Kinder gemacht zu haben. Das Interesse für Tiere würde Unernsthaftigkeit ausdrücken, bedeute Gefühlsduselei. Es wäre den »Tierfreunden« vorbehalten. Es wäre regressiv. Unsere Beziehungen zur Animalität und zu den Tieren sind infantilisiert und primitivisiert. Das ist jedoch sowohl für die Tiere als auch für die Kinder beleidigend.

Unsere Palette der Sensibilität gegenüber den Tieren reduziert sich zusehends: entweder abstrakte und vage Schönheit und kindliche Gestalt oder Gegenstand des moralischen Mitleids. Die Ethnografie der Beziehungen zwischen Menschen und Lebewesen bei den Touvains des Hohen Nordens, wie Charles Stépanoff sie untersucht hat, oder bei den Runa im Amazonasgebiet bei Eduardo Kohn zeigt eine unendlich reichere, größere, nuanciertere und intensivere Vielfalt. Die Tiere bevölkern dort die Träume, Fantasievorstellungen, Praktiken und philosophischen Systeme der Autochthonen.[9]

Unsere Vorstellungskraft für Lebensformen ist vermindert. Unsere Träume sind arm an Lebewesen. Sie sind nicht bevölkert von Wölfen, die unsere Führer sind, oder von Bären, die unsere Mentoren sind, von nährenden Wäldern, von Insekten, von unseren vormenschlichen Vorfahren, die uns bis in die Gegenwart getragen haben. Eine Bresche zu brechen, um ihnen neue Räume in unserer Vorstellungswelt zu schaffen, zum Beispiel in Form von Riten ohne Mystizismus – darum wird es im zweiten Teil dieses Bandes gehen.

Denn die Tiere sind nicht bloß einer kindlichen oder moralischen Aufmerksamkeit würdig. Sie sind die Mitbewohner der Erde, mit denen wir die gleichen Aszendenzen[10], das Rätsel des

Lebendigseins und die Verantwortung, mit Anstand zusammenzuleben, teilen. Das Rätsel, ein Körper zu sein, ein Körper, der sein Leben deutet und lebt, wird mit allen Lebewesen geteilt. Es ist das allgemeine Los allen Lebens und es verdient, das stärkste Zugehörigkeitsgefühl hervorzurufen. Das Tier ist somit ein privilegierter Vermittler zum Urrätsel, dem Rätsel unserer Art des Lebendigseins. Das Tier weist eine unverständliche Andersheit auf und zugleich steht es uns ausreichend nahe, sodass Tausende Formen von Parallelen und Konvergenzen zu den Säugetieren, Vögeln, Tintenfischen und sogar Insekten spürbar sind. Sie ermöglichen es uns, Wege der Sensibilität für das Lebendige im Allgemeinen wieder zu errichten, gerade aufgrund ihrer Grenzposition, ihrer intimen Andersheit zu uns. Sie ermöglichen es uns, in Abstufungen unsere Zugehörigkeit zu den Pflanzen und Bakterien, die in unserer gemeinsamen Genealogie weiter entfernt sind, zu spüren, die so ferne Verwandte sind, dass es weniger offensichtlich ist, sich wie sie lebendig zu fühlen. Dazu braucht es so etwas wie Schlepper oder Fährmänner: Die Tiere sind die Vermittler, die über diese Macht verfügen.

Wir haben jedoch eine Weltanschauung geerbt, die das Tier erniedrigt hat. Sie ist deutlich in unserer Sprache sichtbar, die die Denkreflexe kristallisiert. Alle diese unglaublichen Formulierungen wie »nur ein Tier sein« oder »sich wie ein Tier benehmen«, diese ganze herabblickende Verachtung, diese vertikale Metaphorik der Überwindung einer niederen Animalität in uns, sind bis in die alltäglichsten Ecken unserer Ethik und unseres Selbstverständnisses gegenwärtig. Sie beruhen jedoch auf einem metaphysischen Missverständnis. Darum wird es im dritten Text dieses Bandes gehen, der unserer inneren Animalität in der Geschichte der abendländischen Moral nachspürt, die uns auffordert, unsere Raubtierinstinkte zu zähmen.

Diese komplizierten Beziehungen zur Animalität haben nämlich einen Teil ihrer Ursprünge im Monopol der dualistischen philosophischen Anthropologie, die vom Juden- und Christentum bis zum Freudianismus verläuft. Diese abendländische Auffassung denkt die Animalität als innere Bestialität, die der Mensch überwinden müsse, um »zivilisiert« zu werden, oder umgekehrt als eine reinere Ursprünglichkeit, in der er neue Kräfte schöpfen kann, indem er eine authentischere Wildheit wiederfindet, die von den Gesellschaftsnormen befreit ist. Diese zwei Vorstellungsweisen scheinen einander entgegengesetzt, doch nichts ist weniger richtig: Die zweite ist nur die Kehrseite der ersten, sie wird als Reaktion und symmetrischer Gegensatz konstruiert. Reaktive Schöpfungen verfestigen bekanntlich jedoch nur das Weltbild des Feindes, der uns reagieren lässt, hier den hierarchischen Dualismus, der Menschen und Tiere entgegensetzt.

Dualismen geben vor, die Gesamtheit der Möglichkeiten zu kartografieren, obwohl sie nie etwas anderes sind als die Vorder- und Rückseite *derselben* Münze, deren Außen verdunkelt, verleugnet und dem Denken selbst verboten wird.

Was das von uns verlangt, ist ziemlich schwindelerregend. Das Außen jedes Terms eines Dualismus ist nie sein gegenteiliger Term, sondern das Außen des Dualismus selbst. Das Zivilisierte zu verlassen bedeutet nicht, sich ins Wilde zu werfen, genauso wenig wie den Fortschritt zu verlassen impliziert, sich dem Zusammenbruch hinzugeben, sondern bedeutet, den Gegensatz *zwischen* den beiden hinter sich zu lassen. Man muss die Welt aufbrechen, die als das binäre und ungeteilte Herrschaftsgebiet dieses Dualismus verstanden wird. Man muss in eine Welt eintreten, die nicht ausgehend von diesen Kategorien organisiert, strukturiert und einzig durch sie verstehbar ist. Es geht darum, wie eine Säbelklinge zwischen die beiden Blöcke des Dualismus zu fahren, um *auf die andere Seite* der Welt zu gelangen, die sie zu umschließen beanspruchen, und zu schauen, was dahinter liegt. Man muss die Kunst des Ausweichens beherrschen, man muss wie ein Schmetterling fliegen, um es zu vermeiden, von den Zwillingsmonolithen Natur und Kultur zermalmt zu werden, von der Charybdis des MENSCHEN zur Skylla des homogenisierten Tiers zu schwanken, vom Kult der wilden Natur im Gegensatz zur notwendigen Verbesserung einer mangelhaften Natur. Man muss in den Seilen tanzen, um den Dualismus der Animalität als niedrige Bestialität und als höhere Reinheit zu vermeiden. Man muss einen Raum auftun, der noch unerforscht ist, den Raum von Welten, die zu erfinden sind, sobald man auf die andere Seite gelangt ist. Es geht darum, sie zu erahnen, sie sichtbar zu machen – und freies Atmen zu ermöglichen.

Meines Erachtens sind die zwei Formulierungen des Problems der Beziehungen zwischen Mensch und Tier falsch und toxisch: Die Tiere sind nicht bestialischer als wir, sie sind aber auch nicht freier. Sie verkörpern keine zügellose und grimmige Wildheit (das ist der Mythos des Zähmers), genauso wenig wie eine reinere Unschuld (seine reaktive Kehrseite). Sie sind dem Menschen weder an Authentizität überlegen noch niedriger in der Erhebung, sondern sie verkörpern schlicht *andere Arten des Lebendigseins.*

Das Wort »andere« ist dabei wesentlich. Es spricht eine ganze ruhige Logik des Unterschieds vor dem Hintergrund einer gemeinsamen Aszendenz aus. Es handelt sich um eine stille grammatische Revolution. In all den kleinen Alltagssätzen wie »der Mensch und die Tiere«, »im Unterschied zum Tier«, »was ein Tier nicht besitzt« etc. blüht der Zusatz eines kleinen Wortes auf.

Dieses kleine Wort ist »anders«.

»Die Unterschiede zwischen dem Menschen und den *anderen* Tieren«; »was die *anderen* Tiere nicht besitzen«; »was den Menschen mit den *anderen* Tieren gemeinsam ist«.

Stellen Sie sich alle möglichen Sätze vor und fügen Sie *andere* hinzu. Ein ganz kleines Pronomen, das so elegant in seiner Arbeit der kartografischen Neugestaltung der Welt ist: Es gestaltet ganz alleine sowohl *eine Logik des Unterschieds als auch eine gemeinsame Zugehörigkeit*. Es schlägt Brücken und öffnet Grenzen zwischen den einander in der Erfahrung begegnenden Lebewesen. Niemand wird etwas verloren haben. Es ermöglicht uns zwar nicht, die Ähnlichkeiten und Unterschiede tiefgehend zu erforschen, aber es ermöglicht uns, eine adäquate Logik zu verinnerlichen, einen schweren Fehler in biologischer Taxonomie zu vermeiden; als Zivilisation eine mentale Karte zu integrieren, die weitreichende politische Auswirkungen hat, und als Individuen eine weitere kleine stille Wahrheit zu verinnerlichen (die zur Rundheit der Erde, zum Heliozentrismus, zum Evolutionismus, zur Toxizität des Neoliberalismus und zur Demokratie als schlechtestem politischen Modell abgesehen von allen anderen hinzutritt).

Wenn man diese Überlegung weiterentwickelt, kann man meiner Meinung nach vertreten, dass die Wandlung unserer Verhältnisse zur Animalität des Menschen also eine politische Wirkung hat. Unsere Beziehungen zur Animalität in uns korrelieren mit unseren Beziehungen zum Lebendigen außerhalb von uns. Die Veränderung der einen bedeutet die Veränderung der anderen. Vielleicht ist einer der psychosozialen Schlüssel zur abendländischen Moderne die Unfähigkeit, sich lebendig zu fühlen, sich als Lebendiger zu lieben. Unsere Identität als Lebewesen zu akzeptieren, an unsere Animalität wieder anzuknüpfen, die weder als zu überwindende Primitivität verstanden wird noch als reinere Wildheit, sondern als ein reiches Erbe, das anzutreten und zu gestalten ist, heißt, unser gemeinsames Schicksal mit dem Rest der Lebewesen zu akzeptieren; zu akzeptieren, dass der Mensch nicht auf die geistige Beherrschung seiner Animalität hinstreben muss, sondern Einverständnis mit den Kräften des Lebendigen in uns finden kann, bedeutet, das grundlegende Verhältnis zu den Kräften des Lebendigen außerhalb von uns zu verändern. Das würde zum Beispiel dazu führen, keinen Mangel der »Natur« zu postulieren, der eine Verbesserung durch vernünftige Organisation verlangen würde, sondern ein *Vertrauen in die Dynamiken des Lebendigen* wiederzufinden. Ein Vertrauen in die ökologischen und evolutionären Dynamiken, mit denen wir *Modi Vivendi* verhandeln müssen, die wir teilweise beeinflussen und manchmal für unsere Bedürfnisse abändern müssen, aber in Hinsicht eines Zusammenlebens, das auf angepasste Rücksichtnahmen achtet, die es gegenüber den anderen Lebensformen zu erfinden gilt, die mit uns die Erde bevölkern.

Es geht darum, die Tausenden Formen der Animalität und die Tausenden Beziehungen zu diesen Formen auf kultureller und politischer Ebene zu einem Thema für Erwachsene zu machen. Die Animalität ist eine große Frage: Das Rätsel des Menschseins wird klarer, erträglicher und lebendiger im Licht der Tausenden tierischen Lebensformen, die uns ebenso rätselhaft sind. Und das politische Rätsel schlechthin, gemeinsam in einer Welt von Andersartigkeiten zu leben, findet darin andere Implikationen und andere Ressourcen.

DIE ÖKOLOGISCHE KRISE ALS KRISE DER POLITISCHEN AUFMERKSAMKEIT

Man muss aber feststellen, dass Aufgeschlossenheit und Sensibilität für das Lebendige, diese vollwertigen Künste der Aufmerksamkeit, von denjenigen, die für andere mögliche Welten kämpfen, gerne als bürgerliche, ästhetische oder konservative Problematiken hintangestellt werden. Tatsächlich sind sie jedoch höchst politisch.

Diese Künste der Aufmerksamkeit sind politisch, denn das diskrete und vorinstitutionelle Wesen des Politischen kommt in den Verschiebungen der Schwellen zum tragen, die darüber entscheiden, was Aufmerksamkeit verdient. Die Frage des Feminismus hat in den letzten Jahrzehnten diese Verschiebungen offenbar gemacht, und die Frage der Unterschiede in der Behandlung zwischen den Geschlechtern ist plötzlich zu einem politischen Leitstern geworden, der viel Aufmerksamkeit auf sich zieht. Die Frage der entfremdeten Arbeit, die Frage der Lage jener, die über keine Produktionsmittel verfügen, sondern ihre Arbeitskraft verkaufen, die sich im frühen Kapitalismus eingebürgert hat, ist mit Marx und danach zu einem Gegenstand lebhaftester kollektiver Aufmerksamkeit geworden. Die tektonischen Verschiebungen in der Kunst der Aufmerksamkeit einer menschlichen Gemeinschaft manifestieren sich in einem vielsagenden Symptom, nämlich im Sinn für das Erträgliche und das Unerträgliche.

Ein König von Gottes Gnaden ist heute unerträglich: Das unbewusste Gefüge von Erträglichem und Unerträglichem ist ein feiner Mechanismus, der in jedem von uns sitzt und von den sozialen und kulturellen Strömungen beeinflusst wird. Es geht darum, dass unsere aktuellen Beziehungen zum Lebendigen unerträglich werden müssen. Die Vorstellung, dass die Feldvögel, die europäischen Insekten und umfassender gesprochen ganze Lebensformen um uns herum verschwinden, aufgrund von Untätigkeit, von Fragmentierung der Lebensräume und von Extraktivismus (der Besessenheit der Industrie, alles als auszubeutende Ressource anzusehen), muss uns ebenso unerträglich werden wie die Monarchie von Gottes Gnaden. Wir müssen Begegnungen vorbereiten, die die Lebewesen in den politischen Raum dessen eingehen lassen, was Aufmerksamkeit verdient, das heißt dessen, was dazu aufruft, achtsam und aufmerksam mit ihm umzugehen. Das Zugehörigkeitsgefühl ermöglicht es, zu einer Art erweitertem Selbst zu gelangen. Ich erinnere mich an einen Zugpassagier, der durchs Fenster ängstlich den regenverhangenen Frühlingshimmel betrachtete. Als er mir den Grund für seine Sorge nannte, blieb mir der Mund offen stehen: Das schlechte Wetter verdarb ihm nicht seine Ferien, sondern er eröffnete mir, als handle es sich um einen nahen Verwandten von ihm: »Ich mag kein verregnetes Frühjahr, das ist schlecht für die Fledermäuse. Es gibt viel weniger Insekten. Und die Mütter können ihre Kleinen nicht mehr ernähren.« Ein erweitertes Ich, in dem andere Lebewesen einziehen, bedeutet sicherlich mehr Sorgen, aber es ist auch sonderbar befreiend. Erst dann verändern sich die Grundwerte und nicht deshalb, weil man Apokalypsen ankündigt, die Wesen betreffen, die im Kosmos der Menschen nicht als *Seiendes* vorkommen.

Die Künste der politischen Aufmerksamkeit werden sich dann verändert haben, wenn wir die Plünderung des ozeanischen Lebens oder die Krise der Bestäuber als ebenso unerträglich empfinden werden wie die Monarchie von Gottes Gnaden. Die Verachtung eines Teils der industriellen, inputorientierten Landwirtschaft gegenüber der Bodenfauna muss ebenso unerträglich werden wie das Verbot des Schwangerschaftsabbruchs.

Man könnte somit behaupten, dass in demokratischen Gesellschaften, die von großen Informationsflüssen durchzogen werden, das Politische zu einem gewissen Teil unterhalb der Kultur angesiedelt ist, im Sinne von Vorstellungen über ein wünschenswertes Leben und von Schwellen des Erträglichen und Unerträglichen. Folglich muss man, um die Politik zu verändern, nicht nur engagiert sein, kämpfen, sich anders organisieren, Alarm schlagen, bei den Mächtigen intervenieren oder andere Weisen des Wohnens erfinden, sondern auch das Feld der Aufmerksamkeit dafür, was bedeutsam ist, verwandeln. Das wird der Gegenstand des vierten Texts dieses Bandes sein. Er handelt von einer Forschung an der frischen Luft, im Kontakt mit den Wölfen, Schafen, Schäfern, Wiesen und dem nächtlichen Himmel, und versucht, die Umrisse einer Politik der Interdependenzen[11] zu entwerfen. Das ist eine Arbeit, die einen langen Atem verlangt, doch sie ist es wert, in Angriff genommen zu werden, weil wir noch ein paar Jahrtausende gemeinsamen Lebens auf diesem kosmopolitischen Planeten vor uns haben.

In welche Richtung hin sollen wir das Feld unserer kollektiven politischen Aufmerksamkeit öffnen? Das Problem unserer systemischen ökologischen Krise muss, wenn es in seiner strukturellsten Dimension verstanden werden soll, als ein Problem des Habitats, der Wohnstätte aufgefasst werden. Unsere Art des Wohnens selbst befindet sich in einer Krise. Und vor allem die grundlegende Blindheit gegenüber der Tatsache, dass Wohnen immer bedeutet, mit anderen Lebensformen zusammenzuleben, weil das Habitat eines Lebewesens nur die Verflechtung mit anderen Lebewesen ist. Tatsächlich ist einer der Hauptgründe der gegenwärtigen Verarmung der Biodiversität die Fragmentierung der ökologischen Lebensräume, das heißt die unsichtbare Zersplitterung der Habitate anderer Lebewesen, die sie zerstört, ohne dass wir es merken, weil wir unsere Straßen, unsere Städte und unsere Industrien in die unscheinbaren und vertrauten Wege gestellt haben, die ihre Existenz, ihr dauerhaftes Wohlergehen als Populationen sicherstellen.

Diese Bedeutung der Fragmentierung der ökologischen Lebensräume im Artensterben hat philosophische Implikationen, die kaum jemals aufgegriffen werden. Die Fragmentierung entspringt nicht direkt der produktivistischen und extraktivistischen Gier (obwohl das das gegenwärtige und vielfältige Gesicht der Zerstörung der Habitate ist, das unsere entschlossenste Bekämpfung verlangt). Sie hat ihren Ursprung vor allem in unserer Blindheit gegenüber der Tatsache, dass andere Lebewesen *wohnen*. Die Krise unserer Art des Wohnens läuft darauf hinaus, den anderen den Status von Bewohnern zu verweigern. Es geht also darum, *wiederzubevölkern*, in dem philosophischen Sinne, dass man es sichtbar werden lässt, dass die Myriaden von Lebensformen, die unsere nährende Umwelt ausmachen, auch und immer schon nicht nur eine Kulisse für unsere menschlichen Abenteuer sind, sondern vollwertige Bewohner der Welt. Denn sie *machen* die Welt durch ihre Anwesenheit. Die Mikrofauna des Bodens macht buchstäblich die Wälder und Felder. Die Wälder und das Pflanzenleben der Ozeane fabrizieren die atembare Atmosphäre, die uns umfasst. Die Bestäuber machen buchstäblich das, was wir naiv »Frühling« nennen, als wäre es ein Geschenk des Universums oder der Sonne: Nein, es ist *ihre* brummende, unsichtbare und weltumspannende Tätigkeit, die jedes Jahr am Ende des Winters die Blumen, Früchte, die Gaben der Erde und ihre unvordenkliche Wiederkehr auf die Welt bringt. Die Bestäuber – Bienen, Hummeln, Vögel – stehen nicht wie Möbel in den natürlichen und unveränderlichen Kulissen der Jahreszeiten, sondern sie fabrizieren diese Jahreszeit in dem, was sie Lebendiges an sich hat. Ohne sie hätten wir vielleicht Schneeschmelze, wenn die Sonneneinstrahlung im März zunimmt, aber sie fände in einer Wüste statt: Wir hätten keine Kirschblüten, überhaupt keine Blüten, keine Fremdbestäubung, die die Grundlage des Zyklus der Bedecktsamer bildet (alle Blütenpflanzen des Planeten, die neun Zehntel der pflanzlichen Biodiversität der Erde bilden). Wir hätten nur einen endlosen Winter. Eine Art des Seienden, die »mit eigenen Händen«, könnte man sagen, den Frühling macht, darf nicht auf ein Element einer Kulisse, auf eine Ressource reduziert werden. Sie konstituiert einen Bewohner, der ins politische Feld der Kräfte eintritt, mit denen man die Formen unseres gemeinsamen Lebens aushandeln muss.

DIE POLITISCHE UNAUFMERKSAMKEIT GEGENÜBER DEN LEBEWESEN

Ein Teil dessen, was die Moderne Fortschritt nennt, bezeichnet vier Jahrhunderte einer Disposition, die es möglich macht, nicht achtzugeben – weder auf die Andersheiten noch auf die anderen Lebensformen oder auf die Ökosysteme.

Die Begriffsperson, die wir hier meinen, könnte man den »durchschnittlichen Modernen« nennen (wir sind das alle in einem bestimmten Maße in dem Kulturraum, der beansprucht, modern zu sein). Wir werden ihn hier der Prägnanz wegen »Dumo« nennen.

Beobachten wir ein typisches Kolonialphänomen, da sich hierbei oft am besten die Sonderbarkeit des Dumo zeigt. Für einen abendländischen Kolonisten, der in die Urwälder Afrikas oder in die Monsun-Reisfelder Asiens gelangt, bedeutet traditionellerweise die Zivilisierung eines Raums, in dem er sich niederlässt, alles daran zu setzen, dass man leben kann, ohne sich um die nichtmenschlichen Mitbewohner kümmern zu müssen. Sie bedeutet, Kontrolle über die Wildtiere, Insekten, Regenfälle und Fluten auszuüben und sie zu kanalisieren. Zu Hause zu sein, heißt, so zu leben, dass man nicht achtgeben muss. Für die Einheimischen impliziert das Zuhause umgekehrt eine flimmernde Wachsamkeit, eine Aufmerksamkeit auf die Verflechtung mit den anderen Lebensformen, die die Existenz bereichern, selbst wenn man mit ihnen Kompromisse eingehen muss, selbst wenn das oft anstrengend und manchmal kompliziert ist. Eintracht kostet viel diplomatisches Geschick zwischen Menschen, aber auch mit den anderen Lebewesen.

Viele Techniken und Weltvorstellungen der Modernen dienen dazu (das ist ihre Funktion), sich der Aufmerksamkeit zu entledigen, das heißt überall, an jedem Ort, trotz der Ahnungslosigkeit in völliger Sorglosigkeit, das heißt ohne Kenntnis des Orts und seiner Bewohner vorgehen zu können. Der Dumo strebt an, sich von dem abzukoppeln, was in der umgebenden lebendigen Welt eine großzügige Aufgeschlossenheit, Verflechtungen mit den Bestäubern, mit den Pflanzen, den ökologischen Dynamiken, dem Klima erfordert. Die geheime, aber mächtige Funktion seiner praktischen Metaphysik ist die Austauschbarkeit. Alles muss austauschbar sein: alle Orte, Techniken und Praktiken, alle Fertigkeiten, alle Lebewesen, die Honigbienen, die Apfelsorten, die Weizenarten. Es geht darum, überall zu Hause zu sein, indem man die Existenzbedingungen angleicht, sodass man weder die Ethologie der anderen noch die Ökologie eines Ortes kennen muss, das heißt die Sitten der Völker und Lebewesen, die ihn bewohnen und ausmachen. Dafür kann man sich auf das konzentrieren, was in den Augen des Dumo das »Wesentliche« ist, auf die Beziehungen zwischen den menschlichen Artgenossen: Beziehungen der Macht, der Akkumulation, des Prestiges, der Liebe, der Familie, vor einem unbelebten Hintergrund, der aus den zehn Millionen anderen Arten besteht, die, beiläufig erwähnt, unsere Verwandten sind.

Dieses Phänomen ist sehr zwiespältig, denn in gewisser Hinsicht hat es bequeme und vorteilhafte Wirkungen gezeitigt. Es geht nicht darum, dumm und radikal das Gegenteil zu predigen, um von der triumphierenden Moderne zur reuevollen Antimoderne überzugehen. Es geht darum, abzuwägen, denn es gibt Lebewesen, die wir wieder zu achten lernen müssen. Derzeit kehrt sich der Komfort der Moderne nämlich um. Da wir der lebendigen Welt, den anderen Arten, den Umwelten, den ökologischen Dynamiken, die unsere gemeinsame Welt ausmachen, keine Achtung mehr schenken, erschaffen wir einen stummen und absurden Kosmos, in dem es sowohl auf individuell als auch kollektiv existenzieller Ebene sehr unbequem zu leben ist. Doch vor allem erzeugen wir eine Klimaerwärmung und eine

Biodiversitätskrise, die konkret die Bewohnbarkeit der Erde für die Menschen bedrohen.

Das Paradox ist also, dass in der Kunst der Modernen, sich von der Achtung zu befreien, die die Umwelt und ihre Bewohner erfordern, gewissermaßen ein schätzenswerter Komfort liegt, der aber, sobald er eine bestimmte Schwelle überschritten hat oder eine gewisse Form angenommen hat, schlimmer als unbequem wird – er macht die Welt unbewohnbar. Die Frage ist dann: Was ist diese Schwelle eigentlich und welche Formen sind das, streng gesprochen? Wie kann man intelligent die Moderne beerben, aus unseren geschichtlichen Erbteilen auswählen zwischen den schätzenswerten Emanzipationen und den toxischen Verirrungen? Das ist die Frage, die uns als Kompass dient und uns hilft, Kurs zu halten zwischen den zwei manichäischen Positionen: die, die auf der einen Seite die »Moderne« als Ganzes verurteilen, obwohl man ihre Produkte genießt; auf der anderen Seite die hypermodernen Attitüden, die den Pfeil des Fortschritts beschleunigen wollen, von dem man doch weiß, dass er aufs Schlimmste zusteuert, und dabei eine hassenswerte TINA-Doktrin (»There is no alternative«) verteidigen, die es einem erspart, nachzudenken, aktiv zu werden oder das infrage zu stellen, was an unserem Erbe toxisch ist.

AUS DER GESCHLOSSENEN GESELLSCHAFT HERAUSKOMMEN

Eine Spezies hat die zehn Millionen anderen Arten, die ihre erweiterte Familie, ihre nährende Umwelt, ihre alltäglichen Mitbewohner bilden, zur Kulisse und zum Material für ihre menschlichen Abenteuer verwandelt. Und genauer gesagt hat eine bestimmte kleine Population dieser Art, die Trägerin einer lokalen geschichtlichen Kultur ist, das getan. Denn das Phänomen, alle anderen Arten unsichtbar zu machen, ist nicht das Werk der gesamten Menschheit, es ist ein provinzielles und spätes Phänomen. Stellen Sie sich ein Volk vor, das ein von Myriaden anderer Völker bewohntes Land betritt und erklärt, dass sie nicht wirklich existieren, nicht nicht in der selben Weise, dass sie bloß die Bühne und nicht die Schauspieler sind (oh ja, das ist keine Fiktion, die viel Vorstellungskraft verlangt, das ist auch Teil unserer Geschichte). Wie haben wir dieses Wunderwerk der Blindheit gegenüber den anderen Völkern des Lebendigen vollbracht? Man könnte hier, um die Sonderbarkeit unseres Erbes noch schärfer herauszustellen, eine Kürzestgeschichte der Beziehungen wagen, die unsere Zivilisation zu den anderen Arten unterhält und die zur Moderne führt: Sobald das Lebendige ontologisch erniedrigt war, das heißt als mit einer Existenz zweiten Ranges, geringeren Wertes, geringerer Konsistenz ausgestattet angesehen wurde, das heißt zu »Dingen« verwandelt war, fand sich der Mensch als derjenige wieder, der als Einziger wirklich im Universum existiert.

Es hat genügt, dass das jüdisch-christliche Abendland Gott aus der »Natur« vertrieb (das ist die Hypothese des Ägyptologen Jan Assmann), damit sie profan wird, sodann dass die wissenschaftliche und industrielle Revolution die übrige Natur (die scholastische *physis*) in eine Materie verwandelte, die ohne Intelligenzen, ohne unsichtbare Einflüsse ist und dem Extraktivismus zur Verfügung steht, damit der Mensch sich als einsamer Reiter im Kosmos wiederfindet, der von dummer und böser Materie umgeben ist. Der letzte Akt impliziert, die letzte Zugehörigkeit zu töten: Alleine gegenüber der Materie blieb der Mensch doch in einem vertikalen Kontakt zu Gott, der ihn als sein Geschöpf heiligte (natürliche Theologie). Der Tod Gottes führt zu dieser schrecklichen und vollkommenen Einsamkeit, die man die anthroponarzisstische geschlossene Gesellschaft nennen könnte.[12]

Diese falsche Klarsichtigkeit gegenüber unserer kosmischen Einsamkeit hat die seelenruhige Ausschließung von allem Nicht-Menschlichen aus dem Feld des ontologisch Wesentlichen unterschrieben. Sie erklärt diese ganze Philosophie und Literatur der »geschlossenen Gesellschaft« der großen europäischen und angelsächsischen Hauptstädte. Meine Wahl des Ausdrucks ist nicht willkürlich: Es handelt sich nunmehr um eine *geschlossene Gesellschaft* im Sinne von Sartres Theaterstück, aber der verschlossene Raum ist die Welt selbst, das Universum, das nur von uns und unseren krankhaften Beziehungen zu den menschlichen Artgenossen bevölkert ist, die vom Verschwinden unserer pluralen, affektiven, aktiven Zugehörigkeiten zu den anderen Lebewesen, den Tieren und Umwelten verursacht werden.

Diese in der Literatur und Philosophie des 20. Jahrhunderts allgegenwärtige These der kosmischen Einsamkeit des Menschen, die der Existenzialismus hochgehalten hat, ist von einer verstörenden Gewalt. Unter dem Deckmantel des Camus'schen[13] Heroismus des Absurden besteht diese Gewalt – die blind ist und sich weigert, die Existenzformen der anderen sehen zu lernen – darin, die anderen nicht als Mitbewohner anzuerkennen, indem postuliert wird, dass sie keine Kommunikationsfähigkeiten, keine »autochthonen Sinne«, keine kreative Perspektive, keine Eignungen zum *Modus Vivendi*, keine politischen Angebote[14] besäßen. Hierin liegt die große Kunst und folglich auch die verdeckte Gewalt des abendländischen Naturalismus, dessen Aufgabe darin besteht, zu rechtfertigen, dass die ganze Natur als vorhandener Rohstoff ausgebeutet wird und im Dienste unseres Zivilisationsprojekts steht. Damit werden die anderen Lebewesen als Materie aufgefasst, die von biologischen Gesetzen regiert wird, und man weigert sich, ihre geopolitischen Angebote, vitalen Bündnisse und alle Aspekte zu sehen, durch die man mit den Lebewesen an einer großen diplomatischen Gemeinschaft teilhat, in der zu leben man wiedererlernen müsste.

Das menschliche Subjekt, das umgeben von reiner Materie – die als Ressourcenvorrat vorhanden oder die ein Refugium ist, in dem man geistig Kraft schöpfen kann – sich alleine in einem absurden Universum befindet, ist eine phantasmatische Erfindung der Moderne. Von diesem Gesichtspunkt aus stecken die großen Denker der Emanzipation, die Sartre oder Camus auch gewesen sein mögen und deren Ideen die französische Tradition wahrscheinlich tiefreichend geprägt haben, objektiv unter einer Decke mit dem Extraktivismus, der eine wesentliche Ursache für die ökologische Krise darstellt. Es ist beunruhigend, diese Emanzipationsdiskurse als Vektoren großer Gewalt neu zu deuten. Doch sie haben den Mythos, dem zufolge wir die einzigen freien Subjekte in einer Welt voller lebloser und absurder Objekte wären, zu einem Grundglauben des späten Humanismus gemacht, in dem wir der lebendigen Welt, die sinnlos wäre, durch unser Bewusstsein einen Sinn verleihen müssten. Wir haben der Welt genommen, was sie immer besessen hat. Die von Viveiros de Castro und Descola beschriebenen Schamanen und Animisten wissen das ganz genau: Es handelt sich um komplexe soziale Beziehungen der Gegenseitigkeit, des Austausches und des Beutemachens, die nicht friedlich und friedfertig sind, keineswegs so wie in Jesajas Prophezeiung, die aber in einem noch rätselhaften Sinn politisch sind und die Formen der Befriedung, Versöhnung, der gegenseitigen Achtung und des respektvollen Zusammenlebens verlangen. Darum wird es im Nachwort dieses Bandes gehen.

Denn im Lebendigen gibt es überall Bedeutungen. Man muss sie nicht hineinprojizieren, sondern wiederfinden, mit den Mitteln, die uns zur Verfügung stehen, nämlich Übersetzen und Deuten. Es geht darum, Diplomatie anzuwenden. Man braucht

Dolmetscher, Mittelsmänner, Zwischenhändler, die die Arbeit der Gesprächsaufnahme mit dem Lebendigen leisten, um zu überwinden, was man Lévi-Strauss' Fluch nennen könnte: die Unmöglichkeit, mit den anderen Arten, mit denen wir die Erde teilen, zu kommunizieren. »Trotz der Tintenwolken, die von der jüdisch-christlichen Tradition verspritzt wurden, um sie zu verdecken, scheint keine Situation tragischer, verletzender für Herz und Geist als die einer Menschheit, die mit anderen, auf ein und derselben Erde lebenden Gattungen koexistiert, deren Genuss sie teilen, und mit denen sie nicht kommunizieren kann.«[15]

Doch diese Unmöglichkeit ist eine Fiktion der Modernen, sie trägt dazu bei, die Reduktion des Lebendigen auf seinen Warencharakter zu rechtfertigen, um die globalen Wirtschaftsströme anzutreiben. Die Kommunikation ist möglich, sie findet immer statt, sie ist von Geheimnis, unerschöpflichen und auch unübersetzbaren Rätseln, aber schließlich auch von schöpferischen Missverständnissen gesäumt. Sie ist nicht so flüssig wie eine Kaffeehausdiskussion, aber sie ist deshalb nicht weniger reich an Sinn.

Als Rätsel unter den Rätseln erhält die menschliche Art des Lebendigseins nur dann Sinn, wenn sie mit den Tausenden anderen Arten des Lebendigseins verwoben ist, die die Tiere, Pflanzen, Bakterien und Ökosysteme um uns für sich beanspruchen.

Das weiterhin bestehende Rätsel des Menschseins ist reicher und ergreifender, wenn man es mit den anderen Lebensformen der großen Familie teilt, wenn man ihnen Aufmerksamkeit schenkt, wenn man ihrer Andersheit Gerechtigkeit widerfahren lässt. Dieses Spiel von Verwandtschaft und Andersartigkeit mit den anderen Lebewesen, das gemeinsame Anliegen einer Lebenspolitik, trägt zum unerschöpflichen Reichtum des »zu lebenden Rätsels«, ein Mensch zu sein, bei.

EINE ZEIT BEI DEN LEBEWESEN

1. EPISODE
Im Nebel der Begegnung

Wir brechen an jenem Tag ziemlich spät auf, die Sonne steht schon hoch am Himmel. Wir sind schwerfällig wie zu Saisonanfang, noch nicht vom Schnee geschärft, noch nicht aus weißen Winden gewebt. Wir sind im Süd-Vercors, weil wir Informationen erhalten haben, Gerüchte gehört haben: Bestimmte Anzeichen scheinen darauf hinzudeuten, dass sich Wölfe hier niedergelassen und vielleicht sogar vermehrt haben. Ist ein neues Rudel entstanden, das sich sein Revier auf diesen vertrauten Pfaden erfindet? Kenner der Region haben uns auf der Karte jene Schlucht als ein mögliches Zentrum der winterlichen Wolfsabenteuer gezeigt.

Wir verlieren Sonnenzeit, als wir auf unseren kleinen Tourenskiern, die perfekt fürs Fährtenverfolgen sind, den komplizierten Spuren eines Fuchses und den Abdrücken seines vertikalen Sprungs im Schneemantel folgen, die beim Jagen einer Wühlmaus entstanden sind. In der Pause tauchen wir unter dem Vordach einer Hütte unsere eisigen Wurstbrötchen in den heißen Tee. Der Aufstieg im Zwielicht des Unterholzes ist mühsam. Wir wechseln auf eine Skipiste, um in der Sonne vorwärts zu kommen. Das Skigebiet ist geschlossen wegen Schneemangels, wie so oft in den letzten Jahren. Die Pfosten des Schlepplifts stehen schief wie die Schafotte einer barbarischen Vergangenheit oder wie Totems eines vergessenen Kults. Wir haben das Gefühl, durch die »Ruinen des Kapitalismus« zu wandern. Wir steigen in der kalten Sonne hinauf, das regelmäßige Knirschen der Skier bildet ein Wanderlied, das den Rhythmus vorgibt.

Wir wollten in der Schlucht in einer Grotte schlafen. Doch die Schneebeschaffenheit ändert sich unter den Skiern, das Robbenleder greift nicht mehr. Wir entscheiden uns, über den steilen Hang mitten in die Schlucht zu fahren. Der erste Teil der Abfahrt im Unterholz ist eine reine Freude, man gleitet lautlos zwischen den Nadelbäumen, die wie schwerelos über dem Pulverschnee aufragen, nur die Skiklinge, die Schneewolken aufsprüht, macht ein Geräusch wie ein samtener Flügel. Und dann wird es kompliziert, wir verheddern uns im Gestrüpp, wir beleidigen die Wildrosen, es gerät zum »Wildschwein-Ski«, wo wir mühsam versuchen, den Klauen des Dornengestrüpps, die uns in den Wald verstricken, zu entkommen.

Als wir ans Ende der Schlucht gelangen, finden wir keine Spur vom Rudel, der Schnee ist tief, der Wald ist noch dicht, der Hang steil, das sieht überhaupt nicht so aus, wie auf der Karte. Wir suchen stundenlang auf dem gegenüberliegenden Hang die Öffnung zur Höhle, die wahrscheinlich vom Schnee verdeckt ist. Die Sonne geht hinter unserem Rücken unter. Das tierische Auge, das die Nackenhaut und der Handrücken ist, spürt sie mit ihrer perfekten Langsamkeit untergehen. Schön langsam wächst die Furcht vor der Nacht im Schneesturm. Wir ziehen uns auf Plan B zurück: eine unbewirtschaftete Hütte auf der Hochebene, hinter der Tête du Faisan.

Es ist schwierig, sich zu orientieren, man muss den Geist trainieren, an mehreren Orten der Karte gleichzeitig zu sein, um nicht Gefahr zu laufen, die Anhaltspunkte zu missdeuten. Wir gelangen schließlich zur Hütte, wo bereits die übliche Fauna der Bergbewohner anzutreffen ist. Auf dem Weg Spuren der ganzen Gilde der Huftiere, von Mardern und Füchsen, aber keine Wolfsspur. Kein Zeichen den ganzen Tag lang, keine Beute trotz der Durchquerung ganzer Landschaften. In der Sprache eines sibirischen Jägervolks heißt »Glück«: »Stille des Waldes«. Morgen werden wir leiser sein.

Wir kochen in der unbewirtschafteten Schutzhütte, alle teilen, werden sanft gezwungen, von allen savoyardischen Fondus, allen Wurstgerichten mit Weißwein und Zwiebelsauce zu kosten, von den fünf unterschiedlichen Schnapssorten, die in den Rucksäcken bis hierher geschleppt worden sind. Man kann nicht Nein sagen, am Herd sind wir mit Unbekannten verbunden, gerade der Kälte draußen entronnen, einander nah, weil wir so weit von allem sind, und um zehn Uhr gehen wir beide in den unberührten Schnee hinaus, um den Weißwein abzubauen.

Ungeschickt beschreiten wir einen kleinen Weg gegen Norden, auf dem der Schnee von Schneeschuhen zusammengedrückt worden ist. Ein dicker Mond zeichnet die Kontraste scharf, Wolken und Horizonte sind wie gestochen, als ob ein japanischer Maler mit Kalligrafiepinsel die Baumlinie hinter uns verfeinern würde, sobald wir ihm den Rücken zuwenden. Wir reden über Soziologie oder so etwas, eingepackt in die Daunenjacken und Mützen, zwei leicht schwankende und fröhliche Freunde.

Plötzlich durchdringt es die Nacht. Ein perfektes Wolfsheulen, gleich neben uns. Wir bleiben stehen wie vom Blitz getroffen, jeder reißt die Mütze des anderen runter, wir halten uns an den Schultern fest. Eine große Stille folgt, so wie beim Warten auf das Responsorium der Messe. Also antworte ich. Ich heule, wie ich es gelernt habe, um dem Gehabe, dem Gerüst, dem besonderen Ablauf ihrer Sprache zu entsprechen. Ich ahme nach, so gut es geht, wie ein mittelalterlicher Reisender auf dem Weg ins Morgenland, der einen diplomatischen Begrüßungssatz in der Sprache des mythischen Volks der Kynokephalen (jener Tier-Menschen mit Hundekopf, die in den weiten Steppen nördlich des Baikalsees leben sollen, wie Marco Polo in seinem *Buch der Wunder* erzählt) auswendig auszusprechen gelernt hätte. Aber ohne ein einziges Wort zu verstehen.

Neuerlich eine Stille, wie die verliebte Erwartung einer Antwort auf eine Aufmerksamkeit. Und er singt. Ein großartiger, sehr monotoner, fast zu perfekter Schrei. Also antworte ich, man muss ja höflich bleiben, aber wie soll man diese Farce beenden? Er singt neuerlich, höher dieses Mal, mit Sorgfalt modulierend, ganz nahe, gleich hinter einem Kamm, dreißig Meter von uns entfernt. Dann antwortet ein zweiter Wolf, weiter im Süden: ein stärkeres, gefestigteres Heulen, das auch tiefer ist. Darauf antworten wir, der versteckte Wolf und ich, gemeinsam. Ein dritter Wolf antwortet im Südosten, aber nicht sehr weit weg, höchstens ein paar Hundert Meter entfernt. Der Dialog setzt sich noch weiter fort, er antwortet immer gerne.

Ich bedeute mit dem Finger auf dem Mund zu schweigen, wir werden noch seine Neugier wecken. Oft kommen die Wölfe nachschauen, wer geheult hat, auch wenn sie wissen oder spüren, dass es kein Artgenosse ist. In der Stille, die Hände an den Schultern des anderen, warten wir, suchen mit eifrigen Augen den Kamm ab, wo er auftauchen muss. Er heult von Neuem, als Gesuch, und ich beiße mir auf die Lippen, um nicht zu antworten. Die Erwartung ist groß, der Bergkamm zittert, nur eine Fichte bewohnt ihn, und niemand zeichnet sich auf ihm ab. Ich erinnere mich an das erste Mal, als ich einen Wolf sah. Es war ein schwarzer Wolf auf einem Bergkamm, sein Profil in der blauen Luft hat ihn verraten, während seine Farbe ihn in der Dämmerung mit den Salbeibüschen des Lamar Valley in Montana verschmelzen ließ. Aber hier sind wir zwei Autostunden von Lyon entfernt, auf der Hochebene des Vercors, eines vertrauten Gebirges, wo man keine mythologischen Begegnungen erwartet.

Wir laufen zur Hütte zurück, die anderen Reisenden sind an die Schwelle getreten. Sie haben es gehört. Ich rufe in den Wind, lange, moduliert, fast sehnsüchtig. Und da, hundert Meter von uns entfernt, antwortet in der Nacht eine Polyphonie: gemeinsam heulen alle jungen Wölfe des Jahrgangs, der ganze Wurf, der am Ende des Frühjahrs geboren wurde. Ihr Gesang rollt erregt, ängstlich, schrill, fröhlich, unbeherrscht, ohne die perfekte Effizienz des Gesangs der Erwachsenen, mit Kläffen, Trillern, Wuffen – und zahlreich. Die Fortpflanzung ist bestätigt (und zugleich lächeln wir über die Unverhältnismäßigkeit: In Wirklichkeit ist die wissenschaftliche Dimension dieser Art Experiment nicht der letzte Zweck, sie dient uns als Gerüst für Begegnungen einer anderen Art, einer anderen Größe).

Ich antworte noch einmal, wir sind alle still wie bei der Jagd oder in einem Tempel, und das Rudel antwortet noch einmal. Dieses Mal mit den Jungen und ein paar Erwachsenen, es ist unmöglich, sie zu zählen. Dann heulen wir alle im Chor. Keine Antwort. Man hört neuerlich, ein paar Mal, das entfernte Heulen eines Erwachsenen, der wahrscheinlich die Gruppe sucht, aber diese bleibt nunmehr still. Der Wind dreht und macht es schwierig, die Herkunft der fernen Gesänge festzustellen, die manchmal noch zu uns kommen. Die Wolfsgruppe vor uns antwortet nicht mehr. Die Menschen befinden sich in einer stillen Begeisterung: Das Geheul hat jeden sanft außer sich gebracht, in eine alte Entzückung, die aus Verwirrung und Dankbarkeit besteht. Die Bergexperten, die sich vorher noch beim Herd über die Form von Schneeflocken oder die Vorzüge ihrer Skier ausließen, stammeln wie Kinder, und aufgrund einer sonderbaren Alchemie, die ich noch nicht verstehe, bedanken sich die Leute, so als ob wir uns etwas gegeben hätten, und dann lachen sie, als sie merken, dass niemand unter uns der Urheber der Gabe ist. Ich vermute, dass diese Dankbarkeit, die ihre Quelle nicht findet und erfolglos ihren Empfänger sucht, ein unglückliches Erbe der Monotheismen unserer Tradition ist, die die Vorstellung der Gabe auf etwas beschränkt haben, das ein absichtsvoller Gott austeilt. Sodass wir nicht wissen, wem wir für die wahren täglichen Gaben, für das erfrischende Wasser, für die in Frucht verwandelte Sonne, die in unser Fleisch übergeht, für die Schönheit des Eisvogels und für die Schönheit des von unseren uralten Augen in Landschaft übersetzten Lichts danken sollen (man löse die Gabe aus dem Gefängnis der Idee der Absicht, und alle immanenten Danksagungen werden möglich).

In diesem geteilten Affekt liegt etwas von ehrfürchtigem Respekt, von Neugierde und Erregung. Der walisische Philosoph Martyn Evans definiert »*wonder*« als »eine veränderte, zwanghaft intensivierte Aufmerksamkeit für etwas, das wir unmittelbar als wichtig erkennen [...] – etwas, dessen erstes Erscheinen eher unsere Vorstellungskraft als unseren Verstand beansprucht, das wir aber mit der Zeit wahrscheinlich besser verstehen werden.«[16]

Wenn man den Gesang hört, dann fühlt man sich tatsächlich als Teil dieser Geschichte, dieses gemeinsamen Schicksals der Lebewesen auf der Erde. Und man fühlt, dass diese intensivierte Aufmerksamkeit für etwas, das gerade in seiner Rätselhaftigkeit mit Bedeutsamkeit eingefärbt ist, ein tierischer Affekt ist. Sie ist einer der ersten Affekte, derjenige, der das erste Tier mit einer sonderbaren und unbekannten Form ausgestattet hat, als es aus einem Wald herauskam oder aus dem Wasser sprang, das es umgab. Die Fähigkeit, diesen Affekt durchzumachen, scheint zur notwendigen Ausstattung zu gehören, um das Unbekannte zähmen zu lernen, um eine neue Nahrungsquelle, ein neues Nest, eine Routine zu erfinden.

Man stelle sich das Rätsel vor, dem sich die Evolution hat stellen müssen. Vor vielleicht sechshundert Millionen Jahren hat sie mit den Gehirnen die ersten Gefühle erfunden, um den Tieren feinere Antworten auf die Befragungen durch die Umwelt zu ermöglichen. Die ursprünglichen Reflexbögen sind zwar sehr schnell, aber sie befähigen nicht, mit mehreren widersprüchlichen Informationen umzugehen – was aber gerade das Leben ist. Ein Reh steht mit seinem Kitz am Rande eines Abgrunds, ein Wolf taucht auf. Wenn es nur über den Fluchtreflex verfügte, eine automatische Reaktion, würde es vielleicht springen; aber es verfügt über ein Parlament der Gefühle, um die Angst vor dem Wolf und die Gefahr des Abgrunds, die Verbundenheit mit dem Jungtier und den Lebenswillen abzuwägen, es verfügt als Leitfaden über das Salz des Erlebten, über zwiespältige Gefühle.

Unter diesen Gefühlen musste eines erfunden werden, das die Neuheit *einschätzen* kann, gegenüber zwei ständigen Gefahren, einerseits der Paranoia (jede Neuheit ist eine zu vermeidende Gefahr) und andererseits der Gleichgültigkeit (nichts Neues ist interessant, da ich bereits zu leben verstehe). Es musste die brennende Neugier für etwas erfunden werden, von dem ich noch nicht weiß, ob es mich interessiert. Dieser Affekt lässt uns die Neuheit und das Fremde suchen, und ermöglicht uns, sie zu verdauen.

Die Evolution variiert andauernd die Lebewesen. Alle gegenwärtigen Säugetiere stammen von einem Vorfahren ab, der vor mehr als fünfzig Millionen Jahren einer Maus ähnelte. Von diesem Punkt aus musste jede Abstammungslinie ihre sonderbare Lebensweise, ihre exzentrischen Gewohnheiten erfinden (vom Ameisenbären zum Menschen, vom Wal zum Wolf). Jede Abstammungsreihe hat in der Umwelt, in der sie sich niedergelassen hat, alles erfinden müssen. Folglich ist die intensivierte Aufmerksamkeit für etwas Neues, das mit Bedeutsamkeit gefärbt ist und uns begeistert, und dem gegenüber man eine stichhaltige Antwort finden muss, ein in der Evolution verbreiteter Lebensaffekt. Sie ist ein Affekt, der gemacht ist, um mit der Rücksichtnahme zu reagieren, die an die Neuheit am besten angepasst ist, um sie ernst zu nehmen, sie aufzunehmen, indem man die Raumzeit, die das Leben ist, auf andere Weise krümmt. Damit wird dem diskreten, unerhörten Ereignis, das stattfindet, seine Rätselhaftigkeit verliehen und jedes Mal sein richtiger Platz gefunden, ohne es von vornherein als eine reflexhaft zu fliehende Gefahr oder als ein vernachlässigbares Hintergrundgeräusch anzusehen. Wir besitzen diesen Affekt gemeinsam mit allen anderen neophilen Lebewesen, die neugierig auf das Neue sind – und alle Lebewesen sind neophil für einen Moment ihres Lebens, weil wir alle unschuldig geboren werden. Und das Leben mag zwar knausrig an Bedeutungen sein, es geizt jedoch nicht mit neuen Erfahrungen: Jedes Lebewesen musste allem begegnen und alles einschätzen. Dieser Affekt ist eine tierische Aszendenz des Tiers Mensch, hat eine geteilte Anzestralität.

Bei den Menschen ist er von einer doppelten Dimension geprägt, von der ich nicht weiß, ob sie von den anderen Lebewesen geteilt wird: Der Glanz der Wirklichkeit, der uns entzückt, wird nicht nur als unwahrscheinlich, sondern auch als vollkommen erlebt. Eines Tages zum ersten Mal einem Seepferdchen begegnen. Das Gefühl ist alt, es wird nicht durch den Verstand konstruiert, es ist unabhängig von jedem Wissen und älter als es. Wie das Begehren, die Rührung angesichts eines Neugeborenen, das Mitgefühl mit einem Verletzlichen. Es ist tierisch, und es steigt in uns an die Oberfläche der Zeit. Der Biologe E. O. Wilson ist erstaunt über zwei Arten von Gefühlen: »In Wahrheit haben wir die Welt nie erobert, nie verstanden; wir glauben nur, wir hätten die Kontrolle. Wir wissen nicht einmal, warum wir auf gewisse andere Organismen auf eine bestimmte Weise reagieren und sie auf unterschiedliche Arten so sehr brauchen.«[17]

Trotz der modernen Attitüde, die Erfahrung des Lebendigen zu banalisieren, indem die Wissenschaften von der »Natur« zu Maschinen der Wunderzerstörung werden, taucht dieser Affekt jedoch intensiviert auf, wenn man erfährt, dass der Ahornbaum in der Straße mit den Lilien der Blumenbeete kommuniziert, dass die Bienen Landkarten tanzen, Delfine Formen hören können; wenn man aufmerksam das Gesicht einer Katze betrachtet, eine Raubtiervariation auf das Thema Gesicht, eine so nahe und so sonderbare Maske, die die modelllose Perfektion einer Lebensform manifestiert. Das ist auch der Affekt des faszinierten Raben, der zum ersten Mal dem Glanz von etwas Fremdartigem begegnet. Es ist auch unser Affekt, als wir in jener Nacht in den Gesang des Rudels eingetaucht waren. In der Strömung dieses Affekts bin ich wieder zwanzig, aber auch Millionen Jahre alt.

EPISODE 2
Der Barbar eines Raubtiers

Die Sterne stehen über uns, der geschmolzene Schnee durchnässt unsere Daunenjacken, aber niemand scheint das zu bemerken. Nach dem Dialog mit den Wölfen fragen mich die Alpinisten, die von der Ärmlichkeit meiner Antworten irritiert sind, in allen Tonlagen, in allen Formen: »Aber weiß denn der Wolf, dass du ein Mensch bist? Glauben sie, dass du ein Wolf bist? Dass du zum Rudel gehörst? Warum antworten sie, wenn sie wissen, dass du ein Mensch bist? Warum heulen sie überhaupt?« Ich bleibe bei den ersten Fragen hartnäckig bei der Antwort, dass ich es nicht weiß, dass ich kein Wolf bin. Das Erstaunliche hier ist das Rätsel des Sinns dieser Interaktion, die der Austausch des Geheuls ist. Man würde meinen, es gab einen »Dialog«, doch in welchem Sinn? Welches Perspektiven-, Maskeraden-, Metamorphosenspiel? Wie in einem ersten Kontakt geht es offensichtlich darum, ohne eine gemeinsame Sprache miteinander zu sprechen.

In der großartigen Monografie über die nordamerikanischen Athabascans, *Le rêve de la forêt*, sagt ein Nabesna zu Marie-Françoise Guédon, der weißen Anthropologin: »Früher waren die Tiere Leute wie wir und wir konnten direkt miteinander sprechen, aber das hat sich geändert … Heute sprechen sie mit uns im Traum oder aber in ihrer Sprache. Doch manchmal wird es wieder wie früher und der Wolf spricht mit dir und du verstehst. [...] Es ist dann gewissermaßen so, als ob Mensch und Tier sich im Anbeginn der Zeiten befänden, als der Abstand zwischen den beiden Lebewesen viel weniger groß war, als er heute ist.«[18]

Sie fügt hinzu, dass für die Nabesnas »das nicht bedeutet, dass die Tiere denken oder leben würden wie die Menschen. Im Gegenteil. Alle geistigen Eigenschaften, die man ihnen zuschreibt, werden von den Tieren in ihrer eigenen Weise ausgeübt ... Der Wolf kommuniziert mit dem Menschen als Wolf, in seiner ganzen Wolf-Wirklichkeit; es liegt am menschlichen Gesprächspartner, sich geistig in eine unterschiedliche Wirklichkeit hineinzuversetzen, in ein Kontinuum, das impliziert, dass man Mensch und Wolf zugleich ist.«[19] Mir scheint, dass in diesen Formulierungen ein guter Forschungsleitfaden liegt, dass das Methodenelemente einer Mischung aus Ethologie und Animismus sind, dass das ein Zugang ist, der sich von den nichtabendländischen Weisen, mit den Lebewesen in Beziehung zu treten, beeinflussen ließe.

Ausgehend davon kann man ein paar Mutmaßungen improvisieren, die hinreichend vorsichtig und vernünftig sind, um doch ein wenig in dieser Frage des Sinns unserer Interaktion fortzuschreiten.

Klar, wenn ich mich in seiner Kunst versuche und so gut es geht für den Wolf hinter dem Bergkamm heule, dann weiß ich, dass ich nicht weiß, was er denkt. Weiß er, dass ich ein Mensch bin? Irgendwann weiß er es, weil er schweigt, aber hat er es gehört, oder hat er es gesehen, weil er zu mir gekommen ist? (Wir werden am nächsten Tag an seinen Spuren sehen, dass er uns ausspionieren gekommen ist, indem er um den Kamm herumgegangen ist.) Er hört mir zu, dann antwortet er mir. In seinen Antworten liegt ein Hauch von Verwunderung. Am Ende schweigt er. Wenn ich mit den Wölfen heulte, ob in Ontario oder im Var, habe ich immer wieder die Erfahrung gemacht, dass sie mir manchmal antworten und danach schweigen, während ihr Austausch untereinander oft viel länger dauert. Denken sie *nur* am Anfang der Interaktion, dass ich ein Wolf bin, bis sie die Maskerade durchschauen und schließlich schweigen?

Der Wolf im Vercors, der den Austausch andauern ließ, scheint zumindest zu Beginn gedacht zu haben, dass ich die »Wolfssprache spreche«, dass der Dialog einen Sinn hatte, weil er ihn andauern ließ. Vielleicht setzte er ihn aus Verwunderung fort, um mich sprechen zu lassen, um zu bestimmen, ob dieser Dialog einen Sinn hatte oder nicht. Diese Fährte führt zu faszinierenden Deduktionen. Denn sie ist mit einer zentralen Figur des Problems der Übersetzung zwischen Fremden, mit der Figur des »Barbaren«, verbunden.

Der Barbar ist der etymologischen Bedeutung nach derjenige, der für das griechische Ohr »barbabar« macht, der mit unverständlichem Knurren spricht, derjenige, der nicht die *wahre* Sprache spricht. Genauer besehen ist der Barbar aber nicht so sehr eine Figur, sondern vielmehr der Name für einen *Moment* der Begegnung, für den Moment, in dem man noch nicht weiß, ob das Gegenüber wie wir spricht oder ob es nur Geräusche macht. Für die Griechen sprechen die wilden Tiere nicht, aber der Barbar ist eben kein wildes Tier, er nimmt eine Grenzzone zwischen dem Tier und dem Menschen ein, eine Zone der Ununterscheidbarkeit. Er vokalisiert, er scheint sich in Sätzen an uns zu wenden, aber sie sind unverständlich, und *man weiß noch nicht*, ob er sprechen kann. Diese Ungewissheit macht den Barbaren aus. Wenn man sich bemüht, ihn zu verstehen, seine zuerst als Lärm wahrgenommene Sprache zu lernen, wenn man merkt, dass er kunstfertig spricht oder Gedichte macht, dann nennt man ihn anders: Fremder, Perser oder Skythe, aber nicht mehr Barbar. »Barbar« ist also ein Übergangsname für jemanden in dem Moment der Schwebe, wenn man sich nicht sicher ist, dass er spricht wie wir: Man fragt sich und fragt ihn.

Mir scheint, dass eine vorsichtige Interpretation der Situation zumindest anerkennen würde, dass jener Wolf, der mir antwortet, mich buchstäblich für einen Barbaren hält, das heißt für eines jener Wesen, von denen er *noch* nicht weiß, ob sie fähig sind zu sprechen, das heißt seine Sprache zu sprechen. Er fragt sich, ob ich ein Barbar bin. Er heult, ich antworte, ich scheine zu sprechen, aber er ist verwundert, vielleicht ist es nur ein Knurren. Er antwortet, um sicher zu gehen, er tritt für einen Augenblick in ein Zwiegespräch, um zu sehen, ob ich einen Dialog führen kann, ob das alles einen Sinn hat oder ob es ein unglückliches Missverständnis ist.

Denn ich bin ein hellenisierter Barbar, ich bin übereifrig, ich ahme so gut es geht nach, ohne irgendetwas von seiner Sprache zu verstehen, ich habe wahrscheinlich einen Akzent. Die unglaubliche Erfahrung besteht darin, ein Barbar in den Ohren eines Wildtiers zu sein. Ich bin der Barbar eines Raubtiers.

Denn er ist sich nicht sicher.

Er versucht wirklich zu kommunizieren, er wiederholt. In seinen Ohren habe ich ein paar Sekunden lang ein Wolfsgesicht. Es ist ein Werwolfsdialog. Für einige Augenblicke bin ich ein Metamorphose-Wesen, ein ungetrenntes Wesen, sowohl Wolf als auch Mensch, eines jener Wesen, die die mythische Zeit am Ursprung unserer Zeit, vor der Trennung, bevölkerten. Als die Kommunikation flüssig war.

Und dann ist die Maskerade verflogen, Rückkehr zu Babels Fluch. Ich bin nur noch ein Barbar, der mit ihnen sprechen möchte.

Damit ist nicht gesagt, dass die Wölfe »wie wir« der Sprache mächtig sind. Ich weiß nicht, was das heißt. Aber dennoch hat dieser Dialog philosophische Implikationen. Die Philosophin Barbara Cassin schreibt in Bezug auf die Übersetzung: »Denn man braucht zumindest zwei Sprachen, um eine zu sprechen und zu wissen, dass es eine Sprache ist, die man spricht, weil man zwei Sprachen zum Übersetzen braucht.«[20] Diese Überlegung kann man darauf anwenden, was hier vor sich geht: Man braucht zumindest zwei Sprachen, um eine zu haben und zu wissen, dass man eine Sprache hat, weil die unsrige durch die andere auftaucht, ihre Sonderbarkeiten und ihr Gemeinsames erscheinen. Es besteht deshalb die Möglichkeit, ein Barbar für einen Wolf zu sein, weil es einen Übersetzungsversuch gibt und folglich auf die eine oder andere Weise so etwas wie zwei Sprachen. Einfacher gesagt: Wenn er nicht versteht und sich bemüht, das Unverständnis zu durchbrechen, wenn da irgendwo ein Barbar ist, dann gibt es hier auch eine Sprache.

Dieses Mal spricht er und der Mensch stammelt. Und wie ein gastfreundlicher Souverän, der einen Fremden aufnimmt, macht er sich die Mühe, mehrmals seine Frage zu stellen, um zu wissen, ob ich auch *jemand* bin, ein Wesen, mit dem man kommunizieren kann.

EPISODE 3
Millionen Jahre in einem Gesang

Aber welche Bedeutung hatte sein Gesang, sein erstes Heulen?

Dieses Verhalten wird Versammlungsgeheul genannt. Es findet statt, wenn die Wölfe eines Rudels, nachdem sie den Tag jeder für sich ihr Leben gelebt haben, bei Einfall der Nacht oder danach versuchen, sich wiederzufinden, um ihr Gemeinschaftsleben zu beginnen. Ich habe diese Rituale im Sommer auf dem Plateau de Canjuers mehrmals mit der Wärmebildkamera beobachtet: Jeden Abend gegen 22:15 Uhr (»*golden hour*«) beginnt man in der Landschaft verstreutes Geheul zu hören. Man sieht von unterschiedlichen Kämmen einzelne Individuen, manchmal zu zweit auftauchen. Geleitet vom Geheul treffen sie sich, wie die Zuflüsse eines Baches, dort, wo die Welpen des Jahrgangs vereint sind. Dann beginnt das Fest und eine andere Art Geheul setzt an, diesmal gemeinschaftlich, und die Wölfe, die es ausstoßen, sind zusammen, Seite an Seite. Das wird »Chorgeheul« genannt. Es bildet oft eine Zeremonie, die eine Gemeinschaftstätigkeit vorbereitet, zum Beispiel den Beginn der Jagd, denn danach bricht einer der Anführer auf, das Rudel folgt ihm und die Tonalität verändert sich. Sie gehen zur Tat über, sie sind koordiniert, still und entschlossen.

Wie von einem Magneten angezogen kehrt der Geist zur Frage zurück, die uns quält, wenn wir bei einem Lebewesen vor etwas Organisiertem stehen: *Wozu ist das gut?* Warum hat diese Abstammungslinie diese originelle Kommunikationsweise erfunden? Seit Darwin hat diese Frage folgende Form: Was ist die Funktion des Heulens, wegen der es sich in der Evolution durchgesetzt hat? Manche sagen, dass damit Gesellschaftszusammenhalt erzeugt wird, damit man sich im Nebel zurechtfindet, um potenzielle Gegner zu erschrecken usw. Aber ist das wirklich die richtige Frage? Verfügen wir über die Daumenoppositionsstellung, haben wir ein schlagendes Herz, Farben sehende Augen oder ein Chorgeheul, weil das eine präzise, definierte, einzige Funktion hat? Hat jedes lebendige Erbe ein Schicksal, das ihm in Form einer selektierten Funktion auferlegt ist?

Um die philosophische Bedeutung dieser Angelegenheit zu erfassen, muss man zwischen Funktion und Nutzen eines biologischen Merkmals unterscheiden.[21] In der Evolutionsbiologie nennt man »Funktion« eines Organs diejenige seiner Wirkungen, die der natürlichen Selektion unterworfen ist und seine Eigenschaften, seine Form und seine Funktionsweise zu erklären scheint. Das ist die *selected effect theory* von Karen Neander: Die Funktion eines Organs ist seine Wirkung, die der natürlichen Selektion unterworfen war.[22] Zum Beispiel wäre die Funktion des Herzen die Hämodynamik, das heißt der Kreislauf von mit Sauerstoff angereichertem Blut durch alle Organe, und nicht die Tatsache, ein rhythmisches Geräusch zu produzieren, was ein nicht selektierter Nebeneffekt ist, auch wenn er nützlich sein kann, um Säuglinge in den Schlaf zu wiegen.

Doch diese Argumentation verdeckt die Komplexität der Geschichte und die subversive Freiheit der Lebewesen. Zunächst stellt sich die Frage: Die Funktion eines Organs ist zwar seine selektierte Wirkung, aber *wann* wurde sie selektiert? Die Eigenschaft ist vielleicht Millionen Jahre alt, hat vielleicht unterschiedliche sukzessive heterogene, ja sogar widersprüchliche Phasen der Selektion durchgemacht: Welche ist die richtige oder die wahre? Die Dinosaurier hatten Federn, Millionen Jahre *bevor* sie fliegen konnten. Sie dienten zur Temperaturregulierung und als Schmuck. Ist die Funktion von Federn der Flug? Oft begnügt man sich nämlich zu bemerken, welchen vorherrschenden Nutzen ein Organ in unseren Augen *heute* erfüllt, und man projiziert ihn in die Vergangenheit als seine *Wahrheit*.

Denn die Verhaltensbiologie wird noch immer vom Adaptationismus heimgesucht, von der Vorstellung, dass jedes Organ genau für *eine* Funktion existiert, die von der natürlichen Selektion eingerichtet wurde, nämlich für die Funktion, die das Organ offensichtlich heute erfüllt. Doch das Lebendige ist nicht intelligibel wie die technische Erfindung eines Ingenieurs, in der jeder Mechanismus wegen einer einzigen, genau umrissenen und ungeschichtlichen Funktion da ist. Angesichts der uralten Verflechtung, die ein von der Evolution geformter Körper darstellt, ist die auf die Suche nach der Funktion reduzierte Frage »Wozu ist das gut?« nicht wirklich die richtige Frage.

Zunächst, weil zwar jedes Lebewesen Eigenschaften erbt, deren Form und Funktionsweise durch natürliche Selektion erklärt werden können, doch diese Selektion in der Vergangenheit auf eine *Vielzahl* von aufeinanderfolgenden Funktionen gewirkt hat; sodann weil sich reichhaltige Möglichkeiten in diesem Erbe tummeln. Das Individuum verfügt folglich über einen bestimmten Spielraum, um neue Nutzungsweisen zu erfinden. Weil das Wolfsgeheul in der Vergangenheit mehrere Funktionen hatte, ist es so reich an komplexen Harmonien und vielfältigen Eigenschaften, die es für neue Nutzungsweisen verfügbar macht, wie zum Beispiel die, sich der Barbarei eines menschlichen Gesprächspartners zu versichern.

Was ich »Nutzungsweisen« oder »Nutzen« nenne, sind im individuellen Leben, *hier und jetzt*, angewandte Zweckentfremdungen atavistischer Merkmale, um von den vererbten Eigenschaften zu profitieren, aber *zu anderen Zwecken* als denen, für die sie selektiert worden sind.

Folglich hat ein biologisches Merkmal keine einzige und von einem Optimum bestimmte Funktion, die seine »Wahrheit« wäre, sondern die Wahrheit eines Organs oder eines Verhaltens ist eine geschichtliche und im Zickzack verlaufende Palette von

Funktionen, die es in den letzten Millionen Jahren besaß, sie ist das Spektrum möglicher jetziger Verwendungsweisen und die Bandbreite der Erfindungen, die es für die Zukunft bereitstellt. Aber kein einzelnes »Wozu ist das gut?«.[23]

Die Evolution hat dir vielleicht ein Heulen angedeihen lassen, das dazu dient, dass du im Nebel deine Freunde wiederfindest, oder dass du die Feinde erschreckst (Funktionen als »selektierte Wirkungen«), sie hat dir hingegen nichts vorzuschreiben, wenn es um den Alltagsgebrauch geht, den du davon machen kannst. Und ein Kriegsgeschrei kann dazu zweckentfremdet werden, deine Freude der Frühlingsnächte herauszuschreien, die in dir singen, um ein Abendständchen darzubringen oder dich nicht zu langweilen. Das Schöne daran ist, dass unter diesen subversiven Nutzungsweisen manche neuerlich von der Selektion angeheuert werden können, um zu Funktionen im evolutionären Maßstab zu *werden* und die materiellen, vererbbaren Eigenschaften des Verhaltens zu verwandeln. Man stelle sich vor, dass ein Wolf das von seinen Vätern vererbte Kriegsgeheul dazu verwendet, ein Abendständchen zu singen, und die Weibchen zufällig beginnen, das als interessantes Kriterium für die Partnerwahl anzusehen. Die Fähigkeit, wie ein Virtuose zu singen, wird ins Sieb der sexuellen Selektion übergehen und die Gattung Wolf wird sich auf einen Gesang hin entwickeln, dessen Eigenschaften immer mehr an die Kunst angepasst sein werden, dem Ohr der Wölfinnen zu schmeicheln.

Folglich gibt es keine Funktion des Wolfsgeheuls, die isolierbar wäre. Es speichert in seiner Geschichte unterschiedliche Funktionen, die es hatte (im Sinne seiner Wirkungen unter Selektionsdruck), und es kann jeden Tag unterwandert und zu einer Vielfalt noch unerhörter Nutzungsweisen umgelenkt werden.

Die Evolution hat auf elegante Weise für jeden von uns eine Vergangenheit aus präzis strukturierten Erbanlagen gewebt, die uns zu bestimmen scheinen (unseren Körper und in ihm unsere Verhaltensmuster), doch im Unterschied zu den Parzen hat sie das Geflecht dieser Erbanlagen nicht in den Rang eines Schicksals erhoben. Die Freiheit des Lebendigen besteht darin, dass es in jedem Organ von Tausenden Funktionen wimmelt und es folglich für die Erfindung von Nutzungsweisen zur Verfügung steht.

Die begriffliche Nuancierung zwischen Funktion und Nutzen, die ich hier vorschlage, soll einer Philosophie des Lebendigen den Weg bereiten, die das biologische Erbe akzeptiert, ohne es zu einem Determinismus zu machen. Es bildet im Gegenteil die Bedingung für Erfindungen, Neuheit und Freiheit. Der Glockenreiher (*Egretta ardesiaca*) wandelt somit heutzutage die Nutzungsweise seiner langen Flügel ab: Er hat sich in ein neues Milieu begeben, wo das Wasser schlammig ist, manchmal aufgrund menschlicher Aktivität. Indem er, wenn er der Beute auflauert, seine Flügel zu einem vollständigen Sonnenschirm rundet, wirft er einen kreisrunden Schatten auf die Wasseroberfläche, der Fische anlockt, die den Schatten einer Seerose suchen, um sich vor Vögeln zu verstecken. Die vergangenen Funktionen (das Gefieder wurde für Wärmeregulierung, Schmuck und Flug selektiert) unterrichten uns zwar über die Eigenschaften des körperlichen und verhaltensspezifischen Drumherums, über das jedes Individuum verfügt (die Federn sind schillernd, atmungsaktiv und tragend), aber wie so oft im Leben macht jeder, was er will mit dem, was die Evolution aus ihm gemacht hat, jeder unterwandert, zweigt ab und erfindet ausgehend vom Reichtum seines Erbes.

Die aufgefächerte Vielfalt der Funktionen des Wolfsgeheuls macht es auf den ersten Blick geheimnisvoll und trägt zur Entzückung bei, die man erfährt, wenn man es hört. Sie ermöglicht der Vorstellungskraft und dann dem Denken, einen Prozess reichhaltiger und paradoxer Schlussfolgerungen zu beginnen.[24]

Das Geheul scheint perfekt darauf abgestimmt, wunderbare Dinge damit zu tun, aber ohne dass man sie alle auflisten oder hierarchisieren könnte. Die Botschaft des Geheuls erschöpft sich nicht in einer utilitaristischen Übersetzung (»Kommt!«) oder in einer geschlossenen funktionalistischen Argumentation (»Das Wolfsgeheul dient dazu, sich in der Nacht wiederzufinden«). Diese Übersetzung ist die Waffe, die die verbohrten Evolutionisten verwenden, um das unendliche Rauschen der Geschichte zu verdecken, das in jedem Organ und jedem Verhalten steckt.

Stellen Sie sich vor, Sie treffen auf einem anderen Planeten auf ein so elegantes und komplexes Wesen wie ein Segelschiff, das sich autonom fortbewegt. Jedes seiner Elemente ist vollkommen gezeichnet und gestaltet. Jedes seiner Teile scheint Erbe einer Geschichte Tausender unterschiedlicher Nutzungsweisen zu sein und dennoch erscheint es zum Verzweifeln funktional, doch für Zwecke, die wir in Wirklichkeit nicht verstehen und die offen sind: Dem ähnelt jedes Lebewesen – Eisvogel, Orchidee, Zikade –, wenn man seine Geschichte nicht plattdrückt.

Wer hätte, als die ersten Federn auf einem tollpatschigen, erdgebundenen Dinosaurier erschienen sind, voraussehen können, dass er mit ihnen, ein paar Millionen Jahre später, eine neue Seinsdimension eröffnen würde: das Bewohnen des Himmels, das Leben in drei Dimensionen, die Kunst, sehr hoch oben in den Ketten der Schwerkraft zu tanzen?

In diesem ersten Sinn sind die Kennzeichen der Lebewesen (Organe und Verhaltensweisen) unübersetzbar. Das heißt nicht, dass es unmöglich ist, sie zu übersetzen, sondern im Gegenteil, dass man nie aufhören kann, sie zu übersetzen, sie anders neu zu übersetzen, um ihrer innigen Andersheit, ihrer verdichteten Geschichtlichkeit, ihrem Erfindungsreichtum gerecht zu werden, die sie zu Knoten und Rätseln machen.

Anstatt den letzten Zweck des Wolfsgeheuls zu suchen, anstatt seine Funktionen zu hierarchisieren, fragen wir anders nach seinem »Warum«. Beobachten wir den Gebrauch, den die Wölfe vom Geheul machen, und die Wirkungen, die sie damit erzielen. Man kann somit eine Landschaft vielfältiger Nutzungsweisen skizzieren, die als Landschaft das Ergebnis einer reichhaltigen und langen Geschichte ist.

Was zum Beispiel das »Chorgeheul« betrifft, so hat man beobachtet, dass die Rudel, die einem anderen Rudel antworten, dort bleiben, wo sie sind, und vielleicht einen Botschafter ausschicken, der sich über den Heuler erkundigt, während die Rudel, die nicht antworten, wenn sie in der Nähe Geheul hören, still weggehen (man nennt das *spacing*). Dieses Phänomen muss man in Betracht ziehen, ohne zu schließen, dass es *die* Funktion ist, selbst wenn man ahnt, dass das mit einer Nutzungsweise gegenseitiger Signalisierung zu tun hat, die man geopolitisch nennen könnte.

Man hat auch beobachtet, dass die Rudel öfter antworten, wenn sie Beute gemacht haben oder wenn es Junge unter ihnen gibt. Das scheint anzuzeigen, dass Chorheulen eine Weise ist, eine Position zu halten.

Während der Fortpflanzungszeit, wenn der Aggressivitätshormonspiegel am höchsten ist, antworten die Rudel auch öfter. Das ähnelt also tatsächlich einem expliziten, gefestigten Revierverhalten, das zu sagen scheint: »Wir sind hier, kommt her!« Aber umgekehrt haben Wolfsforscher mehrmals beobachtet, dass Rudel eine körperliche Begegnung vermieden, nachdem sie heulend Dialog führten. Das Geheul wäre also eine Einrichtung, die die Gefahren der körperlichen Konfrontation zwischen Rudeln einschränkt, eher eine geopolitische Technik der Konfliktvermeidung als eine Einrichtung territorialer Markierung, denn das Geheul scheint relativ unabhängig von geografischen Grenzen zu sein.

Man weiß auch, dass die Wölfe oft im Nebel heulen, um sich durch das Gehör wiederzufinden.

Die Liste der Beobachtungen macht es möglich, die Landschaft der Nutzungsweisen eines tierischen Vermögens, nämlich des Heulens, zu skizzieren, ohne deshalb Schlüsse darüber zu ziehen, an welchem Punkt genau die Evolution das Heulen dazu bestimmt hätte, eine einzige Rolle zu spielen: Die Geschichte ist zu alt, als dass sie an Einzelrollen Gefallen finden würde, und die uralte Bastelei, die die lebendigen Körper bildet, ist reich an endlosen Zweckentfremdungen der Nutzungsweisen.

Um bestimmte Sonderbarkeiten des Chorgeheuls zu erhellen, kann man sich auf ein höheres Verallgemeinerungsniveau begeben. Den Hypothesen der Verhaltensökologie zufolge entwickeln sich im Bereich des Lebendigen die Kommunikationstypen je nach Situation unterschiedlich. Beim Austausch, der zwischen Verbündeten und Verwandten stattfindet, entwickelt sich die Kommunikation in Richtung Klarheit und Ehrlichkeit der Botschaft. Doch für den Austausch zwischen Individuen oder Gruppen, die potenziell im Konflikt stehen, wird sich die Form der Kommunikationen anders entwickeln, nämlich in Richtung von Signalen, die demjenigen, der sie aussendet, vorteilhafter sind als demjenigen, der sie empfängt. Folglich werden zwiespältige Botschaften, die täuschen können, von der Evolution bevorzugt, wenn sie für Feinde bestimmt sind.

Im Gegensatz zu den subtilen und informationsreichen Wolfsäußerungen *zwischen* Mitgliedern des Rudels (Pfeifen, Wuffen, Kläffen …) vollzieht sich das Heulen blind, ohne dass man weiß, wer es hört. Es ist eine Flaschenpost und folglich ist es von einem evolutionären Gesichtspunkt aus gesehen vorsichtig, nicht zu viele Informationen zu liefern. Wenn die Jungtiere alleine, ohne Erwachsene sind, stoßen sie oft erste schwache Heullaute aus, bis ein Mitglied des Rudels, dessen Stimme sie erkennen, ihnen antwortet. Erst danach singen sie lauter. Das ist das »*poker howl*«, das es nicht riskiert, von möglicherweise feindseligen Fremden gehört zu werden.

Wenn Rudel sich in Sichtweite begegnen, kommt es, wahrscheinlich weil die Informationen über Größe und Kampffähigkeit des gegnerischen Rudels sichtbar gegeben sind, oft zu Angriffen und Verfolgungsjagden. Das ist viel seltener der Fall, wenn sie vermittels Geheuls aufeinandertreffen. Denn die Wölfe beschränken den Informationsreichtum, der im Geheul steckt. Wenn die Wölfe gemeinsam heulen, harmonisieren sie eher, als dass sie im Chor denselben Ton singen, wodurch sie den Anschein erwecken, es gäbe mehr Wölfe, als wirklich vorhanden sind. Trotz aller angewandten Methoden ist es gleichsam unmöglich, Wölfe dem Gehör nach zu zählen. Die Vielfalt der Harmonien und die Tonschwankungen führen den Zuhörer oft dazu, die Zahl der Wölfe zu *überschätzen*. Die relative Seltenheit von Konfrontationen nach einem Geheulsaustausch zwischen Rudeln legt nahe, dass die Ungewissheit über die andere Gruppe jedes Rudel vorsichtiger sein lässt. Das nennt man *the Beau Geste hypothesis*, in Bezug auf eine Anekdote in Percival Christopher Wrens Roman *Beau Geste*, wo zwei Soldaten, die alleine in einem Fort sind, Puppen an die Schießscharten stellen, um den Angreifern vorzuspielen, sie seien unzählig viele.[25] Die Vielstimmigkeit jedes Gesangs wäre also eine Art und Weise, das andere Rudel an eine größere Zahl von Wölfen glauben zu lassen.

Im Lichte dieser Analyse könnte man vermuten, dass der für unser menschliches Ohr geheimnisvolle, ungreifbare und übernatürliche Charakter des Chorgeheuls der Nebeneffekt eines geopolitischen Phänomens der wölfischen Spionageabwehr ist. Das Geheimnis ist ethologisch, es wird von den Wölfen selbst aufrechterhalten. Das Chorgeheul ist ein undurchsichtiger, metamorpher, geisterhafter Gesang, um einem unbekannten Rudel nicht zu viele nutzbare Informationen über die Zusammensetzung und Größe des Rudels zu verraten; um zahlreicher, mächtiger, ungreifbarer zu erscheinen; um sich mit dem Nimbus der Unberechenbarkeit zu umgeben; um seinen Schatten zu vergrößern.

Alle diese empirischen Beobachtungen sind in einer Art Bibel zusammengefasst, die auf meinem Schreibtisch liegt: die Synthese allen Wissens über den Wolf, die von den Forschern L. David Mech und Luigi Boitani herausgegeben worden ist, die ihr Leben dem Thema gewidmet haben. Der Titel lautet: *Wolves: Behavior, Ecology and Conservation.*[26] Es ist ein kleingedrucktes Kompendium, das vor mikroskopischem und tiefdemütigem Wissen nur so wimmelt. Man findet darin Nuancen dieser Art: Die männlichen Wölfe geben den Ton in einer Oktave vor, gehen in einen tiefen Bass über, mit einem Akzent auf dem *o*, während die Weibchen einen schwankenden nasalen Bariton-ton hervorrufen, dessen Akzent auf dem *u* liegt. Man erfährt, dass das Geheul sich aus einer Grundfrequenz zusammensetzt, die zwischen 150 und 780 Hertz liegt und bis zu zwölf Obertöne umfassen kann.

Wenn ich dieses Buch mit seiner Masse winzig kleiner und unbrauchbarer Informationen hochhebe, wiegt es in meiner Hand wie der ergreifende Beweis für unsere obsessive Empathie mit anderen Lebensformen, für unsere diplomatische Tugend: Tausende Seiten, ganze Leben dafür geopfert, ein bisschen mehr von anderen Arten des Lebendigseins zu verstehen. Die Abhandlungen der Naturgeschichte, bestimmte Bücher der Biologie sind nicht nur wissenschaftliche Summen, sie werden zu etwas anderem. Sie sind mit einer unbemerkten politischen Bedeutung aufgeladen. Diplomatische Schriftwerke, die unbeholfen (und in einem falschen naturalistischen Tonfall, der die Autoren selbst täuscht und ihnen als Alibi für ihre zwielichtigen Leidenschaften dient) die Arten und Weisen kompilieren, wie die Mitbewohner der Erde leben und mit uns verwoben sind. Und somit, wie man ihnen angepasste Rücksichtnahmen entgegenbringen kann.

Sie sind auch mit einer neuen affektiven Tonalität geladen, mit dem verzweifelten Wunsch, diese verwandten Aliens zu verstehen und einen Zugang zu ihnen zu gewinnen, der der Besessenheit ähnelt, mit der ein unsichtbarer Verliebter das geliebte Wesen beobachtet, das so schön ist in seiner Konzentration auf eine Aufgabe, das damit beschäftigt ist zu leben, ein Wesen, das unerreichbar ist … kurz, es handelt sich um nichtgeteilte Liebe zu einer anderen Spezies.

EPISODE 4
Die ganze ungetrennte Sprache

Welche Verwandtschaft besteht zwischen dem Wolfsgeheul und der menschlichen Sprache, und wie unterscheiden sie sich? Der Wolf ist für uns ein *alien kin*.[27] Eigentlich sind alle Lebewesen für uns verwandte Aliens, in dem Sinne, dass »verwandt« bedeutet, Teil der weiteren Familie zu sein. Doch ihre Andersheit ist in mancher Hinsicht unverständlich, wie die Andersheit von Zivilisationen eines anderen Planeten es wäre. Wenn man in die Nähe des Tiers gelangt, beschleicht einen manchmal die Ahnung, dass man Zugang zur Fremdartigkeit einer anderen Art, lebendig zu sein, als der unseren erlangen könnte, der eines Wolfs zum Beispiel, ohne jedoch diese Fremdartigkeit zu reduzieren. Das fasse ich begrifflich im Motiv der »Alienverwandtschaft« oder »*alien kin*«. Ich versuche damit den Eindruck zu formulieren, dass die Tiere, die ich nicht bin, Teil der Familie sind, aber gleichzeitig Außerirdische. Ich bin mir bewusst, dass damit eine Vorstellungswelt evoziert wird, die auf die radikalste Andersheit verweist, doch es geht hier darum, ihrer unterschiedlichen Existenzweise Gerechtigkeit widerfahren zu lassen. Und gleichzeitig sind sie uns so »vertraut«, wir sind »verwandt« im Sinne einer »gemeinsamen Abstammung« – das ist die unumstrittene These Darwins in *Über die Entstehung der Arten*; und die anderen Tiere geben uns ein Gefühl der Evidenz. Man muss zusammendenken, dass ein anderes Lebewesen ein Verwandter und ein Alien ist. Das ist ein alltägliches Paradox, das man nur erleben kann, kein Problem, das es zu lösen gilt.

Man müsste dazu gelangen zu spüren, was ein verwandter Alien ist, zumindest müsste man Weisen finden, wie man darüber sprechen kann. Man muss also mit einem Wolf in einen »Dialog« treten. Es geht darum, der Versuchung zu widerstehen, die Analogie eines »Dialogs« das kontaminieren zu lassen, was sie zu erhellen vorgibt: Wann immer es um verwandte Aliens geht, dienen menschliche Analogien der Heuristik, sind sie Werkzeuge, um etwas zu entdecken, doch man darf nicht en bloc *alle* Regeln der Ableitung des Ausgangswortes auf das Phänomen, das man zu erhellen versucht, wie in einer Metapher übertragen. Die Tatsache, dass es so etwas wie einen »Dialog« mit dem Wolf gibt, impliziert zum Beispiel nicht, dass man detaillierte Informationen miteinander teilt, so wie es in einem Sprachgebrauch der Fall ist, wie er für menschliche Dialoge typisch ist.

Man muss nämlich eine gewisse »informative« Kargheit des Geheuls anerkennen, das heißt, es liefert keine komplexen Informationen, allein schon, weil es keine Sätze gibt, in dem Sinne, dass es keine Prädikation gibt. Die Prädikation ist das linguistische und logische Phänomen, das mit den Sätzen beginnt und einem Gegenstand eine Eigenschaft zuspricht: »Der Himmel ist blau«, »Du bist ein Lügner«. Mit der Prädikation erscheinen Wahrheit und Falschheit, die Möglichkeit des Irrtums und der Lüge, weil eben die Möglichkeit erscheint, etwas über etwas zu behaupten. Wenn die Sprache darin besteht, nur ein Wort (»Blau!«) auszusprechen und nicht einen Satz, dann sind weder Lüge noch Fehler möglich, genauso wenig wie Wahrheit, denn nichts wird über nichts behauptet.

Dennoch gibt es im Schrei des Wolfs eine Behauptung, eine feststellende Dimension, aber sie ist mehr in der Aussagesituation präsent als in der Prädikation im eigentlichen Sinne. Sie ist anzeigend: Wenn es einen Schrei gibt und du ihn hörst, dann deshalb, weil ich da bin und also folgern alle, die mich hören, dass der Schrei »Ich bin da« bedeutet.

Es handelt sich um ein Sprechen vor der Prädikation: Da alle »Sätze« des Wolfes nicht-prädikativ sind, sind sie jenseits von wahr und falsch, oder diesseits, wie das »Ich-liebe-dich«, das Barthes zufolge »nur ein einziges Wort« mit Bindestrichen ist: Es ist »immer wahr«, es ist eine »Tat«. Es »hat keinen anderen Referenten als seine Aussprache«.[28] Eine perfekte Formel, um das Wolfsgeheul zu charakterisieren.

Über diese feststellende Dimension hinausgehend gibt es im Schrei des Wolfs eine reale Aufforderungsdimension (er ruft Verhaltensweisen bei denen, die ihn hören, hervor), aber auch eine performative Dimension. Das Performative, das zum Beispiel vom Philosophen John Austin theoretisiert wurde, ist eine sonderbare Funktion der menschlichen Sprache, die einer bestimmten Kategorie von Verben eigentümlich ist, nämlich jener Verben, die eine Handlung beschreiben und zugleich vollziehen. »Ich erkläre euch zu Mann und Frau.« »Ich rate dir, zu fliehen.« »Ich befehle dir, herzukommen.« Doch die performative Dimension des Wolfsgeheuls ist nicht dieselbe wie in der menschlichen Sprache, nicht genau so, da wir uns in einer Welt von Aliens befinden, und doch ist es eine performative Dimension, weil diese Aliens unsere Verwandten sind. In seinem performativen Geheul sagt der Wolf: »Wir sind ein Rudel« und »Seien wir ein Rudel!« – und das Rudel ist. Er bildet das Rudel durch das Geheul, das jeden Vereinzelten in der Ferne mit dem Innen aller anderen verbindet. Das Geheul zeigt den anderen Wölfen im Umkreis von zehn Kilometern meine Person, meine Gemütsverfassung, mein Begehren, meine Müdigkeit, meine Angst an, so wie die Stimme eines Freundes am Telefon nach Jahren des Schweigens ihn ganz, seinen unnachahmlichen Lebensstil, im Zimmer gegenwärtig sein lässt.

Das Versammlungsgeheul lässt somit mehrere Funktionen der menschlichen Rede miteinander verschmelzen: die informative, auffordernde und performative Funktion. Im Geheul liegt die ganze Sprache ohne die Sprache. Es ist zugleich ein

Sprechen-von (ich bin hier), ein Sprechen-zu (findet mich) und ein Sprechen-Tun. Es formuliert in einem einzigen, umfassenden Gesang: »Ich bin hier, wo seid ihr? Seien wir ein Rudel!«; aber es bildet das Rudel auch, indem es es spricht. Es sagt im selben Ton »Ich suche euch und sucht mich«, da die Einsamkeit ein Mangel ist, der behoben werden muss, indem man ruft.

Und der Wolf ruft wahrscheinlich auch sich selbst, er ruft sich in die Existenz in der Stille der Nacht. Wie ein Reisender, der allein eine nächtliche Landschaft durchwandert und nicht einmal mehr die Hand vor den Augen sehen kann, sodass er seine eigene Existenz bezweifelt, laut mit sich selbst zu sprechen, sich mit seinem Namen zu rufen beginnt. Seine Stimme erhebt ihn ins Dasein, so als ob er sich kraft des Wortes selbst bei den Haaren aus dem Nichts zöge.

Die große Originalität des Wolfsgesangs, seine befremdlich-vertraute Weise, Sinn zu produzieren, besteht darin, dass er ohne präzisen Empfänger gesungen wird, dass er blind, für alle gesungen wird: Er wird gesungen, ohne dass man weiß, wer ihn hören wird. Was wird aus dem Wort, wenn es seiner Bestimmung nicht sicher ist? Stellen Sie sich vor, Sie heulen in der Nacht, ohne zu wissen, wer es hört. Stellen Sie sich vor, was Sie sagen würden, wenn Sie nicht wissen können, wer Ihre Stimme, Ihre Botschaft, Ihre Anwesenheit in einem Umkreis von bis zu fünfzehn Kilometern hören wird: Freund, Feind, Beute, Rivale ...? Das führt zu einer ganzen Reihe von Eigenschaften des Gesangs, die wir bereits erwähnt haben. Das führt vor allem dazu, dass, wenn man dem Sinn, dem Inhalt des Geheuls in einem perspektivistischen Rahmen (der alle Gesichtspunkte beachtet) gerecht werden will, man hören muss, was es *allen* sagt, die es zugleich hören können. Im selben umfassenden Gesang liegt eine Ansprache an alle, die in einer Beziehung (des Beutemachens, des Konflikts, der Liebe, des Misstrauens, der Tischgenossenschaft, des Spiels, der Brüderlichkeit, der

Geopolitik …) zum Sänger verwoben sind. Es geht darum, in das Geheul die Bedeutung für den Raben zu integrieren, der sich über die Möglichkeit freut, eine frische Beute zu teilen, die Bedeutung für die Hunde, jenen feindlichen und geliebten Abkömmlingen, die Bedeutung für den Fuchs, der zum Festessen kommen möchte, wenn die Jagd erfolgreich ist, die Bedeutung für die Rehe, die sich im Gebüsch einigeln …

Der Wolfsgesang ist eine Garbe von Angeboten: der materiale Ton funktioniert für jeden Zuhörer in der Weise eines spezifischen *Angebots*, er ruft eine Bandbreite möglicher Handlungen hervor. Seine semantische Bedeutung ist zweitrangig hinsichtlich seiner »performativen« Bedeutung im Sinne von Barbara Cassin, in dem, was er mit denen *macht*, die ihn hören. Die Palette der Angebote des Gesangs ist sein geheimer und sein autochthoner Sinn: alle seine Angebote für alle, die im Gewebe der Beziehungen enthalten sind, von dem er ein singender Knoten ist.[29]

Das Geheul teilt wie jede Tierstimme mit der Poesie den umfassenden Gebrauch der sprachlichen Funktionen, die magmahafte Konkatenation der Bedeutungen und Angebote, den umweglosen Ausdruck eines Komplexes von Gefühlen und Begierden, die Aussage einer unerhörten und unwiderstehlichen Lebensweise.

Man wird die Poesie zu Hilfe nehmen müssen, um das Gewebe dessen zu entwirren, was der Wolf potentiell gleichzeitig im selben Geheul vor uns, gleich hinter dem Kamm sagt: jene Angebote, die der Gesang enthält und die die tierische Entsprechung dessen bilden, was Bedeutung für uns ist.

Diese Angebote sind für jeden Zeugen anders, aber jedes ist *im* Gesang, in der Beziehung zwischen Gesang und Lebewesen:

»Ich bin hier, kommt, kommt nicht, findet mich, flieht, antwortet mir, ich bin euer Bruder, der Liebhaber, ein Fremder, ich bin der Tod, ich habe Angst, ich habe mich verirrt, wo seid ihr?

In welche Richtung soll ich laufen, zu welchem Kamm, zu welchem Gipfel? Es ist Nacht. Zerreißt den Nebel mit einem tönenden Stern, damit ich ihm folgen kann! Und wer von euch ist in Rufweite? Freund? (*Sotto voce.*) Feind? Bilden wir ein Rudel! Wir sind ein Rudel. Kommt! Wer mich liebt, folgt mir! Seid ihr da? Ich bin der Unvollständige, der Eure, der Ungetröstete. (*Allegro.*) Es soll ein Fest geben, wir sind am Aufbrechen, die Zeremonie hat begonnen und ich bin Fragment. Ist da jemand? Ich sehne mich. Freude! Oh Freude!« (*Jemand hat geantwortet.*)

Ein einziges Heulen.

EPISODE 5
Auf den Spuren des Gesangs

Am nächsten Morgen sind wir mit den ersten Sonnenstrahlen auf den Skiern und ganz aufgeregt von der Spurensuche, die uns erwartet. Alles, was wir in der vorigen Nacht gehört haben, hat Spuren hinterlassen, nichts existiert, ohne Spuren zu lassen, und wir werden – was nur selten möglich ist – Verbindungen ziehen können zwischen den Abdrücken, dem Reichtum ihrer Information und der Interaktion, die wir *in vivo* mit den Wölfen hatten. Das einzige Mal, dass mir diese Art Verbindung vergönnt war, war bei einer Fährtensuche im vorangegangenen Winter in den Bergen bei Dignes-les-Bains.

Wir waren an einem Januarmorgen zu einem Pass aufgebrochen, dessen gegenüberliegender Hang von einem Pfad durchzogen war, gerade unterhalb des Kamms. Wir plauderten fröhlich, wie nur der Schnee es bewirken kann, und als wir auf dem Pass angelangten, waren da Abdrücke. Sie waren äußerst frisch, perfekt gezeichnet, ohne die Erosion der Spur, die charakteristisch ist, wenn die Zeit ihre Wirkung getan hat. Ein Wolf. Wir folgten ihm ein wenig, seine Abdrücke zeigten an, dass er auf dem Kamm stehen geblieben war, mit der L-förmigen Spur, die charakteristisch fürs Ausschauhalten ist. Als wir die Position des Wolfes einnahmen, begriffen wir sofort, dass der Ort, den er beobachtet hatte, gerade der Weg war, den wir ein paar Minuten zuvor auf dem gegenüberliegenden Hang gegangen waren, um auf den Pass zu gelangen. Doch nach dieser Inspizierung war der Wolf losgegangen und in den Spuren war so etwas wie Eile oder Angst zu erkennen. Er war zum Pfad gerade unterhalb des Kamms hinuntergelaufen, aus unserem Blickfeld. Doch anstatt dort zu bleiben, war er noch in ein Wäldchen weitergelaufen, klar verängstigt, und hatte sich zwischen den Bäumen versteckt. Wir waren am Vorabend dort vorbeigekommen, es hatte keine Spuren gegeben. Im Weiler waren wir fast die Einzigen, niemand war an dem Morgen vor uns aufgebrochen. Kein Hund hatte diese Straße hinaufkommen können und in jedem Fall hätte kein Hund einem Wolf dermaßen Angst machen können. Plötzlich kam uns die Hypothese in den Sinn, dass das, was er beobachtet hatte, was ihm Angst gemacht hatte, die Meute auf Skiern und Schneeschuhen war, die lachend den Pass hinaufkam – wir. Er war gerade vor uns gewesen.

Als wir dem flüchtenden Wolf nachgingen, stießen wir schnell auf die Spur eines zweiten Wolfes. Ihre Abdrücke verschwammen. Sie waren schnell gelaufen und die Spur umging den Weiler, von dem wir gekommen waren. Sie beschleunigten, sobald es möglich war. Sie waren da, sie flohen vor uns. In den Spuren sahen wir unser eigenes Bild, das sich in ihrem Verhalten spiegelte. Wir folgten den Spuren der Wölfe, die auf unsere lärmende Ankunft reagiert hatten. Daraus entstand eine wilde Jagd nach ihren Spuren, auf der wir fast ein paar Freunde aus den Augen verloren hätten. Die Spuren drangen in einen Niederwald ein und wir sahen, dass ein erstes Individuum vom Weg abwich, um einen anderen möglichen Fluchtweg zu erkunden. Dann, fünfzig Meter weiter, ein zweites, schließlich ein drittes. Die Größe ihrer Abdrücke ließ es zu, die Individuen zu unterscheiden. Sie waren zumindest vier in dieser einzigen Spur, ein vielgestaltiges Tier, das ganz in einer einzigen Linie von Abdrücken versteckt war, wie unterschiedliche Bedeutungen in einem einzigen Wort.

Wir folgten ihnen mit dem Eifer von Wölfen, stolperten mit unseren Skiern im dicken Schnee, brachen auf unserem Weg die kleinen Äste der Nadelbäume des Unterholzes ab, durch das wir uns drängten. Wir riefen uns zu: »Hast du sie? Ich habe sie verloren! Da sind sie! Ich habe sie wieder gefunden! Sie haben sich versammelt, sie sind zum Kamm hinaufgelaufen! Sie sind gerade vor uns!« Der Rhythmus war aufreibend, ein Spurenleser nach dem anderen blieb unter einem Baum oder auf einem Baumstumpf stehen, außer Atem, die Lungen brennend von der eisigen Luft, fröhlich, aber ausgebrannt, während weiter oben die gierigsten Wölfe weiter den Spuren folgten.

Oben am Grat angekommen, wo man auf den Weiler hinuntersieht, waren wir sicher, sie gegenüber zu sehen: Die Landschaft war baumlos, sie waren uns ausgeliefert, endlich konnten wir das Netz unseres Blicks auf sie werfen und die dichte Schönheit dieser Gespenster einfangen. Aber natürlich waren sie nicht da.

Ein paar Minuten später hatten wir mit dem Feldstecher ihre Spur auf dem gegenüberliegenden Hang gefunden: Sie waren mit voller Geschwindigkeit das Gefälle hinuntergestürzt und den folgenden Hang hinaufgeklettert, hatten einen anderen Pass überschritten und waren hinter ihm verschwunden, während wir bloß die erste Hügelflanke hinaufsteigen konnten.

Verzweifelt, begeistert, atemlos und weit wie die Winde hier lachten wir auf dem Kamm, im Unterholz, mit unseren geröteten Gesichtern und zerrissenen Jacken. Stöcke und Ski waren an Bäumen hängen geblieben, nach Atem ringende Freunde waren wie Däumlings Kieselsteine entlang der Jagd verstreut und riefen uns mit Neid aus der Tiefe des Waldes zu: »Nun, habt ihr sie gesehen?« Nein, sie sind bereits weit weg, Gespenster. Man sieht sich nur im Spiegel, den die Spuren der anderen bilden.

Wir haben nicht denselben Körper, der Raum ist nicht derselbe für uns und für sie, wie für jene Geier, die hundert Kilometer in vier Flügelschlägen und ein paar Minuten zurücklegen können. Die Wölfe haben Herzen einer anderen Größenordnung, die Luft weht in ihren Lungen wie in einer mythologischen Schmiede, zu der wir keinen Zugang haben. Sie sind fähig, mehr als hundert Kilometer am Tag zu laufen und das mehrere Tage hintereinander, auf unglaublichen Steigungen. Die Wölfe mögen nicht die Zickzack-Wege unserer Wanderrouten, sie haben kein Mitleid für die Spurensucher, sie lieben glatte Aufstiege, vertikale Kilometer, Gämsenpfade, die vom Grund direkt zum Pass führen. Wir haben sie verpasst, wir sind ihnen nie so nahe gewesen.

Zurück zu diesem Morgen im Vercors, nach dem Geheulsaustausch: Dieses Mal werden wir in den Spuren den Abschnitt Vergangenheit nachverfolgen können, in dem sie mit uns Dialog geführt haben. Wir brechen zur Suche nach dem ersten Sänger auf, der uns hinter dem kleinen Hügel überrascht hat. Wir finden ihn sehr schnell. Ich bin verblüfft, wie klein seine Spuren sind: sieben Zentimeter ohne die Krallen. Doch die Schrittlänge lässt keinen Zweifel übrig, zumindest neunzig Zentimeter, das kann kein Fuchs sein. Es ist ein Welpe aus dem Jahrgang. Die Wölfe wachsen in ihrer Entwicklung sehr schnell, ihre Silhouette streckt sich ab den ersten Monaten wie grazile Blumen, sodass sie schon in ihrem ersten Winter lange, schlanke Pfoten haben, um der Spur des Rudels im Schnee folgen zu können. Und dann wird der Fuß von Jahr zu Jahr stärker und dicker. Am Vorabend war ich jedoch überzeugt gewesen, dass es ein junger Erwachsener war, denn das Heulen schien tief, doch recht bedacht war es zu monoton, nicht moduliert genug, ohne die charakteristischen Tiefen. Wahrscheinlich hat der Welpe, wenn er allein ist, ein gefestigteres, weniger aufgeregtes und bellendes Heulen, als wenn er im Konzert mit den anderen Jungtieren um ihn herum heult. Wir machen eine Spur in L-Form aus, einen Halt, wo er sein erstes Heulen losließ. Er blickte genau in unsere Richtung. Er war fünfzig Meter von unserer nächtlichen Position entfernt, dreißig Meter Luftlinie. Wir folgen ihm. Seine Spuren gehen in unsere Richtung. Doch nicht zum Kamm, wo wir ihn erwarteten, er machte einen Umweg, wandte sich einer Waldlichtung zu, ging sie unter den Bäumen entlang. Und auf dem Kamm, links versetzt, ist ein großer vertikaler Felsen, und genau hinter diesem Felsen kann man deutlich die Spur seines Halts ausmachen.

Wenn man sich zu seinen Spuren hinunterbeugt, begreift man die Situation: Er lauerte hinter dem Felsen, um uns zu beobachten, nur seine Schnauze ragte hervor, so wie meine Nase jetzt, und als wir seine Position nachahmen, sehen wir deutlich das kleine Tal unten, wo wir in der Nacht auf ihn warteten. Er ist uns zwar entgegengegangen, aber er hat listig den Ort umgangen, wo wir ihn erwarteten, er hat uns ausspioniert, wie wir ihn ausspionierten, er ist gekommen, um sich über unsere Natur in Kenntnis zu setzen, nachdem er das Gespräch mit uns begonnen hatte. Und dann verschwinden seine Spuren in einem versteckten kleinen Tal und laufen zu den anderen Heulgeräuschen hin, zu den echten Wölfen diesmal.

Wir sind also unserem ersten Sänger gefolgt, der Schnee begann zu fallen, ein leichter Wind zerriss die Nebelfetzen auf den Fichtenspitzen, der junge Wolf drang in einen schrägen Niederwald ein. Wir hatten Mühe, ihm im Schnee zu folgen, der von den Temperaturschwankungen verändert worden war (der Fichtenwald fängt die nächtlichen thermischen Strömungen ein, die von der Erde aufsteigen und in der Nacht den Boden kühlen, sodass im Mikroklima des Niederwalds der Schnee weniger leicht taut und weicher bleibt als anderswo).

Wir finden schließlich eine undeutliche Spur, die schwer zu lesen ist, die dicker ist als jene des Jungtiers. Sie verlässt den Wald, um einen kleinen Engpass zu erklimmen. Wir gleiten entlang dieser Abdrücke im dicken und weichen Schnee, die Ski parallel zum Weg, eine einzige Fährte, auf der man nur die Spuren eines einzigen Tiers sieht. Die Hinterpfote ist genau in die Spur der vorderen getreten, man nennt das eine »vollständige Überdeckung«. Sie ist charakteristisch für den Wolf. Und plötzlich explodiert sie wie eine Granate und streut aus: eine, dann zwei, dann drei und dann vier Fährten entströmen der einzigen Spur, so wie ein vielarmiges Delta sich von einem Fluss löst, als ob das Tier sich in sich selbst vervielfältigt hätte. Zumindest vier Individuen gehen auf der Ebene des Passes auseinander und stürzen in den Abhang, begegnen sich und trennen sich wieder im Schnee, so weit das Auge reicht.

Oben auf dem Pass machen wir ein erstes Individuum aus, seine Spur ist massiv, zwölf Zentimeter breit und lang, wahrscheinlich das Fortpflanzungsmännchen, das Vatertier, es ist in der Mitte des Wegs. Wir sind aufgeregt, weil eine Hypothese, die wir seit Langem hegen, vom Leben selbst einer Prüfung unterzogen wird, die Idee, dass die Wölfe, wenn sie auf einen Pass gelangen und eine neue Landschaft sich der Nase und den Augen darbietet, stehen bleiben und den neuen Horizont erforschen – wie auch Menschen das tun.

Auf dem Pass steht ein Felsen mit einer menschlichen Wegmarkierung, einem gelben Farbstreifen. Das ist die Schlüsselstelle des Passes, der Ort, der über die Schwelle gebietet und die optimale Sicht auf das nächste Tal bietet. Und am Fuße dieses Steins, wo jeder Mensch stehen bleibt, entlang der großartigen, geradlinigen Spur des Wolfsvaters, findet sich die charakteristische Spur in L-Form: Er ist stehen geblieben, hat das Bouquet der Gerüche gerochen, das aus der Erinnerung der Tiere stammt, die diesen Waldhang vor ihm bevölkern, dieses Bouquet, das entlang der anabatischen Winde aufsteigt und sich seinem unglaublich feinen Geruchssinn darbietet.

Wir versuchen ungeschickt ein Foto von dem Punkt aus zu machen, an dem genau seine Schnauze wäre, die Knie in den Spuren seiner mächtigen Vorderpfoten, um den Pass so zu sehen, wie er ihn gerochen hat. Übersetzen, das Unübersetzbare übersetzen, das ist die unmögliche und notwendige Aufgabe des Übersetzers von Poesie, weil man die Schranke der Bedeutungen der anderen durchdringen muss, und weil die unkomprimierbare Andersheit der Lebensformen ebenso zart ist wie der Flaum einer Meise.

Die zweite Spur ist die eines Jungtiers, eines Heranwachsenden, fast genauso massiv wie die des Vatertiers, circa zehn Zentimeter. Die dritte ist wahrscheinlich die des Muttertiers (elf Zentimeter lang, aber ein wenig zierlicher in der Breite). Zwischen diesen Spuren sind die eines Welpen, wahrscheinlich die Spuren unseres ersten Sängers, der von uns unbemerkt die Familie im Niederwald wiedergefunden hat. Die Spuren werfen sich den Abhang hinunter. Die des Fortpflanzungsmännchens, des Anführers, nähern sich am weitesten der Hütte, wo wir geheult haben. Wir finden die Zone, von wo aus das Rudel uns geantwortet hat, es ist ein Ballett unleserlicher, unübersetzbarer Spuren, aber wir sehen ganz deutlich die Hütte in weniger als hundert Metern Entfernung. Sie haben uns wie am helllichten Tag gesehen, denn die Nacht war klar, wir waren vor ihren Augen. Trotzdem haben sie zwei Mal geantwortet – das ist noch immer ein Rätsel. Im aufziehenden Nebel ist das Spiel der Spuren von verschwenderischem Reichtum.

Wir sind lange ihrem Gang gefolgt, haben zumindest zwischen sieben und neun Individuen gezählt, einen richtigen paläolithischen Klan. Wir hatten dabei immer dieses sonderbare Gefühl, dass sie bei sich zu Hause sind, dass sie eine Art Souveränität über das Revier ausstrahlen, die man bei den meisten anderen Tieren nicht spürt. Ich kann es nicht erklären, es ist vielleicht nur ein Gefühl, aber ich glaube, es hat eine öko-ethologische Grundlage.

Als wir mehrere Kilometer lang der Fährte folgten, konnten wir in den Spuren faszinierende Verhaltensweisen lesen: zum Beispiel eine Dominanzszene, die von den Ethologen »aktive Unterwerfung« genannt wird. Was man im Schnee sieht, ist eloquent: Das Weibchen schreitet mit einer Schrittlänge von einem Meter voran, parallel zu ihr das Jungtier mit einer ähnlichen Schrittlänge. Plötzlich zweigt es zum Weibchen ab und seine Schrittlänge schrumpft auf zehn Zentimeter, die Pfoten schauen nach innen, während die Schrittlänge des Weibchens sich nicht verändert. Die zwei Spuren begegnen sich, es kommt zu einem Halt, man stellt sich ein Ablecken der Lefzen vor, ein Ritual, das für sie so klar und für uns so dunkel ist, wie es die komplizierten Handschläge sind, die die Jugendlichen erfinden. Man erkennt in den Spuren deutlich, dass der junge Wolf »Kind spielt«, er spielt eine Rolle als perfekter Schauspieler: Die Evolution hat diese Zeichen, die bei den Erwachsenen Verhaltensweisen der Fürsorge und der Zärtlichkeit hervorrufen, in eine ganze Palette von Bedeutungen aufgesplittert, mal Liebe zwischen Erwachsenen, mal Unterwerfung. Hier ist es so etwas wie eine Erneuerung der Lehnsherrschaft durch den Körper: »Ich stelle mich unter deinen Schutz und akzeptiere deine Autorität.« Und dann geht die Spur weiter, eine einzige diesmal, das Jungtier tritt in die Fußstapfen der Anführerin, die wahrscheinlich seine Mutter ist.

Kann man das Unübersetzbare übersetzen?

Mehrmals sind wir den verschnörkelten Abzweigungen der Aufklärer gefolgt, die sich aus der einzigen Spur im Schnee zu verdoppeln scheinen. Und im Vergleich dazu haben wir Spähpatrouillen von einem der kleinen Wölfe gesehen, die ein wenig tollpatschig waren: Er geht ein paar Meter schräg zum gemeinsamen Weg der Meute los, dann reduziert sich die Schrittlänge, als wäre er erschrockten, und anstatt abzuzweigen, um sich wieder in den Strom einzulassen, macht er kehrt, vielleicht rückwärtsgehend, in jedem Fall gibt er auf. Man sieht die Spuren des Muttertiers, das auch die Gruppe einen oder zwei Meter weit verlässt, zu ihm kommt, als wollte sie ihn beruhigen und ihn wieder in die Gruppe einscheren lassen.

Ein Stück weiter wurden die Spuren wieder klarer: Die Wölfe hatten in der Gruppe die Zone des Heulens verlassen und bildeten eine ganz deutliche, gerade Spur im Schnee des Unterholzes.

Wir sind dieser Fährte mehrere Hundert Meter weit gefolgt, in der ein einziger Abdruck sichtbar war und in den zumindest fünf oder sechs Individuen zuerst ihre zwei Vorder- und dann fehlerlos die Hinterpfoten gestellt hatten: zehn Pfoten hintereinander in ein und derselben feinziselierten Spur.

Doch in manchen kleinen Tälern, wo die Schneebeschaffenheit sich veränderte, zeichnete sich etwas Faszinierendes ab: Dort wo der Schnee weniger tief wurde, sah man zwischen den regelmäßigen Abdrücken des Rudels alle sechzig Zentimeter kleine Welpenabdrücke, die aus dem einzigen und vielköpfigen Tier, dem wir folgten, herauszuquellen schienen. Denn die kleinen Wölfe weiten ihre Schrittlänge aus, um die Pfoten in den Abdruck der Großen zu stellen, wenn der Schnee tief ist, doch jedes Mal, wenn der Schnee oberflächlich wird, tauchen die Spuren der Kleinen *zwischen* denen der Großen auf. Sie entspannten sich und gingen nach ihrem eigenen Rhythmus, hörten auf, sich anzustrengen, im Gleichschritt mit dem Rudel zu gehen.

Und dann, ein paar Meter weiter, sobald der Schnee wieder tiefer wurde, streckten sie wieder ihre Schrittlänge und man sah nur noch eine einzige Spur für die ganze Familie. Wir haben hier die Bestätigung, dass ein Ursprung dieser sonderbaren Sitte, die darin besteht, dass alle in derselben Spur laufen, auf eine gemeinsame Perfektionierung des Laufens im Schnee hinausläuft. Es ist bei den Witterungsbedingungen nämlich ziemlich erschöpfend, den Fuß bei jedem Schritt in den Schnee zu tauchen und wieder herauszuziehen. Also macht der Erste die Anstrengung für alle anderen, die davon profitieren, dass der Aufklärer den Weg geöffnet und stabilisiert hat. Als ich diese Vermutung vor den Spuren laut aussprechend anstellte, drehte ich mich gerade um und schaute die Spuren an, die meine Ski auf dem Weg nach oben hinterlassen hatten. Ein paar Meter dahinter sah ich, dass mein Freund seine Ski genau in meine Spuren gesetzt hatte, und wir lächelten uns an.

Doch wenn es so einfach wäre, wäre es nicht lebendig. Wie wir bereits gesehen haben, kann eine einzige Funktion nicht den realen Sinn eines Verhaltens ausdrücken. Die weiter oben mit dem Geheul untersuchte Logik des raschelnden Blätterwerks der Funktionen und Nutzungsweisen, das einer Eigenschaft zugrunde liegt, lässt sich auf alles anwenden. Zum Beispiel hat man lange Zeit geglaubt und wiederholt, wie es die zoologischen Handbücher sagen, dass die Fähigkeit jedes Wolfs, seinen Hinterfuß genau in die Spur seines Vorderfußes zu stellen, einer Anpassung ans Laufen im winterlichen Schnee entstammt, weil das den Energieverlust einschränkt. Ich habe das auch geglaubt, bis eine Erfahrung diese zu einseitige Erzählung bereicherte, nämlich die, lautlos gehen zu müssen, um nicht von den anderen Tieren gehört zu werden, um sich ihnen besser annähern zu können. Die Anforderung, sich anzuschleichen, wird von vielen Säugetieren geteilt und man begegnetet ihr mit analogen Körpern und in gemeinsamen Lebensproblematiken. Wenn man versucht, lautlos zu gehen, bemerkt man schnell, dass, sobald man die Augen erhebt, um den Niederwald zu erforschen, man unweigerlich mit einem Fuß auf einen Ast tritt, dessen Knacken die Vögel auffliegen, den Häher schreien und die achtsamen Tiere flüchten lässt, sobald man nicht hinschaut, wohin man seinen Fuß setzt. Das große Drama der vierfüßigen Raubtiere ist nun aber, dass sie sich anschleichen müssen, ohne jemals sehen zu können, wo sie ihre Hinterfüße hinsetzen. Die von ihrer evolutiven Linie erfundene Lösung ist offensichtlich, dass es genügt, dem Körper beizubringen, jedes Mal den Hinterfuß genau dort hinzusetzen, wo man zuvor den Vorderfuß hingestellt hatte. Im Lichte dieser Hypothese begreift man besser, warum der Luchs ebenso wie die Löwin in ihrer Annäherung an die Beute, mit zum Ziel gerichteter Schnauze, alle Antennen ausgefahren, vorsichtig und blindlings die Hinterfüße genau in die Spuren der Vorderfüße setzt. Im Schnee laufen und sich unbemerkt anschleichen sind zwei Funktionen, zwei Verwendungsweisen im Verhalten des Wolfes, beide haben Selektionsdruck oder Lerndruck erfahren müssen, mit vielleicht anderen noch unbekannten, die sich hier mit den anatomischen Zwängen des Laufens kombiniert haben. In dieser viele Jahrtausende alten Verflechtung von Sinnen, Anpassungen an die Welt und Zwängen liegt das Geheimnis jeder lebendigen Eigenschaft, die wir erben. Sie ermöglicht die wunderbarsten Erfindungen, um sich den Problemen des Lebens zu stellen, die in der Zukunft auftauchen werden. Der Kunsthistoriker Edgar Wind, der über die »heidnischen Mysterien«, über den Sinn der in Renaissancegemälden verborgenen geheimen Bedeutungen arbeitete, zeigte, dass die in jedem Bild angehäuften Bedeutungsschichten manchmal widersprüchlich, divergierend und zusammengesetzt sind, ihm jedoch seinen künstlerischen Reichtum, seine Fähigkeit, Sinn auszustrahlen, seine Unerschöpflichkeit verleihen. Er schreibt, dass »ein großes Symbol das Gegenteil einer Sphinx ist: es gewinnt an Leben, wenn sein Rätsel gelöst ist«.[30]

Dasselbe gilt für die Bedeutungen im Lebendigen: Sobald man eine gefunden hat, sobald man ein Rätsel gelöst hat, ist es nicht entzaubert, sondern lebendiger, weil ein wenig Licht die möglichen Spielräume zwischen dieser erhellten Bedeutung und allen anderen, die sich um sie herum tummeln, sichtbar macht.

EPISODE 6
Es zählt das Rudel, nicht die Spezies

Der Schneesturm hat begonnen uns anzutreiben. Er führte sehr dichten Nebel mit sich, die Wolfsspuren brachten uns im Wald weit von unserem Rückweg ab. Wir mussten sie aufgeben und mühten uns ab, mit den Skiern den Pass zu erreichen, wo wir das Auto geparkt hatten.

Nach ein paar Kilometern begann es zu schneien und wir kamen in der Schlucht vom Vortag an. Rechtwinkelig zu unserem Wegverlauf stießen wir auf die Fährte des Rudels, die höchstens ein paar Stunden alt war: Sie waren am selben Morgen, wie im Paradeschritt, als souveräner Klan vorbeigezogen, zuerst in einer einzigen Linie, dann kam die delta-artige Explosion von individuellen Spuren, als sie den menschlichen Weg kreuzten. Neuerlich hatte ich das Gefühl, es mit einer lehnsherrlichen Dynastie zu tun zu haben. Aber warum? Die Spuren haben hier den Tonfall einer charakteristischen Existenz, sie sind eine expansive, demonstrative Botschaft, fast wie eine sehr entspannte Parade, die mechanisch abrollt und sich keinen Augenblick lang versteckt. Keineswegs wie die hektischen Spuren der Gämsen oder wie die umsichtigen Spuren der Rehe am Rande des Waldes, nein: im vollen Sonnenlicht, in der Mitte, eine Gruppe, die unbesorgt und selbstsicher ist. Im Rudeleffekt liegt etwas Ethologisches, das über das Menschliche hinausgeht: Etwas, das wir alle gespürt haben, manchmal von innen, in einer Bar unter Freunden, und oft von außen, wenn man auf der Straße ist, eine Art Ausruf: »Hier sind wir!« Der Rudeleffekt ist eine tierische Aszendenz, viele Tierarten haben sich an diese originelle Form des Gesellschaftslebens gewagt. Das ist eine existenzielle Übereinstimmung. Von innen: Im Rudel ist man stärker, sicherer, weniger gehemmt, unpersönlicher, kopfloser und zugleich lauter und vorlauter; von außen: Ein Rudel macht ein wenig Angst, es hat eine Membran, die es umgibt, es ist sein eigenes Revier. Zwei Individuen oder ein Rudel auf einem Gehsteig oder im Wald, das ist nicht dasselbe ethologische Phänomen. Ein Rudel ist autonom, wie ein Fischschwarm ist es metamorph, es ist gefährlich, es bildet sich und löst sich auf, es ist nach innen gewendet, es kann das Außen vernachlässigen, und doch hat es Antennen und Augen im Rücken, man kann es nicht überraschen, es ist nicht an der Oberfläche seiner Haut gefährdet wie der Einzelgänger. Es ist nach innen gewendet, weniger aufs Außen achtsam und doch gegenüber dem Außen expansiver, affirmativer, erforschender, fröhlicher, lärmender, selbstbewusster. Die Abdrücke eines Wolfsrudels rufen manchmal Wirkungen dieser Art hervor. Wie kann man in den Spuren ein In-der-Welt-Sein, eine Existenz-Tonart lesen?

Spurensuchen ist nicht Lesen, wie ich es lange geglaubt und geschrieben habe. Es ist analog, weil Lesen eine Abwandlung des ursprünglichen Spurenlesens ist, des perzeptiven und geistigen Akts der Interpretation von Zeichenreihen auf der Erde, die eine Geschichte ergeben. Doch Lesen ist eine ganz besondere Form des Spurensuchens, die durch die streng intentionale Dimension der geschriebenen Botschaft und seiner hohen semantischen und symbolischen Aufladung vorgegeben wird. Spurenlesen ist viel zwiespältiger und in der Luft hängender als Lesen, es ist ein Übersetzen. Übersetzen von Zeichen, die ein Lebewesen gegeben hat, das gleichzeitig ein Alien und ein Verwandter ist. Übersetzen von »Unübersetzbarem«. Der Begriff des »Unübersetzbaren« ist sehr elegant, weil er die Unmöglichkeit des Übersetzens aussagt, insofern man niemals den »wahren« Sinn haben wird. Das ermöglicht, eine ganz einfache Regel der Redlichkeit zu formulieren, aber man wird deshalb nicht sagen, man müsse die Übersetzungsversuche einstellen. Im

Gegenteil, man muss das »Unübersetzbare« endlos übersetzen. Der Begriff ist von der Philosophin Barbara Cassin vorgeschlagen worden, um Wörter zu bezeichnen, die idiomatisch so tiefreichend einer Sprache angehören, dass jeder Versuch, sie durch ein einziges Wort zu übersetzen, scheitern muss. Als Beispiele werden etwa die *saudade* der Brasilianer, das deutsche *Dasein*, der englische *spleen* genannt. Gegenüber diesen Unübersetzbaren ist man nicht verurteilt zu schweigen, man muss sie übersetzen, aber Übersetzen läuft dann darauf hinaus, sie immer wieder zu übersetzen, die Versuche zu vervielfältigen, um ihnen möglichst gerecht zu werden. Ich glaube, dass man dasselbe von dem sagen kann, was uns hier beschäftigt: Angesichts der Verhaltensweisen und der Lebensformen anderer Lebewesen ist man dazu verurteilt, Unübersetzbares zu übersetzen. Der Sinn ist immer in der Schwebe, man läuft ihm hinterher, man übersetzt ständig von Neuem, man hat immer Angst vor dem Missverständnis, doch es ist manchmal schöpferisch. Das perfekte Wörterbuch der anderen Lebensformen existiert nicht, aber man muss wohl leben und zusammenleben.

Es war Zeit zurückzukehren. Der Nebel verdeckte alle Wege und Reliefs. Einen Moment folgte ich, völlig starr vor Kälte, die Stöcke wie ein Automat bewegend, um zur Welt der Großstädte zurückzukehren, einem Weg, auf dem Menschen mit Schneeschuhen, Hirsche und andere unübersetzbare Tiere gegangen waren. Dieser Weg musste uns nach Hause führen. Auf ihm waren auch die frischen Spuren eines sechs Monate alten Welpen zu sehen.

Er hatte das Rudel am Pass verlassen und pfiffig diesen Weg auf dem Hang der Schlucht erforscht. Es war unser Weg, der einzige, der uns übrig blieb. Wir hofften, dass er uns ins warme Zuhause führen würde. Ich konnte im Nebel fast nicht mehr seine kleinen Wolfsfüße ausmachen, die uns gleichsam führten. Nach ein paar Hundert Metern begriffen wir, dass es wahrscheinlich ein Weibchen war. Der Urin ging zwischen den Pfoten nach hinten zwischen die Hinterbeine und nicht nach vorne wie bei den jungen Männchen oder auf die Seite wie beim Anführer. (Bei den Wölfen hebt nur der männliche Anführer das Bein zum Urinieren, während bei den Hunden *alle* Männchen das tun, was den Gedanken nahelegt, dass alle Haushunde, selbst wenn sie alleine sind, wenn sie kleine Kläffer sind, in ihrem Innern davon überzeugt sind, Alphamännchen zu sein.)

Das Tier, dem wir im Nebel folgten, war ein aufgeweckter weiblicher Welpe, der das Rudel am vorherigen Pass verlassen hatte und alleine diesen Berghang erkundete. Mehrmals verließ die junge Wölfin den Weg, ging ein paar Meter zur Seite, um etwas anzusehen oder zu riechen. Wir waren ein wenig traurig, als sie uns verließ, und dann kam sie zuverlässig auf den Weg zurück, den wir auf Skiern ihren Abdrücken folgend gingen. Wir freuten uns, sie wiederzufinden. Die gleiche Art von Erkundungsgängen sieht man, wenn man einem Rudel folgt. Sie sind alle in einer einzigen Spur und regelmäßig zieht ein neugieriges Individuum eine Schnörkelspur links oder rechts und kehrt dann wieder in die Linie zurück.

Hier bestand die Linie aus diesem Weg mit Menschen- und Hirschspuren, und ich hatte das sonderbare Gefühl, dass wir alle demselben großen Rudel aus unterschiedlichen Spezies angehörten, einem Rudel, das die kleine Wölfen im Nebel anführte. Sie ging als Aufklärer auf einem gemeinsamen Weg voran. Es war ein schöner Tag.

EPISODE 7

Die Kunst der lebendigen Varianten

Ein Monat später, Januar. Wir sind fast am selben Ort zurück, im Nebel, auf einem Schnee, der hart wie Stein ist. Wir durchkämmen dasselbe Wolfsrevier, aber von der anderen Seite des Vercors, westlich des Mont Aiguille. Wir suchen das Rudel. Wir sind vier, auf nordischen Tourenskiern. Wir ahnen, dass die Wölfe Gründe haben, an diesem kleinen wilden Berghang vorbeizukommen. Wir steigen im Wald hoch, auf alten Waldwegen, die von den neuen Rekruten der Nadelbäume gesäumt werden, auf seit Langem vergessenen Pfaden. Wir verirren uns fast, die Geografie der Tiere ist nicht auf der Karte verzeichnet.

Der Weg verschwindet plötzlich in einem Wildbach. Ich schnalle ab, bin verzweifelt. Stundenlang haben wir nichts gesehen, nichts gefunden. Und keine Chance, hinüberzukommen. Es ist kalt, die Gastfreundschaft lässt zu wünschen übrig. Ich rutsche bis zum Bachbett hinunter, in der Hoffnung, den Beginn eines Waldwegs auf dem gegenüberliegenden Hang zu finden, und finde mich in einer Lawinenrinne wieder. Bitter enttäuscht drehe ich mich um und bekunde dem Trupp: »Umdrehen! Wir geben auf. Keine Chance.«

Und als ich dort herumschlurfe, wo ich eine Minute vorher vorbeigegangen war, sehe ich zwischen meinen Stiefelspuren einen perfekten Abdruck in Diamantenform, also den Abdruck eines Wolfs. Dann einen anderen. Dann die Spuren des Rudels: Neun Exemplare, die zum unzugänglichen Bach hinuntergegangen sind und mir nichts dir nichts die Lawinenrinne überquert haben. Wir sind tief im Dickicht, es gibt nirgends einen menschlichen Weg. Sie sind hinuntergegangen, um zu trinken. Man sieht, wo sie die dünne Eisschicht auf dem Bach mit ihrer Schnauze durchdrungen haben, um Wasser zu schlürfen, nacheinander, im selben Brunnen. Ich heule im kleinen Tal, der Gesang stürzt den Bach hinunter. Vielleicht sind sie noch in Hörweite, ich informiere sie, dass wir hier sind. Ein paar Schwarzspechte antworten mir.

Wir nehmen die Jagd aufs Rudel auf. Sie nehmen uns auf die übliche Achterbahnfahrt mit. Sie steigen über matschige und unzugängliche Hänge direkt auf den Grat, sie gehen in fast senkrechten Eisrinnen geradeaus hinunter, und wieder von vorne. Sie gehen Wege, die für unsere Körper fast unmöglich zu bestreiten sind. Wir verfluchen sie: »Kein Respekt, kein Respekt für Spurenleser!«, wiederholen wir schimpfend, lachend. Vom Gipfel eines Kammes aus sieht man unter unseren Füßen eine Rutschrinne: Der Schnee ist zusammengedrückt und kontinuierlich abgetragen worden, sie sind mit ihrem Hintern hinuntergerutscht. Schließlich führen sie uns zu einem Forstweg zurück.

Sie folgen ihm ein paar Hundert Meter lang, dann verlassen sie ihn, und werfen sich noch einmal in einen unmöglichen Canyon … Wir folgen ihnen noch einmal, wie von einem Magneten angezogen, plagen uns im Abhang ab, mit verkrampftem Lächeln, und sie stoßen endlich wieder auf einen menschlichen Weg.

Die zwei Forstwege waren nicht auf unseren Karten, sie waren vergessen. Es ist faszinierend, dass das Rudel seine eigene Wanderlogik hat. Seine Bahn irrt nicht herum, sie ist wie eine Messerklinge. Sie haben ein Ziel, das spürt man, es ist offensichtlich (es wird sich am Ende des Wegs bestätigen). Sie kennen ihr Revier weitaus besser als wir, sie kennen es wie ein Förster.

Sie wissen von vornherein, wohin sie wollen, und dementsprechend planen sie die optimale Route. Ich habe die Karte vor den Augen, ich finde nicht die kürzeste Route.

Ich lerne etwas Sonderbares: Wenn man im Wald verirrt ist, kann man sich sonderbarerweise gerettet fühlen, wenn man

Wolfsspuren findet, denn wenn Wölfe vorbeigekommen sind, heißt das, dass der Weg irgendwo hinführt und sich in optimaler Weise mit menschlichen Wegen überschneiden und in die »Zivilisation« zurückführen wird. Zu einem bestimmten Moment geht einer von uns als Aufklärer voraus und erklimmt einen Bach, um weiter oben einen gangbaren Weg zu suchen. Im selben Augenblick sehe ich, dass die Wölfe gerade auf unserer Höhe hier vorbeigekommen sind und ich überrasche mich dabei, ihm zu sagen: »Das bringt nichts, dass du hinaufgehst: Wenn die Wölfe hier vorbeigekommen sind, dann heißt es, dass es oben keinen praktischeren Weg gibt.« Wir schauen uns schweigend an. Wir ahnen die Sonderbarkeit der tierischen Überlegung: Wir lassen uns von Wölfen im Wald leiten. Ich denke an ein Märchen der Tanaina in Alaska, das ich bisher für ein Element der Folklore gehalten hatte: Das Märchen rät dem im Wald verlorenen Wanderer, den Wolf zu Hilfe zu rufen, um den Weg wiederzufinden.[31] Angesichts von *Peter und der Wolf* und *Rotkäppchen* handelt es sich um eine ziemlich reine Umkehrung des Motivs unserer »verloren im Wald«-Fabeln: Was hier die große Gefahr ist, ist dort die Rettung. Vielleicht liegt ein Teil des Ursprungs dieses indianischen Märchens im Vertrauen in die Orientierungsfähigkeit des Wolfs im Gelände. Er ist ein besserer Kompass als die Wanderkarten. Mit der Erfahrung neigt man dazu, darauf zu vertrauen, dass man, wenn man ihm folgt, auf einen Weg stoßen wird, der von den Kartografen vergessen worden ist, einen perfekten Weg, der zu einem Schlüsselpunkt des Territoriums führt, eine Abkürzung, die eine schöne Route aus dem Wald heraus optimiert, zu einer Kreuzung, einem neuralgischen Punkt der Landschaft, den das Rudel aufsucht, um ihn mit seinem Wappen zu kennzeichnen.

Am Ende einer langen Verfolgung im Unterholz führt das Rudel uns tatsächlich vom verlorenen Pfad über den aufgelassenen Weg zur großen zentralen Straße, auf der alle Wanderer in der

Talsohle gehen. Wir hören Skifahrer, bevor wir sie sehen. Wir sind in den Schritten der Wölfe, getarnt vom Waldrand. Wir stoßen aus der Perspektive des Wolfes auf den menschlichen Weg. Für einen Augenblick sehen wir den Raum, in dem die Menschen vorbeiziehen, durch ihre Augen, versteckt am Waldrand. Wir spüren, dass sie vorsichtig den Ort untersucht haben (»Ist der Weg frei?«), bevor sie schnurstracks auf den besagten Pfad zugesteuert sind und ihn im Trott hinaufgelaufen sind.

Am Tag zuvor hatten wir diesen Pfad genommen, ohne ihre Spuren zu sehen. Hunderte Skifahrer und Hunde waren vorbeigekommen und hatten ihre Abdrücke praktisch unlesbar gemacht. Doch wie so oft: Wenn man sie einmal gesehen hat, erscheinen sie überall, sie erheben sich aus der Landschaft, und wir folgen ihnen noch auf den Spuren, die die Ski gelassen haben, die die Wölfe benutzen (die Ski drücken den Schnee für sie zusammen), im Slalom, den Wegrand erforschend, beschnuppernd. Ihre spektakuläre Routenänderung ist faszinierend. Mindestens einen Kilometer lang sind wir ihnen kontinuierlich im Gestrüpp gefolgt, aber es gab keine territoriale Markierung, keine Urinspuren, keine Kratzspuren. Doch hier, sobald das Rudel auf den Weg kommt, der vor Menschen, Hunden, Füchsen und anderen wimmelt, stellen sie alle fünfzig Meter eine gut sichtbare Fahne auf: Urin, Exkrement, Kratzspuren. An allen Punkten eine Markierung, am Eingang und am Ausgang, an allen Kreuzungen. Sicherlich ist das eine Antwort auf die Anwesenheit anderer Arten (Menschen, Hunde …), zwangsläufig eine geopolitische Einrichtung.

Das Interessante ist, dass es sich dabei nicht um einen Dialog mit nur einer Spezies handelt. Neben den Markierungen der Wölfe kann man die der Füchse, Hunde und Marder ausmachen. Man weiß noch nicht, was es bedeuten soll, aber es sind Wappen und Fahnen: Es gibt eine Art stummen Dialog mit den anderen Arten. Die Dimension der geopolitischen Signalisierung ist ausdrücklich. Der Sinn entzieht sich uns vollständig, aber es muss einen Sinn geben, *es gibt* eine Kommunikation zwischen den Spezies.

Wie ist dieser Gebrauch der Metapher des Wappens und der Fahne zur Bezeichnung der territorialen Markierung der Fleischfresser und insbesondere der Hundeartigen zu verstehen? Konkret verfügen die Wölfe über Drüsen um den Anus und zwischen den Zehen, die reichhaltig Säfte abgeben, mit denen sie ihre Exkremente beträufeln oder die sie in die Erde kratzen. Diese Säfte enthalten eine große Bandbreite an Informationen für eine Wolfsschnauze: Sie geben die Identität dessen preis, der sie hinterlassen hat, welchem Rudel er angehört, seine derzeitige Ernährung, seine geschlechtliche Empfänglichkeit und sogar seinen Gefühlszustand (sein Stressniveau zum Beispiel). In diesem Sinn ist das ein Wappen oder ein zum Wappen erhobener biometrischer Pass. Doch die Markierung ist auch eine konventionelle territoriale Begrenzung, die zwar niemanden am Überqueren hindert, aber eine Schranke bildet, die in Verbindung mit anderen eine Geruchsgrenze zeichnet, die die anderen Rudel respektieren oder manchmal überschreiten, je nach Laune oder Projekt. In diesem Sinne bildet sie eine Fahne.

Man wird dieser Art Formulierung vorwerfen, anthropomorphe Metaphern zu bilden, doch ich möchte versuchen zu zeigen, dass diese Verwendungsweise epistemologisch vertretbar ist, dass sie sogar die Methode der Ethologie darstellt, die endlich fähig ist, der inneren Andersheit der Lebensformen, die anders als die unsere sind, gerecht zu werden.

Ich nenne das perspektivistische Ethologie. Der Anthropologe Eduardo Viveiros de Castro erwähnt in *The Relative Native* beiläufig die Verbindung zwischen Perspektivismus und Ethologie.[32] Der Perspektivismus als Kosmosvision bestimmter animistischer Völker postuliert, dass das Sichtbare und das Unsichtbare relativ zu den Fähigkeiten des Wahrnehmenden sind (man muss hier »sichtbar und unsichtbar« im weiten Sinne von sinnlich und unsinnlich, zugänglich und unzugänglich, fassen). Streng genommen sieht und gestaltet jedes Tier die Welt nicht von seinem Geist, sondern von seinem Körper aus: Sein Körper mit seinen Vermögen des Fühlens und Sich-Aneignens bildet die Grundlage seiner Perspektive auf die Welt. Das ist die große Idee des Perspektivismus. Dieser Körper ist nun aber gerade eine Urwirkung der Ökoevolution, die ihm seine einzigartigen Vermögen und Perspektiven verleiht.

Der Gesichtspunkt eines jeden ist also nicht »im Körper« (als ein Geist), sondern der Körper selbst, nichts anderes als der Körper, der die Dichte von zusammenwirkenden Anzestralitäten besitzt, die die Gegenwart immer neu interpretieren. Zum Beispiel ist die Konversion und Zweckentfremdung der von Pheromonen getränkten Losung zur geopolitischen Signalisierung eine großartige Neuinterpretation der Ausscheidungsfunktion durch den von seinen Säugetiervorfahren geerbten fleischfressenden Körper. In Zusammenwirkung mit jener anderen Anzestralität, die der feine und unterscheidende Geruchssinn ist, wird eine Lebensweise erfunden, die zuvor unvorstellbar war und den Wölfen eine Seinsdimension eröffnet: die Geopolitik der Gerüche.

Der amazonische Perspektivismus ist, den Worten Viveiros de Castros zufolge, nicht auf eine Ethologie der Perspektiven reduzierbar, sondern er ist ein machtvolles Instrument einer vergleichenden Ethologie. Die Behauptung, dass die Losungen Wappen und Fahnen sind, ist keine anthropomorphe Metapher, sondern eine Analogie der perspektivistischen Ethologie.

Man muss genau ausdrücken, was diese Art Formulierung bedeutet, welche Art geistiger und sinnlicher Operation sie impliziert. Das bedeutet: Die Losung wird von ihnen ungefähr so gesehen, wie wir Wappen und Fahnen sehen. Man darf »sehen« hier nicht in der sinnlichen Bedeutung verstehen: Die Perspektive ist eine visuelle Metapher, um von etwas Grundlegenderem zu sprechen, von der Art und Weise, wie Erfahrung gemacht wird, wie eine Bedeutung zugewiesen wird. Das bedeutet: Die Wölfe machen von der Losung die Erfahrung, die unserer Erfahrung des Wappens analog ist; sie bedeutet etwas Analoges, sie aktiviert analoge Dinge, sie wird in analoge Nutzungsweisen einbezogen. Das ist deshalb keine Metapher, weil es weder ein ursprüngliches Gebiet (die menschliche Welt mit ihren Wappen) noch ein abgeleitetes Gebiet gibt (die Wolfswelt mit ihrer Losung). Es handelt sich um eine mit Analogien operierende Ethologie des »Sehen-Wie«, die weder abgeleitete noch ursprüngliche Gebiete besitzt, sondern in der jede Form nur Sinn erhält, wenn sie als Variation in Bezug auf eine andere verstanden wird.[33] Die Varianten definieren sich nicht in Bezug auf ein Original, sondern in Bezug auf andere Varianten, durch ihre Abweichung von anderen Varianten. Philosophisch ist eine Variante faszinierend. Das ist ein typisch evolutionärer Gedankengang, ebenso akrobatisch wie das Leben selbst: Die Territorialität *an sich* existiert nicht, es gibt zwar einen gemeinsamen Vorfahren von Wolf und Mensch, aber seine Territorialität war bereits eine Variante, deren Erbe Wolf und Mensch sind, aber als Varianten der Variante. Der Ursprung ist *nicht* das Original, es gibt kein Original, kein Muster, kein Modell: nur Variationen, Ströme von Varianten, die Familienähnlichkeiten haben, weil sie eine gemeinsame Quelle haben oder evolutiv konvergieren.

Merleau-Ponty hat eine analoge Intuition, auch wenn er den evolutionären Hintergrund nicht deutlich erkennt, der hier das Entscheidende ist, wenn er von den Inua-Verwandlungsmasken der Inuit spricht (bei denen es eine Tierseite und eine Menschenseite gibt). Er schreibt, dass diese Masken eine »außergewöhnliche Repräsentation des Tieres als Variante der Menschheit und der Menschheit als Variante der Tierheit« bieten.[34] Jede Lebensform ist eine Variante der anderen, aber es gibt keine Vorlage, nur Varianten.

Am Ursprung der Territorialität der Menschen und der Wölfe liegt also kein Wesen der Territorialität, sondern »das

Disparate der anderen Dinge«[35]. Die Territorialität ist also eine Idee, die man in Analogie unter tausend Arten des Territorialseins zusammenstellt, sie ist ein bestimmtes Spektrum von Weisen, mit dem erlebten Raum in Beziehung zu treten, das keinem Modell, aber durchaus Ursprüngen folgt, die in jeder Lebensform jedes Mal umgeleitet und unterwandert werden.

Da sie präindividuell ist, gibt es kein anständiges Wort, um sie auszudrücken. Also verwendet man die Ähnlichkeit der Beziehung zu territorialen Dispositiven, um sie zu umschreiben: Die Wölfe sehen die Losung und interagieren mit ihr *mehr oder weniger* so, wie wir die Dispositive der Fahnen und Wappen sehen und mit ihnen interagieren.

Die Handhabung von Analogien der perspektivistischen Ethologie befreit uns vom simplifizierenden Anthropomorphismus (»Losungen *sind* Wappen«), von der Naturalisierung des Menschen zum Tier (»Die menschlichen Wappen *sind nur* Losungen«) und vom ethologischen Reduktionismus (»Losungen sind nur Stimuli, die durch wirksame Konditionierung ausgelöst werden«).

Die Verwendung dieser Art von Analogien ist also epistemologisch erlaubt, solange man sich erinnert, dass der Vergleich eben das *Verhältnis* zwischen wir/Wappen und ihnen/Losung betrifft und nicht das ontologische Wesen der beiden.

Man tut schließlich gut daran, sich daran zu erinnern, dass die Analogie im Wesentlichen dazu dient, das Gemeinsame vor dem Hintergrund der *Differenz* hervortreten zu lassen: die Unterschiede im Gebrauch, den sie von der Losung machen, im Vergleich zu dem Gebrauch, den wir vom Wappen machen. Der Begriff ist hier kein Prokrustesbett, in das man das Disparate legt, indem man die jeweiligen Unterschiede wegschneidet, sondern ein Maßstab, anhand dessen man sehen möchte, wo, wie und um wie viel das Verglichene immer vom Maß abweicht.[36]

Diese Art perspektivistischer Analogien ist schließlich in der Praxis deshalb legitim, weil in einer Perspektive der interspezifischen Diplomatie[37] der Akt der Benennung eher dazu bestimmt ist, pragmatisch verwendet zu werden, als wissenschaftliche Genauigkeit zu beanspruchen. Er soll einen Zugang zur Welt des anderen ermöglichen, eine Interaktion mit dem anderen und Dispositive eines Dialogs vorstellbar machen.

EPISODE 8
Übersetzung im Frühjahr

Es ist Tagundnachtgleiche, das Wetter ist prächtig. Wir sind zurück im Vercors. Skifahren im Frühjahr bietet die größte sinnliche Fülle: Der Schnee leuchtet vor Licht, er besteht aus Kristallen, Schichten und Bächen, der Himmel ist strahlend blau und die Haut wird goldbraun gebacken, die Lippen sind tönern und werden an den Mundwinkeln rissig. Die Laubbäume knospen, haben Lust, endlich loszulegen. Überall zeigen die Spatzen, was sie können.

Wir suchen erneuert die Höhle, in der wir das erste Mal schlafen wollten. Wir legen die Karten, Daten und Indizien zusammen, doch sie ist unauffindbar, wir drehen uns eine Stunde lang im Kreis, wir schaufeln Schnee weg auf der Suche nach einem vom Firn verborgenen Eingang, nichts, nur dummer nasser Stein. Ich schaue auf und oben auf der Wand, drei Meter hoch im Felsen ein Schattenmund: Da ist die Höhle. Man muss klettern, um hinzukommen. Der Zugang ist gefährlich, wir könnten vom Felsen stürzen, doch unten ist Schnee und in uns zu viel Begeisterung, um jetzt noch ans Umkehren zu denken. Als ich außer Atem am Rand der eineinhalb Meter großen Öffnung ankomme, setze ich mich in den feuchten Ton, eine Karstquelle fließt hinten in der Höhle. Vor meinen Augen befindet sich Kot von einem Wolf, dann weitere Ausscheidungen ein paar Zentimeter weiter und angenagte Fellfetzen eines Wildschweins. Aber wie sind sie hier heraufgekommen? Es ist unbegreiflich: Wir haben unsere ganze Primaten-Zweihändigkeit einsetzen müssen, die Daumenoppositionsstellung, die von Millionen Jahren des Lebens in den Bäumen geformt wurde und dazu gemacht ist, uns auf die Äste des Dschungels klettern zu lassen. Und sie sind wie durch Zauber mit ihrem Vierfüßler-Schwung, ihren bekrallten Pfoten, ihrem Gleichgewichtssinn hinaufgeklettert. Aber wozu?

Die Höhle ist kalt, es ist ein horizontaler Schlauch, der tief ins Gestein eintaucht, der Gang verengt sich sehr bald, sodass es notwendig ist, auf allen Vieren und dann auf dem Bauch zu kriechen und sich schließlich in die Engpässe im Profil und schief zu winden, um vorwärts zu kommen. Nach zwei Metern finde ich auf dem Boden die erste Losung eines Fleischfressers, wahrscheinlich von einem Wolf, und dann, einen Schritt weiter, eine andere, eine dritte und eine vierte. Es ist überwältigend, ich habe nie so eine große Dichte gesehen. Auf den zehn Metern, die ich kriechend zurücklege, gibt es überall Losungen. Was ist denn das nur für ein Ort!?

Meine erste Hypothese ist, dass es ein alter Unterschlupf ist. Der Kot ist nicht frisch, er scheint vom letzten Sommer zu stammen, er hat vom Eis konserviert sein können. Wenn er älter gewesen wäre, hätte die Schneeschmelze im Frühjahr, der die Quelle verstärkt, ihn weggespült, zumindest weitergetragen. In jeder Kurve frage ich mich, ob ich nicht auf die Wölfin stoßen werde, ich bleibe stehen, um zu hören, ob nicht die kleinen Wölfe am Ende des Tunnels kläffen. Ich frage mich, ob ich nicht umkehren und sie in Ruhe lassen sollte. Doch ein innerer Sinn in mir wiederholt, dass da niemand ist: keine Abdrücke im Aufstieg, keine im Ton, der Kot ist alt – sie sind nicht mehr da.

Ich habe dieses prähistorische Höhlengefühl, das Gefühl, in eine parallele Dimension, eine andere Zeit, eine mythische Zeit, die von anderen Regeln regiert wird, übergegangen zu sein: Stille, Abschirmung, wenig Sinnesdaten, Echos, all das verleiht diesem Gang eine körperlich anstrengende Feierlichkeit. Beim Kriechen über die Steine schürfe ich mir die Knie auf, ich bin voller Matsch, meine Kleidung zerreißt an den Wänden, die sich um mich zusammenziehen. Die Stirnlampe erhellt kaum etwas, sie ist eine Quelle mythologischer Schatten. Der Schlauch wird schließlich zu klein für meinen Menschenkörper. Ich warte ein paar Minuten, lausche auf Geräusche, warte auf irgendeine Erleuchtung, und dann drehe ich in der Stille der Erde um.

Auf dem Rückweg untersuche ich die Losungen genauer. Auf den ersten Blick würde man meinen, dass sie alle von Wölfen stammen. In Wirklichkeit gibt es auch welche von Füchsen. Und manche sind unmöglich zu identifizieren. Man fragt sich sogar, ob es nicht auch ein Dachsklo sein könnte, weil mancher Kot die besondere Beschaffenheit hat, die wir im Jura gesehen haben, doch der Dachs gräbt Löcher, die seine Exkremente aufnehmen, und hier gibt es nichts dergleichen.

Das Geheimnis bleibt bestehen: Ist das ein ehemaliger Unterschlupf? Der Boden ist von Kleinsäugerknochen übersät. Ist das ein Gewitterunterstand, in den sich Tiere flüchten, und jedes hätte den Ort territorial markiert als Antwort auf die allgegenwärtigen Gerüche der Bewohner während der vorhergehenden Unwetter? Es ist ein Rätsel, wir verstehen nicht den Nutzen des Orts, seinen tierischen Sinn. Der Sinn, den er für viele Spezies hat, entzieht sich uns. Die Emotion ist in Wirklichkeit anderer Natur. Wir haben das undeutliche Gefühl, dass es ein ritueller Ort ist, ein Kultort: die Markierungen mit ihrer komplexen Bedeutung bei den Fleischfressern, die Knochen, die an die steinzeitlichen bemalten Höhlen erinnern, die initiatorische Dimension des unzugänglichen Eingangs, des schlauchartigen Tunnels, der ins Herz der Erde dringt … Der Ort scheint nicht verwendbar wegen seiner Unbequemlichkeit, weil man sich nicht umdrehen oder hinlegen kann. Er hat wenig Wohnraumqualität.

Wir spüren, dass der Ort vor Bedeutungen überquillt, vor allem, weil es eine einzigartige Dichte an Kotspuren gibt, Dutzende, überall auf dem Boden. Wir wissen, dass die Losungen bei den Wölfen eine komplexe Rolle spielen, die reich an Botschaften, Ankündigungen, Wappen und Fahnen ist. Doch dieses Gefühl ist wahrscheinlich eine Projektion, die kulturelle Dimension zumindest. Die rituelle Dimension scheint mir jedoch sinnvoll zu sein: Es ist ein schwer zugänglicher Ort, dessen Nützlichkeit nicht offensichtlich ist, und er ist von Markierungen übersät. Das ähnelt einer tierischen Ritualisierung im Sinne von Verhaltensweisen, die keine vitale Nützlichkeit besitzen, aber Sinn haben, der sich uns entzieht.

Wir klettern mit Mühe hinunter, perplex darüber, dass sie es geschafft haben, hinaufzukommen. Wir sind schweigsam, wir haben zahlreiche Hypothesen ausprobiert, Vermutungen zum Blühen gebracht. Schließlich schweigen wir, akzeptieren das Mysterium.

Es ist ausgeschlossen, dass wir dort oben schlafen. Wir werden unter freiem Himmel schlafen müssen, auf dem verschneiten Plateau. Wir bauen ein Lager auf einem Stück Wiese auf, unter einer Bergkiefer, umgeben von Schnee, auf einem kleinen Vorsprung, der in der Hochebene aufragt.

Die Nacht ist glasklar, ein Vollmond steigt am Pass auf. Überall glitzert der Schnee vom nächtlichen Licht, aber es ist nicht kalt. Wir sind voller Matsch, wir sind unkenntlich, zu Golems geworden. Ich schaue meine von Tonerde bedeckten Hände an, das Fleisch vermischt mit der Erde, als hätte der mythische Prozess begonnen, durch den ein Stück Matsch zum ersten Menschen geworden ist – aber in umgekehrter Richtung.

Wir müssen Feuer machen, wir haben keine Wahl. Die Temperatur wird sinken und der Matsch hat unsere Hosen und Socken durchnässt, als wir in der Höhle krochen. Wir müssen sie trocknen, bevor das Quecksilber unter null geht. Wir sichern eine kleine Feuerstelle ab, indem wir den Graskreis ums Feuer mit Schnee bedecken, dann bauen wir einen Wärmeleiter mit trockenem Holz, wie ein Schiffsbug, das die Feuerstelle schützt, damit er den Luftzuzug lenkt und die Wärme des Feuers abgibt.

Die Socken rauchen bereits vor den Flammen, während wir unsere Zehen über der Glut bewegen und über die Rückkehr des Lebens in sie lachen (kitzelt jede Rückkehr zum Leben?).

Wir reden lange über die Höhle, über ihr Geheimnis, ohne etwas zu behaupten, ohne auch nur zu verstehen zu versuchen, wir vervielfältigen bloß die möglichen Hinweise, die Sinnwege und Echos. In Wahrheit warten wir, unser Mahl verschlingend und angeheitert vom Glühwein, auf die Stunde, in der wir die Herren des Ortes rufen können: Die Stunde des Wiedersehens, in der die Wölfe, die sich tagsüber getrennt haben, für gewöhnlich das Versammlungsgeheul beginnen, um sich zu treffen und ihre nächtlichen Unternehmungen zu beginnen. In diesem Punkt ihres Ethogramms (der Kartografie ihrer artspezifischen Verhaltensweisen) wollen wir uns einklinken, um neuerlich mit ihnen in einen Dialog zu treten: Wenn wir in diesem Augenblick heulen, in diesem Zwischenraum, in dem die voneinander getrennten Individuen die Neuigkeiten ihrer Brüder und des Rudels erwarten, könnten sie uns antworten.

22 Uhr, man sieht wie am helllichten Tag (der Mond). Die Stille ist ebenso vollkommen wie der Rest. Ich stoße ein erstes Heulen aus, das in der Schlucht zurück- und noch lange nachhallt, nachdem ich den Mund geschlossen habe. Wir warten, der Wind ist eisig, außerhalb des Unterschlupfs, die Zeit hat sich verdichtet, aber die Spannung hat nicht einmal Zeit anzuwachsen, nach ein paar Sekunden antwortet ein Wolf. Es fährt der übliche Blitz ein, die Emotion ist wieder da, die Mischung aus Außergewöhnlichem und Offensichtlichkeit. (Wie ist es möglich, dass ein unbekannter wilder Wolf auf unsere Rufe antwortet? Und gleichzeitig: Warum nicht? Wir sind Lebewesen wie er, teilen dieselben stimmlichen Vermögen und Lebensproblematiken.)

Er ist sehr weit weg, es ist erstaunlich: Sein Heulen im Wind scheint von Westen zu kommen, vom gegenüberliegenden Berg, mehr als fünf Kilometer von hier, vielleicht sogar vom übernächsten Grat. Der Gesang kommt mit dem Wind zu uns, wie ein Gespenst, kaum zu orten, wie aus einer anderen Welt, so weit weg, und doch hebt er den Fluch der Distanz auf. Er ist lange, melodiös, fragend, fast lasziv, man spürt beinahe die Lust daran, die lange Klage zu modulieren, die Lust am Heulen, die Entfernung zu überwinden, mit der Geschwindigkeit des Schalls zu fliegen, mit dem Körper die Grenzen des Körpers zu überwinden. Die Lust, sich zu hören und zu finden in dieser nächtlichen, kargen, einsamen Landschaft.

Wir heulen noch einmal, der Dialog dauert an, er antwortet jedem von uns einzeln, viermal, fünfmal, dann schweigen wir gemeinsam. Ich denke an das Bekenntnis eines die schwierigsten Partituren meisternden Opernsängers, den ich einmal im Radio sagen hörte: »Der Gesang ist das, was mir vom Wolf bleibt.«

Kein anderer hat geantwortet: Keine Neuigkeiten vom Rudel. Kein Gesang anderer isolierter Individuen. Ich stelle die Hypothese auf, dass sie weit, sehr weit im Osten sind, während wir sie unten in der Schlucht vermuteten, gleich im Westen. Aber kein anderer Gesang ist von Westen gekommen, wo wir uns das Epizentrum des Rudels vorstellten. Dennoch hat das Weibchen einen neuen Unterschlupf wählen können, sie könnten überall sein.

Wir legen uns hin, leicht wie nur die Resonanz es ermöglicht, das Gefühl, dass wir mit der Welt in ein Gespräch treten können, dass sie uns trotz der Fremdheit hört, uns antwortet, dass wir während eines Austauschs den modernen Mythos der Stummheit des Universums zerreißen können. Wenn man die diplomatische Arbeit der Übersetzung und Vermittlung unternimmt, wenn man sich in der Grenzzone bewegt, in der die artspezifischen Formen verschwimmen, ist es tatsächlich möglich, mit allen verwandten Aliens in Kontakt zu treten.

Es ist eigentlich ein einzigartiges Vermögen des Wolfes, das man zu schnell zu einer Eigenschaft des lebendigen Kosmos erhebt, nämlich die evolutive Konvergenz, die bewirkt, dass unsere Stimme die seine nachahmen kann, dass unsere Lebensweise der seinen ähnelt, dass wir und er ausreichend individuiert und sozialisiert sind, damit der Ruf für sein Ohr Sinn ergibt, und dass er Lust hat, zu antworten. Das ist eine Sonderbarkeit, eine spezielle Begegnung zwischen zwei Lebensformen, die in anderer Hinsicht miteinander unvergleichlich sind. Die Kommunikation mit Kreuzspinnen, unterschiedlichen Bussarden (obwohl man sich gerne zupfeift) oder Buchen ist nicht ebenso leicht, obwohl man ständig Resonanzbeziehungen zu ihnen sucht. Noch ein Punkt, in dem der Wolf ein Vermittlertier ist: Er ist ein Botschafter der möglichen Resonanzbeziehungen zu den anderen Lebewesen, unseren *alien kins*, den unübersetzbaren Tieren.

Unübersetzbar muss jedoch im dynamischen Sinn verstanden werden: Man darf niemals aufhören, sie immer wieder zu übersetzen, um dem gerecht zu werden, was stattfindet, was sie sind, um der Beziehung gerecht zu werden. Wenn Lévi-Strauss das »wilde Denken«, »das Denken im wilden Zustand«[38] beschreibt, das der ganzen Menschheit gemeinsam ist, dann beschreibt er es als zwiespältig, da es sich »zugleich durch einen verzehrenden Ehrgeiz nach Symbolisierung« und durch eine »gewissenhafte, ganz und gar dem Konkreten zugewandte Aufmerksamkeit«[39] definiert. Genau so soll die endlose Neuübersetzung des Sinns der Lebewesen aussehen. Dann nehmen wir unsere wilden Plaudereien über den Sinn des Geheuls wieder auf, machen uns wieder an die Arbeit, verweben noch einmal Sätze und Sinn, um uns dem mythologischen Tier anzunähern, das jedes Tier ist, sobald man ihm seine Dichte von Millionen von Jahren wieder zurückgegeben hat, sein Gewimmel von abgelagerten Anzestralitäten, seine Kunst, sie gleichzeitig an der Oberfläche der Gegenwart spielen zu lassen (mit anderen Worten: zu leben).

Was passiert, wenn man versucht, die Evolution als eine Anhäufung von Ablagerungen tierischer, manchmal pflanzlicher und auch bakterieller Aszendenzen in jedem lebendigen Körper zu denken? Das, was ich unter »Ablagerung« der Aszendenzen (oder Anzestralitäten) verstehe, ist nicht dasselbe wie die geologische Sedimentation, wo jede Schicht umso unzugänglicher ist, je länger sie bereits abgelagert worden ist. Das Lebendige lagert sich zeitlich wie das Gestein ab, aber der Unterschied zwischen beiden ist, dass im Lebendigen die Anzestralitätsschichten gleichzeitig *an der Oberfläche verfügbar* sind und gemeinsam wirken trotz ihres unterschiedlichen Alters. Im Akt des Schreibens dieser Zeilen hat sich die Daumenoppositionsstellung, die uns die Primaten vor drei Millionen Jahren gegeben haben, mit dem Punktauge, das ich von einem Vorfahren aus dem Kambrium (vor fünfhundertvierzig Millionen Jahren) vererbt bekommen habe, für die Schrift verbündetet, für eine Technik, die vor sechstausend Jahren erschienen ist.

Die tierischen Anzestralitäten sind wie Gespenster, die uns heimsuchen, indem sie an die Oberfläche der Gegenwart aufsteigen. Es sind freundliche Gespenster, die zu Hilfe kommen, die aus uns ein *Panimal*[40], ein *Pan-Animal*, ein All-Tier, ein umfassendes Tier machen, metamorph wie der Gott *Pan*. Sie erfinden bei Bedarf eine originelle Lösung für ein Lebensproblem. Der kleine vierhändige Primat, der die Daumenoppositionsstellung erfunden hat, kommt zu uns und hilft uns, jedes Mal, wenn wir unsere Hand benutzen, um dankbar die Hand eines Freundes zu schütteln, grazil einen Kugelschreiber zu halten oder im alltäglichen Kampf mit unserem Telefon ungeduldig darüber zu wischen.

Das urzeitliche Säugetier, das die Elternbindung erfunden hat, taucht jedes Mal über die Millionen Jahre wie ein Gespenst aus dem Inneren unseres Körpers auf, wenn ein kleines Tier unser Herz erweicht (das Kindchenschema, diese spontane Rührung durch die Jungen jeder Tierart, ist eine Konstante bei den Säugetieren, es ist nicht unsere menschliche Sentimentalität, die sich zeigt, sondern unsere tierische Empathie).

Das Farbensehen unseres Obst fressenden haarigen Vorfahren, den die Evolution mit optischen Fähigkeiten ausgestattet hat, damit er die subtile Reifung der Früchte des Dschungels mit ihren gelben, orangen und karminroten Tönen ausmachen kann, wird jedes Mal reaktiviert, wenn wir die Schönheit eines Sonnenuntergangs genießen (die für das tierische Auge vor allem die Reifung einer Landschaft ist). Warum wäre sonst das geringste Purpurrot anziehender als jedes Grün?

Derselbe Ahne hat uns die Emotion ins Ohr geflüstert, wenn es drinnen brummt, weil auf der Kinoleinwand der Kirschmund von Laura Harring in *Mulholland Drive* von David Lynch erscheint (rote Lippen, eine nicht geschlechtsabhängige Erinnerung an eine Urfrucht). Doch Tausende andere lebendige Aszendenzen, Tausende persönliche Erinnerungen tragen in einer glühenden Verschmelzung zu dieser Emotion bei, die in Zeiten aufgefächert und vielstimmig wie ein inneres Tiergehege ist.

Wir, wir Lebewesen, haben alle einen zeitlich verdichteten Körper, der in Millionen Jahren entstanden und aus verwandten Aliens gewoben ist und vor verfügbaren Anzestralitäten wimmelt.

Und diese Aszendenzen werden geteilt. Durch gemeinsames Erbe oder durch evolutive Konvergenz – weil zwei Lebensformen während eines Abschnitts ihrer evolutiven Geschichte unter denselben ökologischen Bedingungen gelebt und dieselben Beziehungen zu anderen Lebensformen geteilt haben – haben sich bei Lebensformen, die auf dem »Baum« des Lebens ziemlich weit voneinander entfernt sein können, Anlagen, Verhaltensweisen und affektive Tonalitäten abgelagert, die sich ähneln: geteilte Arten des Lebendigseins.

EPISODE 9
Sich einen Körper bilden

Kehren wir zum hinter dem Reflektor geschützten Feuer in der Nacht im Vercor zurück. Das Rätsel, das uns dieses Mal innerlich beschäftigt, ist das der Distanz des Geheuls. Das ist das erste Mal, dass wir von diesem Phänomen fasziniert sind: Wir können mit den Wölfen über die Abgründe von Bergen, Wiesen und Geröllhalden hinweg kommunizieren.

Konfrontiert mit der unmenschlichen Tragweite seiner Antwort ganz weit auf dem gegenüberliegenden Berg versteht man den eigentümlichen Zauber dieses Werkzeugs, das das Geheul ist: Es erlaubt, den Horizont zu überwinden, sich im dichtesten Wald wiederzufinden, die Grenzen des Blicks zu überschreiten. Der Schall trägt, wohin der Blick nicht reicht. Während das Sehen auf das, was es sieht, nicht einwirkt, und der Blick nicht den weit entfernten Körper alarmiert, auf den er sich richtet, kann die Stimme das sehr wohl: Sie berührt buchstäblich von Weitem, mit natürlichem Zauber. Sie berührt den Körper eines Vertrauten jenseits des Horizonts, indem sie die unsichtbaren Luftteilchen nacheinander anstößt, über die Bergkämme, durch die tiefen Wälder, bis sie auf der feinen und verborgenen Oberfläche seines Trommelfells in Wellenkreisen schillert wie der Stein auf einem See. Die Lebewesen verstehen die Kunst, mit den Gesetzen der Physik zu spielen.

Wenn der Schall schneller geht als meine Pfoten, warum sollte ich dann nicht auf den Flügeln des Schalls fliegen, um Gespräche zu führen und die anderen zu berühren, weit über die Entfernung hinaus, die meine Pfoten zurücklegen können?

Eine Gruppe von Menschen wäre zu so einer Glanzleitung nur schwer fähig, obwohl Amazonasvölker wie die Adler, aus der Tupi-Familie, Pfeifsprachen entwickelt haben, um durch die Dichte des Dschungels hindurch, dort, wo die Sicht von Lianen verstellt ist, zu kommunizieren.

Das Faszinierende am Geheul ist, dass es eine originelle körperliche Fähigkeit ist, die einen ganz besonderen Lebensstil ermöglicht, nämlich die Lebensform, die die Wölfe im offenen Raum durch die eigenen Vermögen ihres lebendigen Körpers erfunden haben (ihr Gewebe von Erbschaften, die in einem *Körper* verkettet sind, in diesem großen Mysterium, dem seltsamen Attraktor, von dem alles stammt).

Diese ganz besondere Lebensform, die die Wölfe erfunden haben, ist die eines Wechsels zwischen intensiver Geselligkeit, die oft nächtlich stattfindet, und einer freiwilligen, souveränen, gewählten Einsamkeit, der oft tagsüber nachgegangen wird (aber da gibt es keine Regel, das ist das Leben). Und gerade obwohl man alleine den ganzen Tag im Wald, auf den Bergen und in den Ebenen jeder in seine Richtung gelaufen ist, kann man sich immer irgendwo *wiederfinden*, sobald es einem beliebt.

Nicht alle Tiere besitzen die Möglichkeit, sich wieder zu treffen, die die Aufsplitterung in Einzelgänger *ermöglicht*. Die Frischlinge müssen ihrer Mutter folgen. Wenn sie sie aus dem Blick verlieren, finden sie sie nicht mehr. Sie sind aufgrund ihrer Unfähigkeit, sich wiederzufinden, zu einem ständigen Kontakt mit den anderen gezwungen. Wenn ein junges Männchen weggeht, dann wird es sein Leben lang alleine leben. Es wird nicht wiederkehren. Es gibt keine abwechselnden Phasen. Die Rehsprünge trennen sich selten. Die Gämsengruppen werden von der Notwendigkeit, die Raubtiere zu erspähen, und von der Gefahr der Isolation zusammengehalten. Die entdeckungsfreudigen Tierarten sind selten gesellig. Entweder trennen sie sich nicht, wenn sie umherwandern, oder sie leben als Einzelgänger (und sie haben sicher andere körperliche Eigenheiten, die ihnen einen Raum für andere originelle Lebensformen eröffnen).

Doch die Wölfe sind mit drei körperlichen Vermögen, drei Anzestralitäten unter Tausenden von unterschiedlichen Ureigenschaften ausgestattet, die hier zusammenwirken, um eine bestimmte Lebensform zu ermöglichen: erstens die neophile Lust zu erforschen, was *dahinter* steckt; dann Pfoten, die perfekte Ausdauer erlauben, um sowohl den Asphalt von Bergstraßen als auch Bergkämme zu bewältigen; schließlich das Geheul als Werkzeug zum Sich-Wiederfinden.

Wie ein Nebelhorn reißt es die Mauer der Entfernung nieder und murmelt meine Anwesenheit in dein Ohr, obwohl ich in einem weit entfernten Wald unsichtbar bleibe. Heulen, um sich jenseits des Sichtbaren wiederzufinden. »Unser Leib ist weiser als unser Geist«[41], sagt Nietzsche, jedenfalls ist er es, der verschwenderisch Existenzmöglichkeiten eröffnet.

In der hier vertretenen Zugangsweise, die das Lebendige nicht trennt, nimmt die Evolutionsdynamik ein anderes Aussehen an als die bloß auf Variation und Selektion aufbauende »Evolutionstheorie«. Sie wird zur Ablagerung von Dispositiven im Körper, die Produkte einer Geschichte sind: Aszendenzen. Und diese Aszendenzen fügen sich in jedem Moment des Dramas, das das Leben einer Abstammungslinie oder eines Individuums ist, in besondere Konstellationen. Diese Konstellationen körperlicher Vermögen erfinden buchstäblich einen Raum von Möglichkeiten, ein Abenteuer der Existenz, das bis dahin noch nie dagewesen war. Die Art, lebendig zu sein wie ein Wolf, wie eine Zecke, wie ein Wiesensalbei, wie ein Mensch. Die tierische, pflanzliche und bakterielle Anzestralität ist die Form, die die sedimentierte Eigenschaft annimmt, wenn sie in einem Körper latent und verschanzt ist. Die Aszendenz wiederum ist die dynamische Form, die die Anzestralität annimmt, wenn sie *an die Oberfläche der Gegenwart gelangt*, um sich mit anderen zu verbinden und das so sonderbare und doch notwendige, in ihrer Zusammengebasteltheit so elegante Aussehen jeder Lebensform einer Art oder eines Individuums anzunehmen.[42] Der Dichter Novalis gibt eine befreiende Neubeschreibung dessen, was unsere Tradition Natur nennt. Er beschreibt die Natur als »jene wunderbare Gemeinschaft, in die unser Körper uns einführt«[43]. Von diesem Körper spricht er: dicht an Zeit, gewoben aus verwandten Aliens, wimmelnd vor verfügbaren Aszendenzen.

Ausgestattet mit diesen drei körperlichen Vermögen haben die Wölfe eine originelle Lebensform erfinden können. Sie können die seelenruhige Einsamkeit mit intensivem sozialem Leben, mit der Wärme der Gemeinschaft verbinden; den souveränen Rausch der Zurückgezogenheit im Gebirge, alleine auf dem Gipfel, mit der heiteren Auflösung des Ichs in der Gemeinschaft, wenn das Rudel sich wie mit einem Körper in der Anstrengung der Jagd bewegt; die Sammlung in den Erinnerungen, wenn man im Herbstregen alleine ist, wenn er auf dem Fell abperlt, verloren in den Wolfsträumen, mit der dramatischen Intensität der Streitigkeiten, der politischen Konflikte zwischen Dominierenden, der Bündnisse und Revolten. Doch er hat auch das unveräußerliche Recht, sich *in seine Ecke* zurückzuziehen. (Ein unschätzbar wertvolles Recht in großen Familien, und das Rudel ist nur eine große Familie.)

Der Raum der Existenzmöglichkeiten, der den Wölfen durch ihre körperlichen Vermögen offensteht, lässt uns ihre besondere Lebensform besser verstehen.

Anhand der Spuren kann man sich in Ethnografie üben: Sie trennen sich am Tag, isolieren sich, folgen ihren persönlichen Vorlieben, genießen die Empfindungen, die Gerüche, die Erforschungen, die sie jeder für sich unternehmen, und pflegen somit die Freude, sich am Abend nach ein wenig Geheul wiederzufinden, um das Gemeinschaftsleben zu beginnen mit seiner Disziplin, seiner Zusammenarbeit, seiner sorgsamen Aufmerksamkeit für die Zeichen der anderen, für ihre Gefühle, mit dem Respekt der Hierarchien, der Etikette des gemeinschaftlichen Lebens, den Gesellschaftsrängen, den Herrschaftsbeziehungen, die es durchzuspielen, auszuspielen, auszutricksen, infrage zu stellen gilt, mit den komplexen Beziehungen, zwiespältigen Freundschaften, der Zuneigung, die man für einen Cousin empfindet, dessen Schwester einen nicht ausstehen kann, mit allem, was man sich an winzigen (aber einen jeden definierenden) Dramen des Lebens in einer Großfamilie vorstellen kann.

Diese Familie arbeitet zusammen, agiert manchmal wie eine Expedition von Entdeckern; manchmal wie eine Militärpatrouille an der Grenze; wie ein steinzeitlicher Klan von Großwildjägern; wie eine generationenübergreifende Schule, die sich um die Kleinen kümmert, wo jeder eine Rolle in ihrer Erziehung spielt; eine Kolonne von Kartografen, die die Grenzen dem Geruch nach ziehen, die Wappen des Rudels und die Fahnen des Reviers in Form von Losungen aufstellen, um die zu ersetzen, die das Unwetter ausgewaschen hat …

Und dann kommt die Morgenröte und man trennt sich, ermüdet von der intensiven Aktivität, der Hierarchie, der Aufmerksamkeit, die man jedem schenken muss, überdrüssig der Verpflichtung, das Gemeinschaftsprojekt über den inneren Nomadendrang zu stellen, begierig nach dem Blumenduft, den nur ich rieche; und also geht jeder seinen Weg, der eine zum Bergkamm hinauf, der andere den Bach entlang, wieder ein anderer tief in den Wald hinein.

Die Verliebtesten, die Befreundetsten, die Ängstlichsten bleiben zusammen, zu zweit, manchmal zu dritt, ein anderer bleibt bei den Welpen, das dominante Paar zieht sich in sein Zelt zurück, das aus einem kleinen Hain besteht, von dem aus man den Bach sieht.

Doch die Hitzköpfe, die am meisten unter der Wolfshierarchie leiden, entfernen sich, brechen auf, um endlich frei zu sein, fern der militärischen Disziplin und den hierarchischen Verpflichtungen, um neue Himmel, neue Quellen zu erkunden, um als Erster zu fressen, ohne die Etikette zu befolgen, um die Pfoten hochgestreckt zu schlafen und die Wolken vorbeiziehen zu sehen, um zu laufen, wo man will, ohne die Pfote genau in den Abdruck des Vorläufers stellen zu müssen, der selbst die Pfote genau in den Abdruck des Anführers gesetzt hat; riechen, alles erschnuppern, sich in die Dinge rollen, sich im ganzen Kosmos einrollen, trunken von den Gerüchen nach Moschus und wilder Minze, vom Herausforderungsgeruch eines Luchses, der auch denselben Baumstamm markiert hat; und auf dieser Holzbrücke stundenlang die Forellen anschauen (kann man das essen? man müsste es versuchen): alles kosten, alles probieren, nichts tun, flanieren, sich total langweilen; und dann geht die Sonne dort hinten unter und man spürt eine kleine Einsamkeit in sich aufsteigen, die Lust nach einer Wolfsmaske, die man lecken kann, die Lust der Erregung des Zusammenseins, die Sehnsucht nach dem warmen Geruch der anderen, in den man wie in ein Dampfbad eintaucht, die Sehnsucht nach den anderen; der Wunsch, etwas zu tun, das heißt zusammen zu tun, ein einziger Körper zu sein, ein reiner Fluss von Zähnen, der dahinfliegt wie der Wind und fähig ist, alles zu fangen, was sich weigert, was widersteht, sich wehrt, die Lebenskraft von allem zu nehmen, was leidenschaftlich leben will, und sich einzuverleiben, es in sein Fleisch zu verwandeln, ein großer Leib, der fähig ist, den Himmel niederzureißen, Tiere zu reißen, die Hirsche mit ihrem Geweih wie Wälder, rauchende Wildschwein-Hügel; zusammen sein, das höllische, unaufhaltsame Rudel, die Macker, die Bosse, die Cousins; das im inneren Kreis geteilte Lachen, das wärmt, das Zungenlecken, das mir ein Vorbeigehender gibt, wie ein Mensch im Vorbeigehen die Hand auf den Rücken eines Freundes legt, um zu sagen »Ich seh dich«, »Du zählst für mich«, »Ich bin da«.

Plötzlich fühle ich die warme Flanke einer Wölfin gegen mich, während wir den Aufbruch zur Jagd erwarten, ihre Flanke mit ihrem Gewicht, das sie auf meine Flanke drückt, die reine Freude, dass sie sich so gegen mein Wolfsfell gehen lässt, spüre ich dieses Zeichen des Vertrauens, dieses stumme Zeichen des Kontaktwunsches, die euphorische Empfindung des bloßen Körperkontakts, unschuldig, jeder sieht woanders hin, die Ohren gespitzt auf die Bewegungen des Rudels, der kleinen Wölfe, auf den Mond; die Loyalität und die Verbundenheit, die dieser Kontakt ausdrückt, ohne etwas zu sagen (ich bin da, ich bin lieber neben dir als anderswo; alles ist gesagt); los, wir brechen auf, sie erhebt sich, sie trottet zum Fluss, sie hat Durst, ich kenne sie, und ich folge ihr, auch wenn ich keinen Durst habe, weil das warme Zentrum der Welt sich bewegt, nicht mehr mit mir, sondern nunmehr vor mir.

Während sie das Wasser in der Nacht leckt, sehe ich den Fluss hinauf, wie er sich in seinen Mäandern verliert, sie rufen mich, ich möchte sie erforschen, aber ein Geheul ertönt hinter uns auf der Lichtung, wo wir zuvor mit dem Rudel waren, es ist unser Anführer, das Weibchen, das uns führt, es ruft zum Aufbruch zur Jagd, unsere vier Ohren sind auf seine Stimme gerichtet, und wir schließen uns ihm an, meine Schnauze wird vom beredten Schwanz der Wölfin vor mir angezogen. Es gibt keinen vertrauteren Anblick: Ich folge dem Stück Fell eines geliebten Schwanzes, das Blickfeld wird vom grazilen Rhythmus des Wiegens ihres Hinterteils ausgefüllt, die Landschaften ringsum verschwimmen durch die Geschwindigkeit. Die Silhouette eines anderen Wolfes im Lauf – da ist der Wolf zu Hause. In mir, vor mir, in mir, vor mir, so kreist das Zentrum der Wolfswelt, das ist ihr täglicher Pulsschlag.

Doch im Morgengrauen, ja, im Morgengrauen, in der Stunde, da die Landschaft sich erhellt, werde ich weggehen, die Schnauze endlich frei, angezogen von tausend Gerüchen, die der Wind trägt, von ihren Versprechen, und ich werde diesen

Fluss bis zu seiner Quelle hinaufgehen, endlich alleine, endlich in Ruhe, bis zu seiner Quelle.

Der Morgen graut, wir lungern faul in den Decken. Der Himmel ist wieder wolkenlos, es war nicht einmal kalt, wir haben den Schlaf der Gerechten geschlafen.

EPISODE 10
Eine Zeit bei den Übergesichtern

Indem die Wölfe diesen Lebensstil gebastelt haben, der zwischen flanierender Einsamkeit und zusammengeschweißter Gemeinschaftsaktion schwankt, haben sie noch etwas anderes erfunden: die Freude des Wiedersehens.

Diese verrückte, ausgelassene, bellende Freude sieht man oft auf Wärmebildkameras, wenn sie sich am Abend wiederfinden. Stundenlang haben wir sie auf der Hochebene von Canjuers beobachtet, die Augen am Sucher klebend, mit einem zur Statue gewordenen Körper im nächtlichen Mistral, damit das Bild nicht wackelt, versteinert von der Intimität der Szene. Plötzlich taucht das Vatertier als Erster auf der Lichtung auf, wo die Kleinen den Tag verbracht haben. Es ist ein Halali: Ein Chaos aus Liebe und Zähnen stürzt auf ihn zu, erbarmungslos, man knöpft ihn sich vor. Sechs kleine Wölfe, die großen Brüder, die großen Schwestern, alle nehmen an der Zeremonie teil. Verrücktes Nachlaufen, Lefzen-Lecken, geheimnisvolle Rituale, Spiel der Körperpositionen.

Diese Sarabanden sind für uns ebenso rätselhaft wie die Etikette eines raffinierten und fernen Königreichs. Aufgrund des Lebenshintergrunds, den wir mit ihnen teilen, kann die emotionale Tonalität dieser Rituale dennoch eindeutig entziffert werden (alle Tiere sind in unterschiedlichen Graden geborene Ethologen, Künstler im Entziffern ihrer Gleichartigen – und anderer Spezies). Es ist eine reine Freude, die Tausend Paraden und Ausschmückungen findet, um sich in ihrem ganzen Reichtum auszudrücken, denn als Tier zu leben bedeutet auch, Weisen zu erfinden, intensive Emotionen auszudrücken, die uns gemeinsam sind. Und uns Wölfen fehlt zwar die gesprochene Poesie, aber wir haben die Poesie der Körperhaltungen, der Vokalisierungen, der Bewegungen der Ohren und des Schwanzes. Wir haben die komplexe Beredsamkeit der Gesichtsmaske, die von der Evolution fein ziseliert worden ist, um die Ausdrucksmöglichkeiten zu bereichern. Ein Karneval mitten im Wald.

Diese Verhaltensweisen erzeugen einen tiefreichenden Spiegeleffekt für uns, für diejenigen, die vorurteilslos die menschliche Animalität untersuchen wollen. Denn diese Wiedersehensfeste sind sehr intime Ausdrücke ihrer inneren Gefühle und doch nehmen sie kodifizierte Formen in dem an, was man ihr Ethogramm nennt: den Katalog der Verhaltensweisen, die sie als Spezies teilen. Recht besehen ist das etwas, das es auch bei uns gibt. Das spontane Umarmen eines Freundes, den man nach Monaten der Abwesenheit wiedersieht, oder des Nahestehenden, den man für immer verlassen wird, ist in den menschlichen Kulturen nichts Universales, weil es kulturelle Motive geben kann, auf Distanz zu bleiben, doch es ist sehr verbreitet und spontan bei den Kindern. Es lässt sich auch bei anderen sozialen Primaten finden, die diese Verhaltensweise spontan anwenden (den *hug*), um ihre Zuneigung auszudrücken, um zu beruhigen, Verbindung herzustellen. Ich stelle die Hypothese auf, dass dieses Verhalten eine tierische Anzestralität im Menschen ist, das Erbe eines sozialen Primatenvorfahren, dessen Körperbau das Umarmen von Angesicht zu Angesicht in aufrechter Position ermöglicht (was für einen Wolf, einen Hirsch oder eine Katze nicht möglich ist). Diese tierische Anzestralität ist analog zu den körperlichen Spielen, die man beim Wiedersehen der Wölfe sieht. Es ist ein mobiles, kulturell veränderbares Element des menschlichen Ethogramms. Mein Argument ist zwar fragil, aber beruht auf Erlebtem: Die Katzen drücken ihre Zuneigung nicht auf diese Weise aus, sie reiben die Wangen und Flanken. Schlimmer noch, sie ertragen kaum die Zuneigungsbezeugungen der Primaten. Der *hug* lässt sie in Panik geraten, weil es sie ängstigt, in den Armen eines Nahestehenden eingeschlossen zu sein, während es uns beruhigt. Eine tierische Anzestralität bedeutet, dass das Umarmen kein willkürlich kultureller Code ist, sondern die spontane Weise, wie unser tierischer Körper Liebe ausdrückt, aktiviert und verwirklicht. Es ist übrigens gezeigt worden, dass der Berührungskontakt wie das Umarmtwerden tiefe sinnliche und psychische Befriedigung verleiht. Der Punkt meiner Argumentation ist nun der: Diese Geste ist kein rein kultureller Code, und doch ist er intim, er ist zutiefst bedeutsam, er drückt mit Genauigkeit höhere Empfindungen aus, und doch ist er tierisch. Das erinnert uns daran, dass bestimmte intime Bekundungen unserer höchsten menschlichen Affekte tatsächlich zutiefst und im strengsten Sinne tierisch sind, sie sind Anlagen unserer Körper, die wir in unserer Evolutionsgeschichte geerbt haben. Ausgehend davon hat die menschliche Animalität nichts mit Bestialität, Wildheit oder Rohheit zu tun. Sie besteht aus Aszendenzen und tierischen Affekten, die abgewandelt oder unterwandert werden können, die sich aber sogar in unseren alltäglichsten, anspruchsvollsten und reichsten Verhaltensweisen ausdrücken. Tierische Aszendenzen sind überall, in der Gesamtheit unserer Verhaltensweisen, und drücken sich in mosaikhaften Mustern aus, die von der Kultur und individuellen Entscheidungen, von unseren innerlichen Stilen, mit diesen Erbschaften umzugehen, abgewandelt und verschoben werden, aber sie sind in jedem Augenblick da, und das macht die Animalität der Menschen aus. Welche Freude also, ein Tier zu sein!

Die Menschheit ist nur eine bestimmte Animalität. Ergreifend und für uns von größerer Bedeutsamkeit, aber so wie die Animalität des Wolfs das für ihn ist.

Im Lichte dieser Idee drängt sich der Schluss auf, dass wir zwar Tiere sind, aber dass alles in Ordnung ist, dass das nicht schlimm ist. Weder verlieren wir damit Würde noch wird uns die Möglichkeit der Erhebung versagt. Es wird uns damit aber auch keine reinere Ursprünglichkeit wiedererstattet. Die Frage ist also nicht, ob der Mensch ein Tier wie die anderen ist, sondern *auf welche Art*. Auf welche *andere* Art. Von welcher Art Animalität ist die Menschheit?

Kehren wir nun, da wir aufmerksamer auf die Alienverwandtschaft sind, zu unseren Wölfen zurück, die tanzen, japsen und sich drehen, um ihr Wiedersehen zu feiern. Wie drückt man reichhaltige soziale Empfindungen aus, wenn man nicht sprechen kann? Die Evolution hat vielfältig auf diese Frage geantwortet. Beim Wolf wird uns durch die Formel »labiale Wolfsmaske« ein Hinweis gegeben. Dieser zoologische Begriff dient dazu, den weißen Fellstreifen zu bezeichnen, der unter der Schnauze des Wolfs entlang der Lefzen bis zu seinem Hals verläuft. Dieser Streifen kontrastiert mit der dunklen Stirn darüber, die von der Schnauze bis zur Schädeloberseite verläuft, die im Französischen am Ursprung der Bezeichnung »loup de carnaval« (»Karnevalswolf«) für die klassische Karnevalsmaske steht, die nur die Augenpartien bedeckt. Es ist merkwürdig, dass die Biologen den Namen »Maske« für den unteren Teil (labiale Gesichtsmaske) verwenden, während die Volkskultur den oberen, dunklen Teil (den »Karnevalswolf«) »Maske« nennt. Das Gesicht des Wolfs besteht im Grunde also aus zwei Masken. Tatsächlich ist das ganze Gesicht eine große zusammengesetzte Maske. Diese Maske ist das Produkt der Evolution. Die Symmetrien, die Zeichnungen dienen der Akzentuierung des Ausdrucks. Die zwei weißen Flecken oberhalb der Augen des Wolfs zum Beispiel, die an der Stelle der Augenbrauen beim Menschen stehen, sind wie die Schminke eines Mimen, sie stilisieren und akzentuieren die Blickstellungen, die Interesse, Angst, Überraschung, Unterwerfung oder Erhabenheit ausdrücken.

Die Wolfsmaske ist zu tausend Spielen fähig. Heftige Wut runzelt die Stirnfalten vertikal wie Blitze, wenn es gilt, Wildheit zu mimen, um eine Botschaft zu vermitteln. Wut ist ein würdeloser Affekt, wenn man ihn erleidet oder auferlegt, aber sie ist ein interessantes Werkzeug, wenn man sie wie eine Maske verwendet. Bei den Wölfen dient diese Zornmaske dem sozialen Zusammenhalt, indem die Hierarchien durchgespielt werden, *ohne* auf Gewalt zurückgreifen zu müssen. Die Maske ermöglicht es, befehlende Blicke zu betonen. Mimen verstehen es, Herrschaft zu *spielen* und eine Ordnung aufrechtzuerhalten. Umgekehrt glättet die Ruhe die ganze Stirn, wenn es darum geht, einen verängstigten Welpen zu beruhigen.

Das sind politische Masken, Masken, die alltäglich verwendet werden, um den *Modus Vivendi* zu garantieren, sie sind Masken der Befriedung und der Herrschaft. Sie akzentuieren die Fähigkeit des Gesichts, jedes noch so riesigen Wolfes, sich zu einem Welpen zu machen, der das Herz erweicht, um im nächsten Augenblick zu einem souveränen König zu werden.

Die Wolfsmaske funktioniert wie eine Maske des Nô-Theaters oder eines Stammestanzes, doch mit der feinen und lebendigen Beweglichkeit eines Gesichts, seiner intimen und instinktiven Ausdrucksstärke, seiner einzigartigen Weise, ein Ich, einen Fluss von Affekten und das Drama des inneren Dialogs auszudrücken, das das Leben ist. Die Tiermaske ist wie eine Landschaft, die sich unter dem Blick verwandeln würde. Komplexe Emotionen bringen alle Gesichtszüge zum Vibrieren, wie eine Welle, die aus dem inneren Meer hervorbricht. Sie ist eine sich verwandelnde Maske, sie faltet und entfaltet sich, um auf reinste, klarste und in höchstem Maße künstlerisch erfasste Weise das innere Leben auszudrücken.

Man ist manchmal darüber erstaunt, dass der Blick des Hundes, der Redeweise seines Herrchens zufolge, die unbedingteste, authentischste Liebe ausdrücken kann. Aber es ist keine

Zauberwirkung der Zähmung oder eine Offenbarung, dass die anderen Tiere zu einer ehrlicheren Gefühlsäußerung fähig sind als wir. Vielmehr – und das ist ein anderes Paradox – ist die Ausdrucksfähigkeit des Gesichts anderer sozialer Tiere übersteigert, weil sie nicht das Abenteuer der menschlichen Sprache begonnen haben (man muss dann eben kompensieren). Der Hund stammt direkt vom Wolf ab, er verfügt über dieselben Ausdrucksfähigkeiten. Seine Blicke erhielten vertieften Sinn durch die Metamorphose der Züge um die Augen, durch bedeutsame Symmetrien. Er blickt mit dem ganzen Gesicht. Dass der *Canis lupus* durch die Gesichtsmaske ein großer Meister des Gefühlsausdrucks ist, ist wieder der Öko-Evolution zu verdanken, die sein Gemeinschaftsleben dadurch flüssiger, intensiver, geordneter gestaltet. Der Hund hat das zweckentfremdet und exaptiert[44], um mit *uns* zu kommunizieren.

Dass die Biologen das Gesicht des Wolfes eine »Maske« genannt haben, ist ein Hinweis darauf, dass sie dunkel geahnt haben, dass es *mehr* als ein Gesicht ist. Es ist ein stilisiertes Gesicht, das den Ausdruck um eine ganze Bandbreite von Emotionen und Botschaften erweitert und anreichert. Die abendländische Tradition des hierarchischen Dualismus zwischen Mensch und Tier hat ihr Gesicht zur bestialischen »Schnauze«, zum »Untergesicht«, zu weniger als einem Gesicht erniedrigt. Doch die Mehrzahl der Tiermasken ist etwas anderes, sie sind Übergesichter, weil sie die Kunst des menschlichen Gesichts zur Vollendung bringen, nämlich die Ausdrucksfähigkeit.

Und überall sind diese Masken vom Leben erfunden worden. Es gibt die Maske des Polarluchses, die ausdrucksstärker als eine Karnevalsmaske ist. Es gibt die Maske des afrikanischen Großen Kudus, die auf stumme Weise eine minimalistische Eleganz ausstrahlt. Es gibt die des amerikanischen Dachses, die jeden Irokesen trotz seiner Kriegsbemalung vor Neid erblassen lässt. Es gibt die des gemeinen Stieglitzes unserer Gärten, die jeden Dichter zur Verzweiflung bringt. Dieser Körperschmuck gibt einen Hinweis darauf, wie man dem Tiergesicht gerecht werden kann. Der Biologe Adolf Portmann, der sich mit der Tiergestalt beschäftigt hat, betont die Tatsache, dass das Tiergesicht den anderen Lebewesen durch eine Reihe von Ornamenten, Kontrasten und Symmetrien angezeigt wird. Er fügt hinzu – und diese Formulierung gibt dem Wesen des Übergesichts der Tiere den Feinschliff: »Gerade die höchste Ausprägung des Einzelwesens, die Möglichkeit der Kundgabe innerer Zustände, steht im Dienste der Begegnung.«[45]

Über diesen Umweg, der den Tieren ihr Übergesicht zurückerstattet, wird schlagartig das menschliche Gesicht verständlicher und begreifbarer. Zum Beispiel die Augenbrauen. Die Maske des Wolfes verfügt über eine Fellaugenbraue, die redseliger als eine Quasselstrippe ist. Unser Gesicht auch.

Mit einer perspektivistischen Analogie könnte man hier einen Augenblick lang das Rätsel untersuchen, das die menschlichen Augenbrauen darstellen. Genau besehen sind sie sonderbare Haarflecken, die inmitten eines haarlos gewordenen Primatengesichts verloren sind. Es ist ziemlich rätselhaft, warum sie im Gesicht der Menschen geblieben sind, nachdem sie ihr Fell verloren haben. Manche haben gemutmaßt, dass sie selektioniert worden sind, um die Augen gegen die Mittagssonnenstrahlen zu schützen, doch man weiß mittlerweile, dass man sich vor einseitigen Ursprungsgeschichten hüten sollte.

Man könnte eher vermuten, dass unsere Augenbrauen ein Relikt derselben Nutzungsweisen darstellen, die die Wölfe, Luchse und andere Tiere verwenden. Weil jede lebendige Eigenheit eine verschlungene, vielblättrige und über Umwege verlaufende Geschichtlichkeit besitzt, kann man die Hypothese aufstellen, dass die stilisierte Linie der Augenbrauen unter anderem *auch* als zwei Pinselstriche auf dem menschlichen Gesicht (durch natürliche oder sexuelle Selektion) behalten wurden, die die Ausdruckskraft unserer Gefühle *verstärkt*. Tausende bedeutsame Gesichtsausdrücke implizieren nämlich eine künstlerische Verwendung des Augenbrauenspiels, von den spontansten zu den absichtlichsten Ausdrücken. Der Stummfilm ist das letzte goldene Zeitalter dieser tierhaften Verwendung der Augenbrauen. Doch sobald man nicht die Sprache eines Gesprächspartners spricht, mit dem man doch kommunizieren muss, werden die Augenbrauen aktiv und gewinnen die ganze Bandbreite ihrer Ausdrucksfunktion wieder. Sobald man mit einem Säugling in Kontakt tritt, weiß unser Tiergesicht sofort, was es zu tun hat: Es lässt seine unvordenkliche Kunst des tierischen Übergesichts an die Oberfläche treten, und wir spielen die Augenbrauen, wie wir Violine spielen. Die Sorgfalt, mit der manche Leute ihre Augenbrauenlinie bearbeiten, zeigt die Ausdrucksbedeutung dieses lebendigen Kommastrichs auf. Man kann seine Tiermaske formen, indem man zwei Kreativitäten miteinander verbindet.

Die Augenbrauen jedes menschlichen Gesichts sind insofern die gegenwärtige Erinnerung einer Tiermaske, der aktive Rest eines Übergesichts. »Erinnerung«, weil man sie vergessen hat, und nicht, weil man etwas anderes als ein Tier geworden wäre. Bei uns wird ihre Berufung zum Ausdruck von der Sprache begleitet. Doch die Sprache verdeckt ebenso viel, wie sie zeigt, und das Tiergesicht, zu dem die menschlichen Augenbrauen beitragen, ist für uns heute ebenso wichtig wie es *vor* der menschlichen Sprache war. Wir haben die Tiermaske nicht verloren, als wir zu Menschen wurden, sie ist einfach eine Verbindung mit der Sprache eingegangen. Das Gesicht Audrey Hepburns ist eine reine Wolfsmaske. In ihm wird dieselbe alte Kunst vererbt, rekrutiert und aktiviert. Wir haben den visuellen Glanz der Tierwelt nicht verloren, wir stehen mitten in ihm.

Doch diese Verflechtungen des Menschengesichts mit der vorgeblichen Schnauze der Tiere sind noch intimer. Sie reichen bis in unsere Kulturen hinein. Ihre Übergesichter bewohnen unsere Weise, uns zu schmücken und zu schminken. Kehren wir zum Auge des Wolfs zurück: Genau besehen bildet die ganze Umrandung des Wolfsauges einen beweglichen hellen Fleck. Zuerst ist da seine dunkle Stirn, die von weißen Flecken um die Augen durchlöchert ist, und in der Mitte steht die Pupille des Wolfs, die oft dunkel, manchmal honigfarben ist. Die Abfolge dunkel-weiß-dunkel ist eine gängige evolutionäre Erfindung, weil die bio-optische Eigenschaft dieser Form darin besteht, *den Kontrast zu betonen*. Das ist eine prägende Form, eine *Gestalt*, die dem Blick und seiner Ausdruckskraft mehr Ausstrahlung verleiht. Nikolaas Tinbergen, einer der Begründer der Ethologie, hat das als Erster bei den Silbermöwen gezeigt. Als er Köder verwendete, hat er bemerkt, dass die Jungen bei der Fütterung intensiver auf einen Stab regieren, der ein dunkel-hell-dunkles Motiv trägt, als auf den Schnabel der Mutter selbst (ein heller Schnabel, der einen dunkleren Fleck besitzt). Anscheinend gilt das auch für Menschen, Wölfe und viele andere Tiere.

Dieses im Lebendigen sehr präsente Motiv (eine helle Umgebung um ein dunkles Auge), das man ebenso bei der Dorngrasmücke wie beim Jersey Rind findet, ist tatsächlich eine Lösung für ein eigentlich abgrundtiefes evolutives Problem: Wie kann man den anderen, den Artgenossen anzeigen, dass sich der beredteste Ausdruck des verborgenen Inneren in den Augen, im Blick abspielt? Das Lebendige hat von den einzelligen Bakterien an symmetrische Körper erfinden müssen, die sich an der Grundachse Vorne-Hinten orientieren. Als die Evolution vor einigen Hunderten Millionen Jahren die Organe der Wahrnehmung *und des Ausdrucks* ins Gesicht gelegt hat, musste ein Weg gefunden werden, den anderen anzuzeigen, dass man *da* hinschauen muss, dass man *damit* interagieren muss. Bestimmte

Formen des Autismus machen deutlich, dass es nicht offensichtlich ist, dass man die Augen suchen muss, um mit jemandem zu kommunizieren. Manche Autisten lassen ihre Aufmerksamkeit unterschiedslos über den ganzen Körper des anderen wandern, ohne sich auf das Gesicht zu konzentrieren. Das Sonnenhafte, Strahlende des Gesichts muss im Lebendigen angezeigt, gelernt und gepflegt werden, weil die Expressivität aus lebloser Materie erfunden werden musste, die kein Vorne und kein Hinten, keinen Kopf, kein Haupt, kein Kap (ursprünglich alles Synonyme) hat. Bei den Kampfkünsten gibt es diese ethologische Lehre, dass man irgendwo um die Augen des anderen herum die kommenden Ereignisse sehen kann. Dasselbe gilt für die Liebe. Das Lebendige hat sich das selbst beibringen müssen.

Die künstlerischen Tiere, die sich schminken – die Menschen –, haben das verstanden. Manche Schminkmotive sind keine reinen Erfindungen der menschlichen Einbildungskraft, keine willkürlichen Schöpfungen, sondern haben sich vom Leben inspirieren lassen. Sie betonen die ethologischen Vermögen des menschlichen Übergesichts, sie stilisieren noch unsere Tiermaske.

Die zwei klarsten Beispiele sind Kontraststeigerungen, die die Intensität des Blicks erhöhen. Die erste Technik ist der Eye-Liner. Indem er den Kontrast zwischen Pupille und Augenhintergrund durch die Hinzufügung einer dunklen katzenartigen Umfassung steigert, ahmt er die Tiefe des Blicks des Leoparden nach (er besitzt diese schwarze Linie ums Auge von Geburt an). Genau dieselbe Struktur dunkel-hell-dunkel wendet die natürliche Maske des Wolfs an. Im Theater schminken Männer und Frauen den Augenrand, bevor sie auf die Bühne gehen, weil sie seit jeher wissen, dass das die Ausdruckskraft steigert. Doch diese Technik ist Millionen Jahre vor den Schauspielern von der Evolution, von der Familie der Großkatzen sowie von anderen erfunden worden.

Der Eye-Liner hat seinen historischen Ursprung im Khol-Pulver, das die Augen der Ägypter beiderlei Geschlechts schminkte. Diese Herkunft ist ein Hinweis, ein aufschlussreiches Detail für eine tiefergreifende Abstammung, die man bis in unsere Badezimmer nachverfolgen kann. Das antike Ägypten war vertraut mit Mischwesen aus Tier und Mensch (mit seinen therianthropischen Göttern, die Raubtier-, Vogel- oder Schlangenköpfe hatten). Diese antike Kultur war auch mit den Übergesichtern der Leoparden und der Antilope vertraut, das war ihre Alltagsfauna. Aus Ägypten stammt nun ein Teil unserer Tradition des Augenschminkens, nämlich die Nachzeichnung des Augenrings, wie man sie auf den Fresken sieht, und wahrscheinlich auch das Verdunkeln der Wimpern. Es ist nicht unvorsichtig zu mutmaßen, dass der ägyptische Khol-Strich, also der Eye-Liner, eine von der Natur inspirierte Technik ist, die dem menschlichen Auge absichtlich die Intensität des Leoparden verleiht. Eine Technik, die denselben Kontrastverstärker einfängt, den die Evolution auf das Übergesicht der Großkatzen gezeichnet hat. In einer Kultur, in der eine Göttin einen Löwinnenkopf hat und in der die Tiere keine Viecher, sondern Gottheiten sind, ist es absolut sinnvoll, im Erlernen einer intensivierten Ausdrucksfähigkeit ihr Übergesicht zum Vorbild zu nehmen. Bis heute spüren selbst die Verstocktesten die ästhetische Kraft eines Leoparden-Übergesichts. Die antike Tradition hat Schönheitslehren, im lebendigen Sinn, daraus gewonnen: Die Schönheit ist eine Weise, eine Form zu bewohnen. Der Leopard hat wie der Wolf ein bewohntes Gesicht, ein Übergesicht, weil seine Abstammungsreihe dieses Abenteuer der sichtbaren Ausdruckskraft eher als das Abenteuer der Sprache unternommen hat, um das Problem des Ausdrucks der tausend Feuer im verborgenen Innern zu lösen.

Die zweite biomimetische Technik des menschlichen Schminkens ist die Mascara. Durch die Betonung der Länge und Dicke der Wimpern fängt sie den Blick der Antilope ein.

Diese Bearbeitung der Wimpern hat ganz wahrscheinlich ebenso ihren Ursprung im alten Ägypten. Man kann vernünftigerweise mutmaßen, dass die ursprüngliche Mascara von den endlosen Wimpern der afrikanischen Antilope inspiriert wurde, zum Beispiel von der nach der Königin von Saba benannten *Gazella bilkis*, die mittlerweile ausgestorben ist. Damit hat man sich ihre ästhetische Kraft aneignen wollen (der Name »Gazelle« stammt vom arabischen Wort *gazâl*, das »elegant und schnell« bedeutet). Die Antilope erinnert nicht deshalb an eine Frau, weil sie lange Wimpern besitzt, sondern umgekehrt hat das Schminken der Wimpern von der Antilope diese körperliche Macht übernommen, die den Blick beredter macht, um sie im menschlichen Gesicht neu zu interpretieren (am Morgen vor dem Spiegel setzt man Mascara auf und sagt: »Antilope, aktiviert!«).

Diese Gedanken haben ihren Ursprung in einer Anthropologie des Lebendigen, einer Philosophie der Lebensformen. Wir bräuchten, um sie zu erproben, Historiker des Schminkens, die offen für vergleichende Ethologie sind, empfänglich für den von den Lebewesen geteilten ästhetischen Sinn.

Gehen wir noch weiter: Diese Metamorphose in zwei Tiere zugleich vermittels der Schminktasche ist noch ergreifender in ihrem Ausdrucksreichtum, denn sie besteht darin, auch die doppelte und widersprüchliche Imaginationskraft dieser Tiere einzufangen. Man wird zugleich zur scheuen Beute und zum empathischen Jäger, mit der ganzen Bandbreite an Emotionen und Attitüden, die das Verhältnis der beiden zueinander birgt.

Es geht darum, ein *Panimal*, ein All-Tier zu werden, eine Schimäre, die die Wimpern der Antilope und die schwarze Augenumrandung des Leoparden besitzt, die Ausdruckskraft der einen und die Hypnose des anderen. Die unbewusste emotionale und semantische Dichte dieses Schmuckes ist buchstäblich unvordenklich alt. In ihm hallen Echos nach, die so alt wie das Leben sind, vielsagend wie jeder Widerspruch.

Soll ich mich heute Morgen vor dem Spiegel in eine Antilope, eine Panter-Antilope, eine Pan-Antilope verwandeln oder nicht?

Diese zwei Schmückungen sollen nicht dem weiblichen Geschlecht zugeordnet werden, sondern zum weiten Horizont ihres Ursprungs hin geöffnet werden, zum Zwiegespräch, das die Savanne vermittels Beute und Jäger mit sich selbst führt. Man kann diese zwei Schmückungen reanimalisieren, aber das ist keine Rückkehr zum Primitiveren oder Authentischeren und nicht einmal in die Vergangenheit, sondern eine Selbstrückgewinnung, eine innere Bereicherung mit der ganzen Tierwelt der Vergangenheit, die an die Oberfläche kommt, eine Gastfreundschaft für die ganze gegenwärtige Diversität, die von innen an die Tür des menschlichen Gesichts klopft, um sich stolz zu zeigen und die Körper und die Vermögen zu vermischen. Sich schminken heißt, »in sich die Kräfte eines anderen Körpers zu aktivieren«.[46]

EPISODE 11
So viele Arten des Lebendigseins

Zurück zum Schnee im Vercors. Am Morgen schlürfen wir heißen Kaffee in der Sonne, lauernd, das Auge auf die Hochebene gerichtet, aber wir sind nicht aufmerksam, wir plaudern, wir zwitschern wie Vögel – wenn ein Hirsch vor unserer Nase vorbeiziehen würde, würden wir ihn nicht sehen (Sonntagsfährtensucher). Gestern Abend haben wir ein Antwortheulen gehört, doch keine Spur vom Rudel.

Mit dem Gepäck auf dem Rücken schnallen wir unsere Altai-Ski an, die Robbenfell integriert haben, die sehr kurz, breit und stabil sind. Sie sind ideal dafür, Tiere im unwegsamsten Gelände zu verfolgen, da durch das Robbenfell das Rutschen reduziert ist und man sich an den Rhythmus der Verfolgung jeder Spur im Schnee anpassen kann.

Wir entscheiden uns, nach Osten aufzubrechen. Dort hoffen wir das Rudel zu finden, doch die gestrige Stille in dieser Richtung lässt mich vermuten, dass niemand dort ist. Wir glauben, dass das Rudel weit in der Gegenrichtung ist, im Westen, wo wir ein Heulen gehört haben. Am Vortag haben wir keine Spur gefunden, die vom Osten, vom Grund der Schlucht kommt, was unsere Hypothese bestärkt, dass die Wölfe nicht dort sind. Dennoch gehen wir in diese Richtung, weil wir uns sonst nicht orientieren können. Es ist der einzige Weg, der uns ermöglicht, ins Tal hinunterzusteigen, um auf die andere Seite hinaufzugehen, indem wir uns zwischen den Geröllhalden und Felsen durchschlängeln.

Wir hoffen, andere Spuren zu finden, von Hirschen, Füchsen, Mardern. Der Himmel ist strahlend blau, es ist bereits warm, der Schnee glitzert, er ist noch hart und brüchig von der Nacht. Wir gehen den Grat entlang und warten darauf, dass der Schnee weich genug wird, damit wir hinuntergehen können. Eine weiche Beschaffenheit ist nötig, damit die Skikanten greifen und eng zwischen den Bäumen drehen können. Der Morgen ist fröhlich, Kreuzschnäbel, Meisen, Häher machen ihre tägliche Stimmübung, eine ausdrucksvolle Energieverausgabung auf der verlassenen Hochebene. Wir haben keinen einzigen Menschen gesehen.

Als ich mich zwischen zwei Bäumen durchzwänge, springt mir ein Abdruck ins Auge. Er ist sehr unscheinbar, kaum markiert. Daneben sind sehr tiefe Wildschweinspuren, doch diese Spur hier ist kaum in den Schnee eingekerbt, sie ist nicht eingedrückt, sie hat gerade einmal die oberflächlichen Kristalle zerdrückt, was sie anders gestaltet, sodass das Sonnenlicht sich in einem anderen Stil bricht: Seine Strahlen werden leicht gelblich reflektiert, schillernd, kaum wahrnehmbar. Es ist eine Kaniden-Spur. Wir finden eine Reihe davon in einer Linie, in einem kleinen Wald, wo der Schnee im Schutz der Bäume weich geblieben ist. Die Bäume haben die Wärmestrahlen, die vom Boden während der Nacht aufgestiegen sind, aufgehalten und daran gehindert, sich in die Atmosphäre zu verflüchtigen. Es ist ein Wolf. Nein, es sind mehrere, zumindest drei. Die Spur kommt uns entgegen, wie zu unserer Begegnung und die Fußrichtung ist eindeutig, sie geht genau in unsere Gegenrichtung.

Wir machen kehrt, um ihr zu folgen. Manchmal wird sie unsichtbar, wir verlieren sie mehrmals im harten Schnee, finden sie dann im feinen Schillern eines Schneeglitzerns, in der Spur einer Kralle, in der fast unsichtbaren Zeichnung des Mittelballens, mit konvexen Rändern, die sehr scharf, sehr wölfisch sind. Wir haben noch selten so eine fragile, schwindende Fährte verfolgt. Ihre Unauffälligkeit ist nicht ihrem Alter geschuldet, im Gegenteil, die Spur ist nicht erodiert, sie ist sehr präzise, sehr frisch. Doch die Tiere haben sie mitten in der Nacht hinterlassen, als der Schnee hart wie Beton war und die Schritte fast keine Spuren hinterließen. In einem weicheren Abschnitt stellen wir verblüfft fest, dass es nicht drei, sondern zumindest fünf sind, meiner Meinung nach sechs (aber ich fand keine Bestätigung für einen Sechsten). Sie laufen undiszipliniert, der Schnee ist fest, nicht nötig, im Gänsemarsch zu laufen. Wenn ein Hindernis es erfordert, trennen sie sich, der ganze Klan franst aus wie ein Flussarm, um später wieder zusammenzufinden. Da können wir sie zählen. Die Kernfamilie. Das große Männchen scheint nicht da zu sein. Die größte Spur ist wesentlich kleiner als die, die wir bei ihm gemessen haben.

Die Spur verschwindet und taucht wieder auf, wie durch Zauber. Wenn einer von uns sie wiederfindet, zeigt er sie dem anderen und ruft in der Aufregung der Jagd: »Da sind sie!« Der Zweite braucht ein paar Augenblicke perplexer Blindheit, bis er das verräterische Detail bemerkt, die feine Bruchstelle, die gespenstische Form, die der Erste auf dem Boden gesehen hat. Doch sobald man das Detail erfasst hat, wird es offensichtlich, man sieht nur mehr es, es drängt sich der Wahrnehmung auf wie eine Gestalt auf dem Schneehintergrund, und mit ihr erscheint der ganze Wolf mit seinem ruhigen Trott und dann das ganze Rudel. Die kleine Einkerbung auf dem Boden sickert in die Vorstellungskraft ein, verbindet sich mit anderen Indizien, setzt sich zusammen zum ganzen Leben, das hier vorbeigekommen ist. Das fast unsichtbare Detail hebt die Präsenz hervor, es zeichnet den ganzen Weg nach, die Gangart, den Fluss von Pfoten und Hüften, die erhobenen Ruten, die Schnauzen dicht über dem Schnee, das Buschwerk der Bahnen, den gemeinschaftlichen Lauf und zugleich die individuelle Initiative in der Routenwahl.

Sie gehen Richtung Westen, wir folgen ihnen also, gehen zurück, wo wir hergekommen sind. Die Spuren stammen aus der Nacht, das ist nun sicher. Und je mehr die Fährte sich abspult, desto offensichtlicher wird es, der Zweifel verfliegt. Wir wagen es nicht, es laut auszusprechen, die Spannung der Jagd steigt, wir beschleunigen den Schritt, ohne uns darüber zu verständigen, die Aufmerksamkeit wird angespannter, die Stimme tiefer; wir ahnen mit zwiespältigem Gefühl, sind perplex: Sie kommen zu uns, zu der Stelle, wo wir ein paar Stunden zuvor geheult haben. Das ganze Rudel kommt uns entgegen. Die Verwendung der Zeiten gerät im Geist durcheinander, was oft beim Spurenlesen der Fall ist: Man spricht spontan in der Gegenwart (»Sie sind da, hier kommen sie« ...), weil die Spur eine Abwesenheit-Anwesenheit ist, eine Vergangenheit, die in der Gegenwart nachwirkt, und man muss sich das Bild des Tiers in seiner ganzen Körperlichkeit vergegenwärtigen, um seiner Abwesenheit zu folgen. Das führt zu sonderbaren Begegnungseffekten wie ein Gespräch mit Gespenstern, als lebte man auf mehreren Zeitebenen zugleich, durchdringe die Vergangenheit in der Gegenwart, erhöbe die Vergangenheit in die Zwischenräume des Jetzt, sähe die Vergangenheit als Gespenst unter uns wandeln.

Sie gehen zielstrebig auf unser Lager zu. Sie kommen vom Osten. Von dort, wo gestern niemand geantwortet hat. Völlige Stille. Wir haben daraus geschlossen, dass sie nicht dort waren, dass sie weit im Westen, in der Gegenrichtung waren, wo ein Wolf geantwortet hat.

Aber sie waren dort. Sie haben uns gehört. Sie haben geschwiegen. Und sie sind gekommen.

Sie sind gekommen, vielleicht kilometerweit her. Zu einem bestimmten Zeitpunkt blicken wir auf. Besessen von unserem Spurenlesen haben wir vergessen, wo wir sind. Als wir um uns blicken, sind wir starr vor Erschütterung: Wir sind gerade unterhalb unseres Biwaks vom Vortag. Die Wolfsspuren sind da, unter unseren Skiern. Sie zeigen an, dass hier haltgemacht worden ist, dass sie deutlich auf uns gerichtet waren, und wenn man der Blickrichtung folgt, trifft man genau, in kaum 30 Schritten Entfernung, auf den Baum, der uns als Unterstand gedient hat. Als stumme Antwort auf unser Geheul, auf unseren Ruf sind sie bis zu uns gekommen. Es ist ein ganz besonderes Gefühl: Wir folgen der Fährte der Wölfe zu uns selbst. Ich folge ihrer Spur zu mir selbst, zu meinem früheren Ich, das da oben im Biwak, im Warmen, lachend diskutierte. Von hier aus sehe ich uns im Schein der Flammen, hinter einem kleinen, gut geschützten Feuer und einem Wärmereflektor, Glühwein trinkend, ich rümpfe meine Schnauze, um den Geruch der Wurst zu riechen, der vom Lager herabkommt, wo zwei fröhliche Stimmen sich Antwort geben, meine Tasthaare stellen sich auf, ich koste die Gerüche, meine Ohren drehen sich und richten sich auf die Laute hin, die vom Biwak herabfallen, um jeden Tropfen aufzufangen, ich bin unter dem Vollmond, in der Nacht, still, mit meinem Klan und da oben, dreißig Schritte entfernt, sind zwei Zweibeiner, die ihre sonderbaren Stimmübungen machen, die wie Vögel zwitschern; sie sind lustig, sorglos wie kleine Wölfe, sie sehen uns nicht, zu sehr mit ihrer eigenen Meute beschäftigt, ums Feuer herum, und wir bleiben lange hier, um ihrem Geplapper zuzuhören. Was für ein Rätsel! Der Wind dreht sich leicht und weht uns ihren Rauch zu, einer von ihnen hat einen Geruch, den ich gut kenne: Es ist das frühere Ich, das ich gestern war. Es hat uns gerufen, und wir sind gekommen. Ich bin als ganzes Rudel gekommen.

Sie haben in jener Nacht nicht geantwortet, aber sie sind zu uns gekommen. Sie haben also in einem gewissen Sinn *geantwortet*, aber dieser Sinn ist faszinierend, denn sie haben geantwortet, ohne so zu antworten, wie man es erwartet hat. Keine Reflexhandlung als Reaktion auf einen Stimulus, kein Instinkt, der sie dazu verdammt zu heulen, wenn man ihn auslöst. Ihre Weigerung zu antworten ist auch eine Antwort, sie ist eine noch aktivere Antwort, weil sie eine *Zurückhaltung* ist, die umgekehrte Tugend der wilden Maßlosigkeit, die man den Raubtieren andichtet (»*I'd prefer not to howl*«, sagt Bartleby, der Wolf).

Da sie gekommen sind, erscheint die Tatsache, dass sie nicht geantwortet haben, wie eine Fähigkeit existenzieller Selbstbehauptung: Sie haben nicht deshalb nicht geantwortet, weil wir schlecht nachgeahmt haben und es nicht geschafft haben, ihren Heulreflex auszulösen, sondern sie haben eine komplexe Entscheidungsinnerlichkeit bekundet. Sie legen uns das Gefühl nahe, dass es sich um einen selbstbehauptenden Akt handelt, umso mehr, als sie sich unserer Autorität entziehen. Und unser Vorurteil als Menschen, die wir die Herren der Erde sind, führt uns umso mehr dazu, die ontologische Beschaffenheit eines anderen ernst zu nehmen, der sich unserem Ruf entzieht. Wie sagt Xenophon so traurig: »Die Menschen sind so gemacht, dass sie jene verachten, die sie unterwerfen, und die respektieren, die ihnen widerstehen.« Das ist eine ziemlich komische animistische Konstante: Wer widersteht, scheint immer ein wenig mehr Innerlichkeit und Existenz zu besitzen als die anderen.

Zu einem bestimmten Zeitpunkt haben sich die Wölfe so etwas gesagt wie »Na so was, schauen wir uns das mal an!« Warum sind wir für sie interessant? Weil wir neu sind? Weil wir zwar schlecht singen, aber doch ihren Gesang singen? Weil wir an einem für sie wichtigen Ort sind (die Grotte)? Weil wir versucht haben, eine Kommunikation herzustellen? Wenn das der Fall ist, dann ist das ziemlich faszinierend, denn dann heißt das, dass sie für die Idee einer Kontaktaufnahme zwischen den Spezies empfänglich sind. Sie haben Fähigkeiten zu interspezifischer Diplomatie. Sie sind neugierig auf die Zweibeiner, die zwischen den Lebensformen stehen.

Sie sind also in einem gewissen Sinn unserem Ruf gefolgt, aber nicht wie ein Hund, der kommt, wenn man pfeift. Ihre *unorthodoxe* Weise zu antworten bezeugt, dass sie die Initiative in der Interaktion haben, das ist ihre souveräne Höflichkeit: Sie beugen sich der vom anderen verlangten Interaktion, aber indem sie ihr ihren eigenen Stil aufzwingen. Sie haben nicht stimmlich geantwortet, sondern sie haben eine Weise zu antworten erfunden, die in unserem Ruf nicht enthalten war. Sie haben mit unserer Anfrage gemacht, was sie wollten. Sie haben somit die höchste Form des Dialogs aktiviert, diejenige, in der man zwar dem Fragenden antwortet, aber indem man die Normativität seiner Frage ablehnt und etwas anderes tut. Ein wenig so wie wenn man gemeinsam auf einer Café-Terrasse sitzt und einen Freund ein wenig ängstlich fragt: »Wie spät ist es?« und er antwortet: »Egal, sei froh, dass ich da bin …«.

Indem das Rudel das Gespräch führt, ohne den immer latenten Zwang in einer Frage zu erdulden, beansprucht es gleichsam Wort für Wort den Satz für sich, den Nietzsche in *Ecce Homo* sich selbst zuschreibt: »Ich bin zu neugierig, zu *fragwürdig*, zu übermüthig, um mir eine faustgrobe Antwort gefallen zu lassen.«[47]

Was für ein sonderbares Gefühl, Gegenstand der Neugierde eines Tiers zu sein, das von weit her, in der Nacht, zu einem kommt, um zu erfahren, wer man ist, obwohl es weiß, dass man nicht der ist, für den man sich ausgibt, obwohl es weiß, dass man nicht zum Rudel gehört und nicht einmal ein Wolf ist. Und doch geht es der Sache auf den Grund. Eine Umkehrung, die zum Denken anregt: Man ist Forschungsgegenstand eines Raubtiers.

EPILOG
Die glühende Verschmelzung

Spurenlesen im weiten Sinne einer forschenden Sensibilität für das Lebendige ist eine sehr deutliche Erfahrung davon, dass man Zugang zu den Bedeutungen und Kommunikationen anderer Lebensformen erlangen kann.

Spurenleser ist in Wirklichkeit jeder, der sich praktisch für die Zeichen der lebendigen Welt interessiert und das inkludiert Spaziergänger, die sich nicht für den Mittelpunkt halten; Förster, die sich Gedanken machen über das Verhalten der Bäume; Bauern und Agroökologen, die die Dialoge zwischen Wurzeln, Wühlmäusen und Greifvögeln untersuchen (es besteht eine Verbindung); Naturforscher, die jede Lebensform befragen; autochthone Sammler, die die Verstecke und Gewohnheiten der Knollen untersuchen; die Runa Puma im Amazonasgebiet, die Verfechter einer Waldphilosophie sind … Im weiteren Sinne ist Spurenleser ein jeder Mensch, der in sich einen angereicherten Stil der Aufmerksamkeit auf das Leben außerhalb von ihm aktiviert, der es der Untersuchung würdig befindet und seinen Bedeutungsreichtum erkennt; der postuliert, dass es Dinge gibt, die übersetzt werden müssen, und der zu lernen versucht. In dieser Art von Aufmerksamkeit ist man ständig dabei, Zeichen aufzulesen, Verbindungen zu ziehen, Splitter des Fremdartigen zu bemerken und sich Geschichten auszudenken, die sie verständlich machen, und dann die sichtbaren Wirkungen dieser unsichtbaren Geschichten abzuleiten, die sodann vor Ort zu suchen sind. Der betörende Reichtum der lebendigen Landschaft, ihr überwältigender Bedeutungskosmos, ihre Art, wie eine Welle von *Sinn* (in seinen zwei miteinander verflochtenen

Dimensionen) über dich zu schwappen, taucht dann wie ein Pottwal aus den Tiefen des eintönigen Meeres auf.

Diese Art von Aufmerksamkeit entfaltet sich jenseits und außerhalb des modernen Dualismus, für den Sinnlichkeit und Vernunft Gegensätze sind. Spurensuchen ist eine entscheidende Erfahrung, um anders denken zu lernen, denn wenn man draußen ist und Indizien, Spuren und Zeichen erschnüffelt, dann entledigt man sich nicht der Vernunft, um tierhafter zu werden (moderner Dualismus mit Umkehrung des Stigmas), sondern man ist gleichzeitig tierhafter *und* vernünftiger, sinnlicher und denkender.

Die Erschöpfung, die das Ende eines Spurensuchtages kennzeichnet, wenn man eben seine Sinne verschließt, weil man völlig ausgelaugt ist vom Spüren, Denken, Deuten und Aufsammeln des Unsichtbaren – diese Erschöpfung ist genau das Symptom dafür, dass man das vorgeblich entfremdende Denken nicht von der vorgeblich authentischen Sinnlichkeit abziehen darf (der antimoderne Mythos), aber auch nicht das trügerische Gefühl vom reinen Denken fernhalten muss (platonischer Mythos, der die modernen galileischen Wissenschaften genährt hat). Sondern es geht vielmehr darum, in einem *vollständigen Aufmerksamkeitsstil* alle Komponenten der menschlichen Aufgeschlossenheit für das Außen zu verbinden; alle vibrierenden Fühler der Empfindung, Wahrnehmung, Deutung, Ableitung, Anschauung und Vorstellung gemeinsam auszufahren. Durch die glühende Verschmelzung von flimmernder Sensibilität für die anderen in ihrer Andersartigkeit, von teilnehmender Wahrnehmung, von Deutung und Vorstellung, die extrem gewagt und gleichzeitig sehr vorsichtig ist, von strenger und wilder Ableitung, von Hypothesenschöpfung, die wild in der Heuristik und sehr vernünftig in der Schlussfolgerung ist, von allgemeiner Offenheit für die Zeichen, von einer forschenden Verwendung des spürenden und gehenden Tierkörpers – durch die glühende Verbindung und Verschmelzung dieser Komponenten kann man sinnlich und fest an die lebendigen Territorien wiederanknüpfen. Somit können wir die Blindheit der Moderne überwinden und neue Partnerschaften mit den Lebewesen eingehen, indem wir ihren Bedeutungsreichtum anerkennen. Wir können versuchen, sie ein wenig zu übersetzen, obwohl man sich oft täuscht.

Diese Sensibilität existiert in den reichhaltigen Praktiken des Lebendigen nur deshalb, weil sie untrennbar mit dem Denken verknüpft ist, und heute kann sie durch die Erkenntnisse nichtreduktionistischer Lebenswissenschaften bereichert werden, die überall im Entstehen begriffen sind. Sie wird von der Intelligenz in ihrer strengsten, cartesianischsten Form bereichert, der Aktivität der Vernunft, die nicht mit dem Badewasser der Moderne ausgeschüttet werden kann, ohne einem selbstgefälligen Irrationalismus nachzugeben. Sie muss mit der feinfühligsten, großzügigsten Sensibilität wieder verbunden werden, die von dem gereinigt ist, was *niemals* das Wesen der Wissenschaften oder der Vernunft gewesen ist, sondern ihre gewaltsame Folklore (die blinde Vergegenständlichung, die reine Quantifizierung, die Entseelung). Es geht darum, dieses Wissen mit der poetischsten Sensibilität zu verknüpfen, um die bestinformierte Poesie zu erfinden und eine Sinnlichkeit, die genauestens die Beschaffenheit der Haut einer Espe, der Rinde eines Flusses, der Strömung einer Wolke und der Bewegung eines Waldes untersucht.

Deshalb ist die gegenwärtige Tendenz zum Animismus, verstanden als eine mystische und sinnliche Verbindung zur Natur im Gegensatz zur abendländischen Rationalität, die als objektivierend und entfremdend aufgefasst wird, eine problematische Position. Einerseits neigt sie dazu, den sehr ethnozentrischen Glauben wiederaufzugreifen, die Urvölker würden nicht erforschen, sondern zur Wahrheit über ihre Ökosysteme einfach dadurch gelangen, dass sie den Bäumen und Wolken sprechen zuhören, durch streng »sinnliche« und affektive mystische Wahrnehmung. Dieser Zugang fügt dem Animismus paradoxerweise viel Gewalt zu, denn er vergisst, dass die Besonderheit der Forschung in anderen kulturellen Formen als der unseren nicht in ihrer Abwesenheit besteht, sondern dass sie kontinuierlich und eingebettet ist und von allen geteilt wird. Es ist nicht so, dass es bei den Jägern und Sammlern keine analytische Reflexion gäbe, sondern sie ist mit dem Rest verwoben, die ganze Zeit über diffus da, im Gegensatz zu unserer Tradition, wo sie offiziell in isolierten Akten der »Forschung« verortet ist. Wir sind seit den griechischen Theoretikern, mittelalterlichen Klerikern und bis zu den gegenwärtigen Berufsforschern die einzige Zivilisation, die das Feld der Forschung autonom gemacht und konfisziert hat, indem sie den Beruf des Nachforschers (man nennt das einen Wissenschaftler oder Experten) professionalisiert hat und somit das ganze legitime Wissen als eine Hervorbringung der Tätigkeit einiger Weniger auffasst. Diese Konfiszierung ist sehr gewaltsam, sie verschleiert die Tatsache, dass jeder, sobald er mit dem Leben zu tun hat, forscht. Die Praktiker aller Länder, die Autochthonen des Amazonasgebiets oder die Bauern in der französischen Gegend der Creuse, forschen die ganze Zeit über, ohne offizielle Versuchsanordnungen und Peer-Reviews. Manche sind brillant und erfassen Tausende den anderen unbekannte Dinge, stellen genaue, intuitive, fantasievolle und doch schließlich exakte Untersuchungen an, die in faszinierendem Wissen münden, wie man es ebenso bei den australischen Agroökologen und Permakulturisten als auch bei den spurenlesenden Buschmännern der Kalahari sehen kann. Manche – und das ist so wie überall – sind beschränkter, wenden alte Rezepte an, bleiben bei dogmatischen Gewissheiten stehen, legen Bedeutungen hinein, die nicht da sind, räsonieren in Denkgewohnheiten, aus Bequemlichkeit, aus Aberglauben. Doch das Forschen ist da, es ist überall, es ist der verborgene Name des Lebens selbst.[48]

Deshalb muss dieses diffuse, erlebte, allen zugängliche und ans Sinnliche angeschlossene Erforschen des Lebendigen reaktiviert werden, und nicht einerseits eine romantische und mystische Sensibilität und andererseits ein pseudowissenschaftliches, reduktionistisches und von Experten konfisziertes Denken, das nur das Feigenblatt des Extraktivismus ist (man muss die Natur tatsächlich zu unbelebter Materie verdinglichen, um die ungehemmte Ausbeutung zu rechtfertigen).

Außerdem verläuft diese Tendenz zum Animismus, der als sinnliche Verbindung im Gegensatz zu einem rationalen Zugang gedacht wird, über die Vorstellung, dass der Zugang zum Unsichtbaren, zu den Bedeutungen und Kommunikationen der anderen Lebewesen von der Arbeit der Wissenschaften, von ihrem Gebrauch der Vernunft und der Sprache verstellt wird. Das teuflische Paradox dieser Vorstellung lässt sich nun in einem Satz zusammenfassen: Wenn heutzutage die Gegner der Wissenschaften sich gegen unsere Reduktion des Lebendigen auf Rohmaterial erheben, indem sie den Hebel ihrer Kritik an der Tatsache ansetzen, dass die Bäume kommunizieren und Nahrung austauschen, dann vergessen sie, dass es eben gerade die Wissenschaften (die wiederbelebenden Wissenschaften des Lebendigen) sind, die dieses, das Lebendige emanzipierende Wissen hervorgebracht haben. In diesem Sinne erahnt man, dass bestimmte Wissenschaften auch das Korsett des Naturalismus von innen her sprengen können. Was man den Wissenschaften wegnehmen muss, sind nicht die zahlreichen schönen Erkenntnisse, die sie über die unsichtbaren Dynamiken oder die verborgenen Verhaltensweisen der Lebewesen generieren, sondern ihre modernistische Folklore der Objektivierung und der Reduktion. Doch das verlangt, das Skalpell viel feiner anzusetzen, als ein Gegensatz zwischen Wissenschaft und Sensibilität dies tut.

Um diesen fruchtlosen Gegensatz zwischen kalter analytischer Vernunft, die uns von der lebendigen Erfahrung entfernen würde, und der vorgeblich vom Denken befreiten eintauchenden Sensibilität zu überwinden, wird es nicht ausreichen, auf den minoritären Trend gegen den herrschenden zu setzen, denn dieser hierarchische Dualismus ist der eigentliche Herrscher und er wird gerade dadurch verewigt. Man muss außerhalb dieses Dualismus denken: nicht das eine gegen das andere ausspielen und auch nicht eine Haltung aufwerten, die sich dem anderen *entzieht*. Meiner Ansicht nach ist das die große Lehre der praktischen Erfahrung des Spurenlesens vor Ort.

Man gelangt dadurch zu einem erweiterten Sinn von Sensibilität. Sie ist ein Werkzeug der Wirklichkeitserfassung, mit der ein Mensch ausgerüstet ist, die Verwobenheit aller Sinnes- und Denkvermögen im Schmelztiegel des Körpers, der mit dem Außen verbunden ist. Vernunft und Sinnlichkeit dürfen sich nicht gegenseitig auslöschen, indem die Vernunft uns von der Wahrheit der Sinne abschneidet oder die Sinne die Vernunft in Illusionen wiegen. Dass man die beiden Sensibilitäten getrennt voneinander und ohne die andere gebrauchen kann, ist eine Tatsache, zum Beispiel wenn man die Gleichung der Gravitation liest, anstatt den sich drehenden Himmel zu betrachten, oder wenn man die Sterne als in schwarzen Samt gesteckte Diamanten genießt, unabhängig von ihrer astrophysischen Natur. Doch dass man nur zwischen dem einen und dem anderen, die sich beide ausschließen würden, schwanken kann, ist eine sehr moderne Verirrung. Es gibt überall Praktiken des Denkens und der Sinne, die von sich aus die beiden involvieren, und in ihnen liegt der Schlüssel, der die Zugänge zu den lebendigen Territorien öffnet, die unsere Grundlage bilden.

Man sieht dasselbe Phänomen beim Permakulturisten: Er muss die ganze Nacht lang im Internet nach Informationen surfen, um am nächsten Tag eine bereicherte Wahrnehmung davon zu haben, was in seinem verzaubernden Wald-Garten vor sich geht, und um zum Unsichtbaren zu gelangen, eingetaucht in die Fremdartigkeit der Lebewesen, die er in einem Dialog mit anderen Permakulturisten, Blogs, Biologiehandbüchern, Beobachtungen anderer Landwirte in der Vergangenheit, Artikeln über Bodenmikrobiologie oder über die Ethologie der Regenwürmer zu übersetzen gelernt hat.

In mancherlei Hinsicht teilt diese Zugangsweise den philosophischen Affekt des Vitalismus. Das große Mysterium und die große Macht, um die sich alles dreht, ist ja das Leben, das Lebendige, und nicht die Kultur, der Geist, das Bewusstsein, die Moral oder die Vernunft. Doch es geht hier darum, dieser Faszination für das Leben Konsistenz zu verleihen, indem man das Lebendige ernsthaft betrachtet und die speziellsten und offensten biologischen Erkenntnisse verdaut, um ihnen ihre mythische Kraft zurückzuerstatten, indem man sie dabei unterwandert.

Man kann somit versuchen, die Dualismen zwischen Wissenschaft und Fiktion, Poesie und Genauigkeit, Sensibilität und Vernunft zu umgehen, um eine Art glühender Verschmelzung aller lebendigen Vermögen zu erzielen: der geschärftesten Sinne, des beweglichsten Körpers, der wildesten Fantasie, der strengsten Argumentationen, der flimmerndsten Sensibilität, der Fabulierkunst und des Wissens; um die Begegnung mit der Welt vorzubereiten und neue Beziehungen zu den anderen Arten des Lebendigseins zu erfinden, die reich an angepassten Rücksichtnahmen auf sie sind.

Das geheime Experiment, das am Ursprung dieser »Zeit bei den Lebewesen«, dieser ganzen Wortreise stand, lässt sich durch das Rätsel zusammenfassen, wie man in der Zeit des Mythos schreiben soll.

Denn was ist ein Mythos? Lévi-Strauss legte folgende autochthone Antwort auf die Frage vor: »Wenn Sie sie einem amerikanischen Indianer stellten, dann würde er Ihnen mit großer Wahrscheinlichkeit antworten: *eine Geschichte aus der Zeit, als die Menschen und die Tiere noch nicht voneinander geschieden waren.*«[49] In den indianischen Kosmologien ist diese Zeit des

Mythos nie vollständig vorbei, sie sucht immer noch die Gegenwart heim, sie ist an ihrem Saum, bereit, auf uns zu stürzen, sobald man unachtsam ist, sobald man nicht mehr den Unterschied zwischen ihnen und uns festzuzurren versucht (sobald man keine Bollwerke mehr errichtet, um die »ursprüngliche Verbindung« zwischen den Lebensformen zu verdecken[50]).

Aus jenen Erfahrungen der erweiterten Spurensuche taucht ein ganzes Projekt des mythografischen oder mythopoetischen Schreibens auf: Schreiben in der Zeit des Mythos, sie für ein paar Augenblicke durchqueren. Im Wald spielen wir ein Spiel: Wenn wir einen zu einem Bogen gekrümmten Baum kreuzen, erzählen wir, dass es eine Pforte der mythischen Zeit ist. Wenn wir hindurchschreiten, ist alles gleich, aber alles hat sich ganz subtil verändert; der Zugang zu den Mysterien ist einfach, die modernen, fest verankerten Kategorien gelten nicht mehr, man kann endlich die tierischen Anzestralitäten unserer Körper an der Oberfläche, hier, unter der Haut sehen. Man erahnt die Tiere und Bäume in ihrer wahren Form, in der Form verwandter Aliens. Man erahnt die diplomatischen Möglichkeiten einer gemeinsamen lebendigen Welt.

Unter *interspezifischer Diplomatie* verstehe ich eine Theorie und Praxis angepasster Rücksichtnahmen. Die angepassten Rücksichtnahmen beginnen mit einem Verständnis der Lebensform der anderen, das versucht, ihrer Andersheit gerecht zu werden. Dies impliziert also, einen *angepassten Stil* zu finden, um von ihnen zu sprechen, um ihre Lebensweise in Worte zu fassen – was sie selbst nicht tun werden. Und in diesem Sinn ist man immer zum Scheitern verurteilt, man wird nie Gerechtigkeit erlangen, doch gerade deshalb muss man endlos sprechen, das Unübersetzbare übersetzen und wieder neu übersetzen, es immer von Neuem versuchen. Man muss es schaffen, von ihnen in einer Sprache zu sprechen, die man verwendet, wenn man von uns spricht, um zu zeigen, dass sie nicht physische Materie, nicht

»Natur« sind. Doch man muss diese Sprache auch so verwenden, dass ihre Fremdartigkeit sichtbar wird. Man müsste diesen Text genau so lesen können, als ob er so anfangen würde: »Sie landen gerade auf einem anderen Planeten (in Wirklichkeit ist es Ihrer) und Sie begegnen einer unbekannten Lebensform. Sie machen also Außerirdischen-Ethnografie: Diese besitzen keine argumentierende, semantische Sprache, haben nicht dieselben kognitiven Formen wie Sie, aber man darf das nicht als einen Defekt, als einen Mangel ansehen.«[51] Wie Außerirdische erfinden sie ihren eigenen Wertemaßstab. Tatsächlich beschreibt man tiefreichende und verwobene Sitten, die Millionen Jahre zurückreichen und mit den Sitten anderer Lebewesen verwoben sind. Und weil sie zeitlich so tiefreichend und mit Andersartigkeiten verwoben sind, erweisen sie sich als erfinderisch.

Es handelt sich um Sitten, um Ethos, weil es ihre eigenen sind, die von uns unabhängig sind. Das ist der Unterschied zum kolonialen ethnografischen Diskurs über die Formen des indigenen Lebens, der sie immer insgeheim ausgehend vom Wertemaßstab der Kolonisten beurteilt, der zur Norm erhoben wird (die Vernunft gegen den Aberglauben, die »optimierte« Organisation gegen den Brauch, die verwirklichende Energie gegen die autochthone »Faulheit«).

Sie haben vor allem einen anderen *Körper* als wir, und weil dieser tief in die Zeit zurückreichende und aus Aliens gewobene Körper hier für alle der Gestalter von Existenzmöglichkeiten ist, verkörpern und aktualisieren sie *andere Arten des Lebendigseins*. Man müsste sich ein Handbuch wunderbarer Körper ausdenken. Wie einen Naturführer, nur dieses Mal nicht dazu bestimmt, uns beizubringen, Vögel oder Pilze zu erkennen, sondern uns zum packenden Rätsel Zugang gewinnen zu lassen, das darin besteht, ein anderer Körper zu sein, der Körper eines Geiers oder einer hundertjährigen Eiche, insofern dieser Körper einen unerhörten Raum von Existenzmöglichkeiten eröffnet.

Es gilt, die Fülle ihrer Lebensform zu rekonstruieren und gleichzeitig die Verwandtschaft im Auge zu behalten, trotz des Fehlens unserer spektakulärsten Attribute (der menschlichen Sprache) bei ihnen – aber *mit* ihr.

Das Gewebe des Lebendigen besteht aus Zeit, aber wir sind drinnen, darin verwoben, stehen nie vor ihm. Wir müssen es von innen sehen und verstehen, wir werden es nicht verlassen können.

Das macht ein *vom Lebendigen ungetrennter Zugang* sichtbar, eine öko-evolutionäre-ethologische Philosophie, die sensibel für die horizontalen Verbindungen mit der Lebensgemeinschaft um uns ist (entnaturalisierte Ökologie), sensibel für die vertikalen Fäden, die uns mit den ins Unvordenkliche eingetauchten mannigfaltigen Anzestralitäten verbinden (entmechanisierte Evolutionsbiologie), und aufmerksam für die Fähigkeit des Lebendigen, neue Seinsdimensionen zu eröffnen, das heißt Raum für erfinderische Existenzformen zu geben (philosophisch angereicherte Ethologie).

Die entnaturalisierte Ökologie ist offen für die politischen Dimensionen der interspezifischen Beziehungen, die entmechanisierte Evolutionsbiologie beschäftigt sich mit den Ablagerungen von verfügbaren Aszendenzen und mit der exaptativen Reserve, die neue Beziehungen ermöglicht; die angereicherte Ethologie ist eine Ethologie des »Sehens-wie«, die auf der Methode der *perspektivistischen Analogie* aufbaut. Sie nimmt die biosemiotische Dimension der Kommunikationen und Konventionen, Übereinkünfte, Sitten und Gebräuche der Lebewesen auf.

Die angereicherte Spurensuche ist die sinnliche und praktische Seite eines umfassenden philosophischen Zugangs zum Lebendigen, das heißt ein Aufmerksamkeitsstil. Sie ist auf der Hut: Ein Auf-der-Hut-Sein, das empfänglich ist für die verschwenderische Fülle der Zeichen des Lebendigen, das tief in die Zeit reicht und ein Gewebe aus verwandten Aliens ist. Ein

Auf-der-Hut-Sein, das immer schon mitten drin steckt und niemals außerhalb steht. Jeder lässt dabei seine unwiderstehliche Existenzweise durch Zeichen, über Umwege erkennen (»Und wie sollte man ohne die Trauerweide die Schönheit des Windes kennen?«, sagt Lao She.) Und wie würde man ohne den Boden die fabelhafte Existenz der Lebewesen kennen?

Sie sind natürlich auf der Erde gelandet, der guten alten Erde, aber doch ist es ein fremdartiger Planet, ein Exoplanet, sobald man seinen Bewohnern - Bienen, die Landkarten tanzen; Bäume, die mit Pilzen Zwiegespräche halten; Bakterien, die sich mit unserer Verdauung verbünden - die ontologische Stellung zubilligt, die sie verdienen. Sie sind Wesen der Verwandlung, verwandte Aliens. Dann tut sich das Reich des Unerforschten auf, weit wie die Welt, und die Aufgabe, die sich uns stellt, ist eine erforschende, diplomatische Untersuchung, die diesen Wesen gerecht werden soll; die Erfindung von Regeln einer kosmopolitischen Höflichkeit[52], um diese gute alte, neue Erde gemeinsam zu bewohnen.

DIE VERSPRECHEN EINES SCHWAMMES

Mit jedem Mahl vollziehen wir eine Geste, die eine höchst rituelle Tragweite besitzt. Ein bislang nicht entdeckter Ahnenkult. Wir vollziehen ihn, indem wir drei Finger in eine Schale mit grobem Salz tauchen und eine Prise davon in einen Topf werfen, wie die Hexe einen Zauberwirkstoff in den Zaubertrank wirft. Oder wenn wir den Salzstreuer lässig ergreifen und ihn, wie ein Zen-Mönch seinen Gong, rhythmisch dreimal über dem Teller schütteln. Wenn wir *salzen*.

Das ist ein tägliches Ritual, dessen unvordenkliche Protagonisten man kaum wahrnimmt, jene, denen dieser unscheinbare Kult huldigt.

Wir müssen nämlich jeden Tag Salz essen, um unseren Stoffwechsel (den osmotischen Druck) im Gleichgewicht zu halten. Wir können uns nur deshalb auf festem Land behaupten, »weil unser Körper eine ungeheure Menge Salzwasser beinhaltet«[53]. Doch woher stammt dieses Salzwasser und weshalb müssen wir diese innere Salzigkeit *von außen* erneuern?

Unser Stoffwechsel funktioniert durch ionische Pumpen, die aufgrund unterschiedlicher Konzentrationen und elektrischer Ionenladung Natrium und Kalium zirkulieren lassen. In den Neuronen ermöglichen diese Pumpen die Kommunikation zwischen den Zellen. Die ganze Nerven- und Gehirnaktivität braucht dieses Salz. Um diese Zeilen lesen zu können, aktiviert Ihr Körper diese Natrium-Pumpen. Doch wie kommt es, dass diese grundlegenden Pumpen mit *Natrium*, das heißt mit Salz funktionieren?

Unser Salzbedarf ist in Wirklichkeit ein geheimes Erbe unserer langen Vergangenheit im Meer, jener Milliarden Jahre, in denen unsere Vorfahren in einem ozeanischen Milieu gelebt haben, dessen Salzgehalt sehr hoch war. Sie nahmen in ihrem Austausch mit der Umwelt Salzwasser auf, sodass sie ihren *inneren* Salzgehalt regulieren mussten. Die Evolution hat diese Gelegenheit ergriffen, um die elektrischen Kräfte der Natrium-Ionen zu verwenden, damit die Pumpen Materie und Energie zirkulieren lassen, die die Grundlagen des Stoffwechselprozesses des gegenwärtigen Menschen bilden.

Dieser gegenwärtige Bedarf an Salz, an Salzwasser, das dazu dient, die lebendigen Gewebe zu tränken, ist die organische Erinnerung ans Meer, das wir mit uns auf die Erde genommen haben. Im Paläozoikum, gegen Ende des Devon, vor dreihundertfünfundsiebzig Millionen Jahren, haben die Landwirbeltiere, die unsere Vorfahren sind[54], das Wasser verlassen und das feste Land erobert. Doch das Meer ist drinnen geblieben wie eine Erinnerung aus Fleisch und Blut, sie ist Teil von uns geworden in Form eines Bedürfnisses an Salzen, die für unser Funktionieren, das heißt fürs Leben nötig sind: wie jene vergessenen antiken Aquädukte, die einer neuen Stadt als Fundamente dienen.

Salz ist notwendig für einen Organismus, der im Meer entstanden und vom Meer gemacht worden ist, der dort das Rohmaterial seines Aufbaus selbst gefunden hat. Dieses in unserem Gewebe eingeschlossene Salzwasser macht sieben Zehntel unseres Organismus aus.[55] Das Salzwasser, das in unseren Adern fließt, ist nur der konkrete Fortbestand des Wassers der Urozeane, jenes Wassers, das unser ursprüngliches, amniotisches Grundelement bildete. Die neutrale Hypothese, um diese Idee zu stützen, ist folgendes Gedankenexperiment: Ein Tier, das sich *von Beginn an* auf der *Erde* entwickelt hätte, hätte nicht dasselbe *physiologische Bedürfnis* nach Salz.

Salz essen heißt folglich, in sich selbst das Ursprungsmilieu wiederherzustellen, das Stück Ozean zu erneuern, das wir mit uns genommen haben, als wir das Wasser verlassen haben (Jedes Mal, wenn man salzt, erinnere man sich an den Ozean, daran, was man ihm verdankt).

Das wird noch deutlicher, wenn man sich daran erinnert, dass unter unseren direkten Vorfahren, das *erste* Tier, das im Meer lebte, ein *Schwamm* war – damit es klar ist, damit jeder das Wesen seines eigenen Körpers versteht, das heißt das Rätsel, im Wesentlichen aus Wasser zu bestehen, und Wasser, das man täglich nachsalzen muss, um nicht zu sterben.

Oder, genauer gesagt, die aktuellen Schwämme, die *Porifera*, die die grundlegende Verzweigung der Vielzelligen Tiere (*Metazoa*) bilden, sind Lebensformen, die wahrscheinlich derjenigen Lebensform am nächsten stehen, die der gemeinsame Vorfahre aller Tiere ist. Die Meeresschwämme, die uns so träge erscheinen, sind tatsächlich Tiere. Wir stammen in direkter Linie von einem mit Meerwasser getränkten Schwamm ab. Bildlich gesprochen ist das die grundlegendste Anzestralität hinsichtlich des Verhältnisses zum Wasser, mit dem wir gefüllt sind.

Denken Sie daran, wenn Sie einen Naturschwamm unter der Dusche verwenden: Sie reiben Ihren Körper mit dem Ihres Vorfahren (das gegenwärtige Tier, das am meisten Ihrem Ahnen ähnelt, da die aktuellen Schwämme sich seitdem natürlich ein wenig verändert haben, sie sind in Wirklichkeit unsere Cousins). Sich mit einem Naturschwamm zu waschen, ist ein weiterer Ahnenkult, den man insgeheim und unbewusst vollzieht, ein Ritual der sinnlichen und stillen Verbindung mit dem ganzen Tierreich, dessen gemeinsamer Vorfahre in Ihrer Hand liegt.

Das Wasser selbst, das uns ausmacht, das zwei Drittel unseres Körpers auffüllt und uns antreibt, ist erst gestern in den Ozeanen und Wolken gewesen, es war Gewitter und Bäche, morgen wird es wieder dorthin zurückkehren. Jeder von uns ist auch eine Regenwasserzisterne unter freiem Himmel. All das steckt in der Erfahrung des Duschens. Von da aus könnte man fast zur physischen Empfindung gelangen, ein Schwamm *gewesen* zu sein. Könnte diese Empfindung uns dazu dienen, dem täglichen und unhinterfragten Ritual des Salzens einen neuen Sinn zu geben?

VON DENEN ABSTAMMEN, DIE WIR AUSLÖSCHEN

Der Sinn dieser ganzen Geschichte entfaltet sich ein wenig deutlicher im Lichte einer Zeichnung, die reich an philosophischen Lehren ist, die verdienen, weiter ausgeführt zu werden. Der Cartoonist Dan Piraro hat eine Zeichnung gemacht, die die Frage unserer Evolution auf elegante Weise mit gegenwärtigen ökologischen Problemen verbindet.

Der Schlüssel zu dieser Zeichnung ist der Schwanz des toten Fischs, der unscheinbar ganz rechts im Bild auftaucht, während ein wenig weiter weg ein ähnlicher Fisch sich in ein Geschöpf verwandelt, das ans Land geht, zum Säugetier und später zum Primaten wird: Er verwandelt sich schrittweise gerade in den Menschen, der seinen giftigen Müll auf das Wesen leert, das *seinen Vorfahren* darstellt. Die räumliche Runde der Figuren schließt sich zu einer zeitlichen Schleife: Die Gegenwart wirkt auf die Vergangenheit, die der Schoß der Zukunft ist.

Das tiefe Gedankenexperiment, zu dem uns die Zeichnung einlädt, erinnert uns daran, dass die Lebensformen, von denen wir abstammen, uns zwar recht bescheiden vorkommen mögen, dass sie jedoch unsere Ahnen sind – was recht tautologisch ist. Die philosophische Lehre, die man daraus ziehen könnte, die mit den jüngsten tektonischen Bewegungen in der theoretischen Evolutionsbiologie gewappnet ist (davon genauer später), ist folgende: Jede gegenwärtige Spezies, von der einfachsten (hinsichtlich ihrer differenzierten Zelltypen beispielsweise) bis zu denen, die in unseren Augen bloß stereotypische Reflexe haben, ist der potenzielle Ahnherr von Lebensformen, die *analoge* Eigenschaften haben wie die, die wir am höchsten bei der menschlichen Gattung schätzen.

Man muss das Wort »einfach« hier im beschreibenden, nicht im normativen Sinn verstehen: »einfach« bedeutet nicht »weniger entwickelt«. Alle, die heute lebendig sind, sind ebenso entwickelt wie die anderen. Es ist eine Tatsache, dass sie sich ebenso lange entwickelt haben, dass sie sich entfaltet und verwirklicht haben, dass sie sich an ihre Welt angepasst haben, die sie bereichern.

Es gibt im evolutiven Sinn keine »einfachen« Organismen, es gibt sie im anatomischen Sinn (Einzeller ohne Zellkern, Einzeller mit Zellkern, Vielzeller, Vielzeller mit unterschiedlichen Zellen ...). Es gibt einfachere Organismen auch im Sinne des Metabolismus sowie im genetischen Sinne, aber dies nicht immer so, wie man denkt, denn die Seeanemone hat ebenso viele Gene wie wir. Wie dem auch sei, es gibt kein Einfach und Komplex im schlechten oder guten Sinne, es gibt nur Potenziale, im Lebendigen eingeschlossene Potenziale. Und das Paradox ist, dass die anatomisch einfacheren Lebewesen oft reicher an Möglichkeiten sind, eben weil sie noch nicht Evolutionswege eingeschlagen haben, die sie starr gemacht haben, die überspezialisierte Organe haben, sodass sie unmöglich für andere Dinge verwendet werden können, weil sie dermaßen verschachtelte Architekturen angenommen haben, dass man nicht mehr die Fundamente ändern kann, ohne dass der Rest einstürzt. Die sogenannten »komplexen« Tiere werden von den Kathedralen, die sie sind, verlangsamt, sie schränken ihre möglichen evolutiven Verwandlungen ein. Die einfachen Lebewesen sind die Glut, deren Möglichkeitsbereich oft am umfassendsten ist.

FUTUROLOGIE DER LEBENSFORMEN

Um es noch deutlicher auszudrücken: Jede gegenwärtige Lebensform, von der Biene zur Amöbe, vom Lorbeer zum Oktopus, ist potenziell, wenn man ihr die nötigen Millionen Jahre Zeit lässt, der Ahnherr von Lebewesen, die sozial begabter und kreativer sind *als wir*, die eine artikuliertere und sinnreichere Sprache haben als wir, die selbstbewusster, in anderen Formen intelligenter sind und die Umwelt mehr respektieren als wir.

Diese schockierend wirkende Behauptung ist in ihrer Absurdität unwiderlegbar, denn schließlich sind *wir* das Ergebnis *derselben*, auf *alle* Lebewesen wirkenden Evolutionsprozesse, ausgehend von einem Ahnen, der in jeder Etappe seiner Verwandlung ebenso »primitiv«, ebenso einzellig war, ebenso wenig Neuronen und Cortex hatte wie viele Arten, die heute mit uns die Erde teilen. Das ist logisch unwiderleglich, befreit die Vorstellungskraft und ist ethisch beunruhigend.

Das ist eine vernünftige These in spekulativer Biologie.

Und bestimmte Lebensformen zeigen bereits eine sonderbare Überlegenheit in dem, was wir zum »Eigentlichen des Menschen« erhoben haben, zum Beispiel Gedächtnisleistung bei den Vögeln, die etwas verstecken, oder besser noch bei den Walen und Delfinen, besonders bei den Schwertwalen, die eine rätselhafte Hypertrophie der Gehirnzonen besitzen, die mit dem Reichtum des emotionalen Gesellschaftslebens und den Bindungsfähigkeiten korrelieren.[56]

Den aktuellen Lebensformen fehlt zwar nichts, sie sind evolutionär gesehen ebenso vollständig wie wir, doch aus der Perspektive der Werte, die die Modernen bei sich selbst schätzen, bei den Hervorbringungen der Kultur, befinden sich die anderen Lebewesen fast immer unten auf der Werteskala (wenn man die Echoortung oder das photosynthetische Wunder, sich vom Kohlenstoff der Luft mittels Sonne zu ernähren, zum Maßstab nähme, wären wir zurückgebliebene Fledermäuse oder Unter-Pflanzen).

Es geht also weder darum zu behaupten, jede Lebensform habe den Keim zum Menschen in sich, noch dass das ein de facto oder de jure legitimer Endzweck wäre. Es handelt sich nur darum, an die vernachlässigte logische Implikation zu erinnern, dass jede aktuelle Spezies, die von bestimmten Wirkungen unnachhaltiger Wirtschaftsaktivität und von der blinden Anthropisierung der Umwelt in Mitleidenschaft gezogen und gar zerstört wird, das Versprechen von Lebensformen ist, die absolut faszinierende Fähigkeiten besitzen.

In der Biologie kann man die These nicht zurückweisen, dass eine Möglichkeit besteht, und sei sie noch so klein, dass aus jeder gegenwärtigen, und sei es noch so einfachen Spezies, deren Population gefährdet ist oder floriert, in ein paar Dutzenden oder Hunderten Millionen Jahren Lebensformen entstehen können, die analoge Eigenschaften zu denen haben, die man an der menschlichen Gattung am meisten schätzt, und die neue Formen hätten: Arten der Güte und der Liebe, Selbstbewusstsein, Fähigkeiten zu Kultur, Zusammenarbeit, Formen der Ethik, die Fähigkeit, im Einvernehmen mit den anderen Lebensformen auf dem Planeten zu wohnen und verblüffende Intelligenzen im Plural; und »Freiheit« oder jedenfalls das, was man in der menschlichen Gattung so nennt – die zum Besten und zum Schlimmsten befähigt.

SPEKULATIVE BIOLOGIE DER HUMANISTISCHEN TUGENDEN

Es geht sicherlich nicht darum zu sagen, dass man der Menschheit mit ihren Kunstwerken und den paar ethischen Schönheiten ähneln muss, um ein bewundernswertes Lebewesen zu sein, doch die Menschen unserer modernen Tradition sind darauf abgerichtet, ihre originellen tierischen Vermögen (vom Malen der Sixtinischen Kapelle zur Hervorbringung der Demokratie) hierarchisch sehr weit über diejenigen der *anderen* Lebensformen zu stellen. Es gilt hier, dieses Argument gegen es selbst zu wenden, den Anthropozentrismus mit seinen eigenen Werten zu schlagen, damit er versteht, was er tut. Er sollte dann bemerken, dass sein Maßstab weder der einzige noch der richtige ist. In der Zwischenzeit kann man in bestimmten Fällen auch seine Tradition austricksen, anstatt sie zu stigmatisieren, indem man versucht, das Korsett von innen zu sprengen.

Die besondere Kraft dieser Parabel liegt darin, dass man nicht weiß und nicht wissen kann, welche Abstammungslinie über die größten Versprechen verfügt. Selbst wenn man von der Idee überzeugt ist, dass jede Lebensform bereits gleichermaßen wunderbar und vollendet ist (eine Idee, die ich teile), muss man von einer humanistischen Sichtweise aus anerkennen, dass es etwas Schreckliches an sich hat, eine Spezies auszurotten, die von uns hochgeschätzte Werte höher entwickeln könnte als wir.

Die Situation erfordert eine unendliche Sorgfalt, denn in ein paar Millionen Jahren könnte die ganz langsam denkende Population der Bäume ebenso wie das »lächerlichste« Insekt (durch evolutive Reversion mancher Starrheit) besser als wir jene Vermögen vertreten, die wir als die höchsten im Menschen schätzen (Symbolisierungsformen; Künste; politische Formen, die befreit von den tausend Gewalttätigkeiten sind, die unsere Demokratien noch heimsuchen; multiple und empathische Ethiken; neuer und bewusster Respekt für das Leben auf der Erde).

Wenn man also, so weit man will, in der Herkunft der Lebensform zurückgeht, die wir sind, dann stammen wir von einem mit einer Plazenta bestückten Säugetier der Kreidezeit ab, das analog zu einem gegenwärtigen Nagetier ist, und wenn man noch weiter zurückgeht, von Quallen, und noch weiter von Schwämmen, und noch weiter von Proto-Pflanzen, Pantoffeltierchen und schließlich von Bakterien. Folglich sind wir logischerweise nicht davor geschützt, dass es angesichts all dieser Wesen, die unter uns leben, eines Tages *Nachkommen* von Zecken geben könnte, die ebenso gerechtigkeitsliebend sind wie Luther King, oder Nachkommen von Bäumen, die genauso weise wie Gandhi sind, oder Nachkommen von Amöben, die künstlerisch ebenso *badass* wie B. Knowles sind.

Wenn man den Begriff des evolutionären Potenzials ernst nimmt, dann ist jede aktuelle Lebensform, vom Schwamm bis zum Oktopus, von der Biene bis zum Mazutake-Pilz, *potenziell* der Ahnherr von Spezies, die selbst *den humanistischen und anthropozentrischen Kriterien entsprechend* interessanter sind als wir.

Und wir Menschen bleiben dementsprechend auch nicht im Rückstand. Denn es gibt andere Kriterien, die nicht weniger Wert besitzen. Kann man sich vorstellen, dass wir uns weiterentwickeln, sodass wir die Kunst der Bienen, Karten zu tanzen, erlangen? Die Fähigkeit der Delfine, die Form der Landschaft zu hören? Die des Oktopus, mit jedem Glied seines Körpers Entscheidungen zu treffen? Die der Bäume, Sonne zu essen und atembaren Sauerstoff in die Atmosphäre abzugeben, der Tausende andere Lebensformen möglich macht?

UNSER PLATZ IN DER EVOLUTION: AKTUELLE VERÄNDERUNGEN IN DER PHILOSOPHIE DER BIOLOGIE

Wenn diese Möglichkeit logisch unwiderlegbar ist, warum hat sie dann nicht mehr Auswirkungen auf unser Verständnis unseres Platzes in der Biosphäre, obwohl sie im Keim bereits im Darwinismus steckt? Der Grund dafür ist, dass eine Reihe von philosophischen Konzeptionen, die mit der Evolutionstheorie der letzten Jahrhunderte verbunden waren, zwar nicht die Möglichkeit, aber die Wahrscheinlichkeit davon anzweifeln.

Warum ist dieses Denkexperiment besonders unter den derzeitigen theoretischen und philosophischen Umständen möglich geworden? Es bedarf einer feinen Durchleuchtung der Transformationen der in der Evolutionslehre seit Darwin latent vorhandenen Philosophie, um dieses Phänomen zu verstehen. Etwas Wesentliches, jedoch Unsichtbares hat sich verändert. Wenn man sich nur auf die jüngste Wissenschaftsgeschichte bezieht, bemerkt man, dass eine bestimmte herrschende Version der versteckten Philosophie der Evolutionslehre die Vorstellung der »Versprechen der einfachen Formen« im 20. Jahrhundert unwahrscheinlich erscheinen ließ. Sie entstammt der falschen These, dass es im Evolutionsprozess eine spontane Tendenz zu komplexeren Formen gibt: ein *Telos* (ein Endziel) in der Evolution, das auf dem Königsweg von niedrigen und einfachen Formen des Lebendigen zur komplexen menschlichen Perfektion führen würde (das ist eine Version, die sich noch maskiert oder mit Nuancen in den Philosophien der Gründungsväter der synthetischen Evolutionstheorie, Dobzhansky, Simpson und selbst Mayr findet[57]). Die einfacheren Formen wären somit intrinsisch vergangene Stufen, auf denen sich die Komplexität erhebt, und nicht singuläre Abenteuer, die auch, trotz ihrer Einzelligkeit zum Beispiel, fähig wären, ziemlich Faszinierendes zu leisten, wie unter Bakterien zu kommunizieren, um gemeinsam einen Effekt auszulösen, der die Virulenz oder Lumineszenz erhöht (das *quorum sensing*, das unlängst von Mikrobiologen beschrieben worden ist[58]).

Doch welche Gegenerzählung hat sie im letzten Viertel des 20. Jahrhunderts bis zum Beginn des 21. Jahrhunderts abgelöst? Das, was man Stephen Jay Goulds Kontingenztheorie nennen könnte, das heißt die Vorstellung, dass die Evolution grundlegend kontingent ist, was paradoxerweise und ganz unbedarft die Strömung derer aufgegriffen hat, die an die evolutionäre Ausnahmestellung des Menschen glauben. Paradoxerweise, denn das Ziel Goulds war, dem Menschen keine Erwählung zuzuschreiben und jede Hierarchisierung gegenüber den anderen Lebensformen abzulehnen. Gould beanspruchte tatsächlich, die Souveränität des Menschen zu widerlegen, doch er hat für die Vollendung seines philosophischen Projekts der Widerlegung der Vorstellung, die Evolution tendiere hin *zum* Menschen als perfekter Form, nur eine theoretische Lösung gefunden, die mit seiner wissenschaftlichen Auffassung der biologischen Evolution übereinstimmte. Damit der Mensch keine Finalität oder der Triumph der Evolution sei, musste er ein *völlig* unwahrscheinlicher Zufall sein, ein Unfall, eine Extravaganz: Das ist die These der »extremen Unwahrscheinlichkeit des Menschen«. Der Gouldismus als Philosophie der biologischen Evolution, dessen Grundlage die Vorstellung der radikalen Kontingenz des Evolutionsprozesses ist, schließt aus dieser These, dass die Singularität der menschlichen Lebensform (die die miteinander verflochtene Verbindung der Daumenoppositionsstellung, der biomechanischen und neuronalen Sprachvermögen, der Zweibeinigkeit, eines großen Gehirns, einer Veränderung zum Allesfresser hin usw. voraussetzt) in der Form eines *einzigen*, unmöglich wiederholbaren *Würfelwurfs* gedacht werden muss.

Auch wenn man nicht mit dem Werk dieses universalen großen Biologen und Denkers vertraut ist, kennt man doch diese Version der Geschichte von »unserem Platz in der Evolution«, weil sie die Kultur seit den 1990er-Jahren geprägt hat. Jeder kennt sie wahrscheinlich in Form der sehr analogen Parabel vom »Zurückspulen der Kassette des Lebens«, die sehr *nineties* ist. Wenn wir, so sagt Goulds Parabel[59], die Kassette des Lebens zurückspulen und auf Play drücken, dann würde sie von Neuem ablaufen, aber ganz anders als so, wie es stattgefunden hat, denn mikroskopische Unterschiede in den Ausgangsbedingungen (fügen wir sie hinzu, um das Gedankenexperiment logisch stimmiger zu machen) erzeugen wesentliche Unterschiede in der Entwicklung der lebendigen Systeme. Folglich sind die aktuellen Lebensformen in ihrer Besonderheit das Produkt einer reinen und perfekten Kontingenz, einer maximalen Unwahrscheinlichkeit; die Form des menschlichen Lebens, dieses so interessante Wesen, ist eine *statistisch nicht reproduzierbare Singularität*.

Doch auch wenn es sich um die Ausnahme des Lottogewinners und nicht um die des erwählten Volkes handelt, bleibt sie noch immer eine Ausnahme.

Unsere kosmische Einsamkeit unter den Lebewesen wird von dieser Parabel sonderbarerweise beibehalten, obwohl Gould doch versuchte, durch sie die Vorstellung einer Notwendigkeit und Finalität des Erscheinens des Menschen zu dekonstruieren. Indem er den Menschen als Endergebnis eines Evolutionsprojekts entthronen wollte, hat er seine Ausnahmestellung als reine Singularität des Zufalls wiedererrichtet. Sein Gleichnis stellt paradoxerweise eine konservative Kraft in der doch avantgardistischen Biologie Goulds dar (und man darf Gould das nicht vorwerfen, denn er hat auch Begriffe geschaffen, die nunmehr dazu dienen zu verstehen, dass diese philosophische Implikation der Evolutionsbiologie *falsch* war).

Denn über die Kontingenz hinaus gibt es auch *Zwänge*: biologische Zwänge zur Entwicklung und Wandlung, die von allen Lebewesen so massiv geteilt werden, weil sie gemeinsame Aszendenzen haben und den gleichen Umweltbedingungen unterliegen. Gould hat teilweise auch dazu beigetragen, dies ans Licht zu bringen. Der Aufstieg eines anderen biologischen Begriffs ermöglicht uns nun, den Platz des Menschen anders denn als ontologische, erwählte *oder* statistische Ausnahme zu verstehen – und das bei gleichzeitigem Festhalten an Goulds These von der entscheidenden Bedeutung (aber nicht der Absolutheit) der Kontingenz in der Evolution.

DIE BANALITÄT DER WUNDER

Seit nunmehr einigen Jahren hat die Evolutionsbiologie mithilfe der Idee der Zwänge den Begriff der Konvergenz[60] geprägt, der zeigt, dass dort, wo man überall irreduktible Singularitäten sah, in Wirklichkeit große Konvergenzen am Werk sind. Das ist die große Debatte zwischen Stephen Jay Gould und Simon Conway Morris über die Kambrische Explosion, die an der Jahrtausendwende die Paläontologie geprägt hat.[61] Die Forscher haben gezeigt, dass die Fotosynthese, die wunderbare Fähigkeit der Bakterien (die sich später in den Pflanzen verkörperte), sich von der Sonne zu ernähren, um sie in Kohlenstoff zu verwandeln, in der Evolution mehr als hundertzwanzig Mal relativ unabhängig voneinander erworben wurde. Simon Conway Morris dokumentiert überzeugend die oftmaligen parallelen Entstehungen des Auges, der Fotosynthese des Typs C4 und sogar der »Intelligenz« in einem faszinierenden Kapitel über die Konvergenzen der Formen komplexen sozialen Lebens.[62]

Es finden natürlich entscheidende (und offene) terminologische Debatten über die Frage statt, worüber man spricht, wenn man von »Intelligenz« spricht, die mehrmals aufgetaucht wäre. Doch in einem weiten und dennoch überzeugenden Sinn ist Intelligenz oftmals im Lebendigen erschienen. Sie ist so etwas wie das Vermögen, komplexe Probleme zu lösen, ohne a priori über die motorischen Muster zu verfügen, im Sinne von Abfolgen ererbter und stereotyper Bewegungen, das heißt durch Lösungen, die Abfolgen zusammenhängender, kohärenter und vermittelter Verhaltensweisen erfordern, um ein Ziel zu erreichen. Die Vögel haben nicht denselben Cortex wie wir, lange hat man gesagt, sie könnten keine Intelligenz besitzen. Und doch schaffen sie es mit Bravour – mit einer Gehirnstruktur, die ein wenig anders aufgebaut ist als unsere –, Probleme durch den Körper-Geist zu lösen, was die Minimaldefinition von Intelligenz ist.[63] Oktopusse und Tintenfische haben sich von uns vor sechshundert Millionen Jahren getrennt, und doch haben sie außerordentliche kognitive Formen entwickelt, die von neuronalen und zerebralen Strukturen eines ganz anderen Typus als des unseren getragen werden.[64] Selbst die Bäume zeigen ungeahnte »kognitive« Operationen, wenn sie Neurotransmitter verwenden, nicht nur in chemischer Form, sondern als Signalisierungswege – stellen Sie sich vor, Sie verwenden *Neurotransmitter*, ohne ein Gehirn oder auch nur *Neuronen* zu besitzen![65] (Das zeigt, dass wir noch immer eine nicht-funktionale Definition der kognitiven Prozesse haben.)

Wir sind nicht der einzige Würfelwurf, der die Intelligenz hervorgebracht hat, wir sind eine dieser Formen unter anderen, und eine unter anderen potentiellen Formen (aber eine Form, die, was auch immer man darüber sagen mag – einmal ganz ehrlich – bestimmte dieser Vermögen in ganz besonders ausgeprägtem Maße besitzt). Die Entdeckung dieser komplexen kognitiven Formen anderer Lebewesen erlaubt uns zu begreifen, dass andere Intelligenzen möglich sind.

Das Paradox ist, dass die Konvergenzthese vehement von einem Denker vertreten worden ist, dessen metaphysische Absicht alles in allem ziemlich klar ist: Simon Conway Morris ist Christ, und ein Teil seiner Animosität gegenüber Gould betrifft wahrscheinlich dessen Atheismus. Conway Morris verteidigt die Konvergenzen als den Beweis dafür, dass die Biologen die Stellung des Zufalls in der Evolution überbewertet haben und dass die kosmischen Kraftlinien, die zum Erscheinen einer »zweibeinigen und intelligenten Lebensform« gedrängt haben, die Evolution dazu führen würde, sich in ihren großen Zügen zu wiederholen. Sodass man den Eindruck gewinnt, dass es ein Konflikt zwischen zwei Metaphysiken über die Stellung des Menschen im Lebendigen ist. Tatsächlich wird man keinem der beiden Biologen gerecht, wenn man ihre Debatte auf metaphysische Absichten reduziert. Sie sind vor allem redliche Analytiker der fossilen Daten und die Tatsache steht sehr deutlich vor den Augen eines jeden, der sie öffnen möchte: Überall gibt es Konvergenzen.

KONTINGENZ UND KONVERGENZ: DAS LEBEN

Die These der äußersten Unwahrscheinlichkeit unseres Erscheinens oder des Erscheinens einer intelligenten Lebensform ist nunmehr hinfällig geworden durch die sehr solide Dokumentation der Konvergenzen, die namentlich von Conway Morris angeboten wurde. Intelligentes Leben ist mehrmals entstanden und wird oft wieder entstehen, denn Intelligenz ist ein »guter evolutionärer Trick«, gemäß dem darwinistischen Philosophen Daniel Dennet, eine wunderbare Erfindung, die das Leben lebensfähiger und ausdauernder macht. Wir sind keine Gouldianer mehr hinsichtlich der Kassette-des-Lebens-Parabel und haben uns auch vom absoluten Kontingentismus, den sie enthält, verabschiedet. Doch das ändert nichts an der Stichhaltigkeit der These einer *relativen* Kontingenz der Evolution. Es handelt sich bloß um eine *eingeschränkte* Kontingenz, in der gute Lösungen mehrmals zufällig wieder entdeckt werden, doch durch einen Zufall, der in seinem Ausdruck von den materiellen Bedingungen der Evolution eingeschränkt wird.

Wenn man die Allgegenwart von Konvergenzen anerkennt, zwingt das nicht dazu, eine religiöse Sicht auf die Evolution einzunehmen. Man kann schlicht und einfach eine streng materialistische Interpretation der Konvergenzen beanspruchen (wir wissen zwar nicht, was genau die Materie ist, aber wir brauchen die Hypothese Gott einfach nicht, damit wunderbare Dinge geschehen). Die Konvergenzen sind also der Ausdruck von schöpferischen (genetischen, evolutiven und selektiven) Zwängen.

Schematisch gesprochen: Stellen Sie sich Legobausteine vor. Ein blinder Roboter baut die Steine in einem Raum nach dem Zufallsprinzip zusammen. Die Einschränkung der Kombination der Steine ist derart, dass die Zahl der möglichen Konstruktionen endlich ist und die Gesetze der Schwerkraft bewirken, dass auch die Konstruktionen, die dauerhaft sind, nicht endlos sein können. In der Mitte befindet sich der Raum der möglichen Formen, die sich auch wiederholen können. Doch der Roboter verfolgt keine Zwecke mit den Variationen, die er anbietet. Analog stellen die evolutionären Konvergenzen keineswegs die Darwin'sche Entdeckung des Zufalls in Frage, in dem Sinne, dass es im Wechselspiel von Variation und Selektion keine Zweckmäßigkeit gibt. Nur weil das Feld der Möglichkeiten eingeschränkt ist, heißt das nicht, dass seine Erforschung durch Variationen nicht unabhängig von den Bedingungen der Umwelt ist.

IST DIE POSITION DES MENSCHEN IM BAUM DER EVOLUTION BEQUEM?

Welche Wirkung haben diese theoretischen Bewegungen auf die viel interessantere philosophische Frage nach der Stellung des Menschen im Lebendigen?

Eine philosophische Interpretation der Implikationen dieser neuen Biologie der Konvergenzen liegt in der Zeichnung, die ich weiter oben präsentiert habe: Jede aktuelle Spezies oder Population ist potentiell der Ahnherr von Lebensformen, die mit Intelligenz oder schöpferischer Kraft oder Fähigkeit zur Liebe begabt sind, die analog oder höher als die der Primaten ist, die wir sind. Wir sind nur eine Vorhut der Intelligenzformen oder der im Lebendigen steckenden Zivilisationen (und ein schmerzhaft unvollkommener Entwurf).

Hinter uns schreitet die gesamte Biosphäre in ihrem vollkommen langsamen Rhythmus fort, um jeweils andere Abenteuer lebendiger Intelligenz, des Wohnens, der Kultur, der Kommunikation, der Güte, ja sogar der Gerechtigkeit zu erproben.

Es gibt bereits spektakuläre Beispiele, wie jene Kapuzineräffchen, die es ablehnen, für dieselbe erbrachte Leistung anders behandelt zu werden (das Video dieses berühmten Experiments zeigt, wie ein Affe dem Versuchsleiter die Gurkenscheibe ins Gesicht wirft, die er bekommen hat, während sein Gefährte im Nebenkäfig ein saftiges Stück Obst als Belohnung bekam[66]).

Unsere Intelligenz ist kein Hapax der Evolution, ein einzigartiger und unendlich unwahrscheinlicher Würfelwurf, sondern eine Intelligenzform unter anderen Formen, die sich überall feststellen lassen, und die *mit der Zeit* der unseren ähneln, sie übertreffen oder sich zu völlig neuen Formen entwickeln könnten. Denn alles ist da: kaum sechshundert Millionen Jahre, damit aus dem *Schwamm* ein *Sapiens* wird – es braucht Zeit und genau das nimmt man den Arten heute weg: Zeit und Raum, um sich in einer massiv vermenschlichten Umwelt weiterentwickeln zu können.

Die philosophischen Implikationen der Konvergenztheorie hinsichtlich der ökologischen Krise sind nur wenig bemerkt worden und vor allem in Bezug auf die Frage der Stellung des Menschen (seiner Seltenheit, seiner Singularität) im Gestrüpp des *zukünftigen* Lebens. Die theoretische Debatte, die von der Kontroverse zwischen Gould und Conway Morris vereinnahmt wurde, hat sich eher auf die Metapher der zurückgespulten Kassette des Lebens konzentriert und damit auf die Frage, ob ein Lebewesen mit dem Menschen vergleichbarer Intelligenz erscheinen könnte, wenn man die Evolution in der Vergangenheit neu beginnen würde.

Doch das entscheidende Gedankenexperiment ist vielmehr: Was passiert, wenn man die Kassette der Evolution *jetzt* weiterlaufen lässt, indem man den anderen Lebensformen um uns herum Zeit und Platz lässt?

MEHR ALS EINE BIBLIOTHEK ANZÜNDEN

Es existiert in der Naturschutzbiologie eine Metapher, der zufolge das sechste Massenaussterben dem Verbrennen der

Bibliothek der Evolution gleichkommt.[67] Jede Population oder jede Art wird dabei als ein genetisches Gedächtnis, als ein Buch angesehen: der gesamte Schatz des ökologischen Wissens, das in den Organen verkörpert ist und sich dort über Millionen Jahre abgelagert hat. Die unvordenklichen ethologischen Künste, die jede Art eingerichtet hat, um großartige Lösungen für das Problem zu erfinden, wie man in veränderlichen Umwelten leben kann. Verbrannt. Das Geheimnis der Kunst des Fliegens, das in jeder Vogel-, jeder Schmetterlingszelle eingeschrieben und weitergegeben wird. Verbrannt. Die Kunst zu atmen, die in jedem Tier eine heilige Stätte gefunden hat, die Kunst, sich von der Sonne zu ernähren, die in der genetischen Information der Chloroplasten verborgen ist, und die Kunst der Grasfresser, dank Wirtbakterien Zellulose zu verdauen. Verbrannt. Die Kunst, Opioide gegen den eigenen Schmerz zu synthetisieren; die Kunst zu denken; die, für seine kleinen Säugetiere, seine Verwandten, seine Freunde zu sorgen ... All diese *teilweise* in jeder Zelle in genetischer und epigenetischer Form eingekapselten Geheimnisse[68] – in Rauch aufgegangen.

Die Metapher der Bibliothek ist richtig, aber auch unzureichend. Das gegenwärtige sechste Massensterben läuft nicht nur darauf hinaus, die Bibliothek der Evolution und alle Werke der *Vergangenheit* zu verbrennen, sondern mit ihnen auch die Autoren zu verbrennen. Auch die zukünftigen Autoren, das heißt die Möglichkeit, die jede Lebensform besitzt, andere Fähigkeiten hervorzubringen, andere Lebenskünste, noch unbekannte Vermögen. Man verbrennt nicht nur, was geschehen ist, sondern alles, was geschehen könnte. Das, was man die Entwicklungspotenziale jeder Population von Lebewesen nennt, geht in den Öfen der extraktivistischen und ressourcenverbrauchenden Maschine der politischen Ökonomie der herrschenden Länder und durch ihre Blindheit gegenüber dem nichtmenschlichen Leben in Rauch auf.

Welche ethischen Implikationen hat also dieses Gedankenexperiment, das den philosophischen Sinn der Stellung des Menschen in der neuen Entwicklungsbiologie aufzuspüren versucht, hinsichtlich der Dringlichkeit der gegenwärtigen Krise der Biodiversität?

Man kann zuerst sagen, dass jede Spezies nicht mehr nur deshalb zu bewahren ist, weil sie ein einzigartiger Erbschatz ist, nicht nur, weil sie ein ethisch unveräußerliches Recht auf Leben hat, nicht nur, weil sie schön ist, nicht nur, weil sie uns neue Medikamente liefern könnte, nicht nur aus Achtung vor dem Leben; oder weil sie ein Wunder der Evolution ist (das stimmt auch) ... Sondern jede Spezies ist *auch* deshalb zu bewahren, weil sie der mögliche Ahnherr von abenteuerlichen Lebensformen ist, die Wunder sind, selbst vom humanistischsten Standpunkt der Welt aus, der mögliche Ahnherr von Arten, die die anderen und ihre Welt respektvoller behandeln, als wir es bisher geschafft haben.

All das ist eine List: Es ist einfacher, seinen Kübel Roundup auf Viecher, Kakerlaken und Gekreuch zu schütten als über potentielle Ahnen der Blüten zukünftiger nichtmenschlicher Zivilisationen, oder?

Um diesem Phänomen seine ganze Eleganz zu geben, erinnern wir jedoch daran, dass man niemals wissen wird, welche Fliege oder Bakterie ein Versprechen dieser Art ist und welche Bakterie Millionen zukünftige Jahre Bakterie bleiben will, da sie sich für perfekt genug hält (von ihrem Standpunk aus hat sie recht).

Um sich nicht von den Analogien in eine Falle locken zu lassen, muss man auch die Grenzen der Metapher der Bibliothek aufzeigen, die die Vorstellung impliziert, dass der Verlust irreversibel und endgültig ist. Eine biologische Population darf vom evolutionären Gesichtspunkt aus nicht nur als ein von den Barbaren zerstörtes Denkmal oder als ein brennbares altes

Buch angesehen werden, sondern muss als ein Feuer verstanden werden. Die ursprüngliche darwinistische Kraft der Proliferation ist derart, dass wenn die Lebensbedingungen wieder günstig werden, aus einem Funken, einer kleinen Population (solange sie genetisch ausreichend divers ist) wieder eine florierende Population entstehen kann, die zu großen evolutionären Verzweigungen und zu völlig neuen Lebensformen fähig ist. Doch dafür muss man die letzten Glutnester hegen, aber nicht in Form von Zooexemplaren, sondern als lebendige Populationen in geschützten und integralen Umgebungen (das Habitat einer Lebensform ist nur das Gewebe mit anderen Lebensformen), mit vielen Verbindungen und einer ausreichenden Anzahl, damit die genetische Widerstandsfähigkeit und eine Veränderungsfähigkeit gewährleistet sind, die Fähigkeit, sich den Umweltveränderungen anzupassen, die im Zuge der Klimaerwärmung geschehen werden.

Die beste Analogie für das Verständnis des evolutionären Charakters der Biosphäre ist aufgrund seiner ontologischen Natur die Analogie zum poetischen Feuer, zum *schöpferischen Feuer*, ohne jedoch den geringsten Mystizismus, es sei denn den ruhigen Mystizismus, den das Schauspiel der Evolution außerhalb von uns und in uns verlangt.

Unter »Feuer« verstehe ich, dass die Biosphäre zwar reduziert sein kann, dass aber ein Glutnest, ein Funken oder eine Aufhebung von selektiven Zwängen (freiwerdende Nischen, mildere Bedingungen) genügt, damit sie wuchert und ausstrahlt; unter »schöpferisch« verstehe ich, dass dieses Ausstrahlen Tausende neue Formen erfinden wird. Die Gefahr ist also weniger eindeutig, als man strategisch gegenüber denjenigen zugestehen sollte, die glauben, dass der apokalyptischste Katastrophismus die beste pragmatische Linie ist, um unsere Gesellschaften so zu transformieren, dass sie in Bahnen gelenkt werden, in denen sie nachhaltigere Verbindungen zum Lebendigen eingehen. Aber es ist für das ökologische Denken nicht nötig schwarzzumalen, wenn man weiß, dass die Glaubwürdigkeit die wertvollste Tugend von Alarmschlägern ist[69]: Tatsächlich haben die vergangenen Massensterben *auch* große und großartige evolutionäre Entwicklungen hervorgebracht. Die Säugetiere, die wir so lieben, und die wir auch sind, haben sich nur deshalb diversifizieren und in das Gestrüpp von Verzweigungen entwickeln können, weil ein großer Teil der Dinosaurier ausgestorben ist, die das kleine nachtaktive Säugetier, das unser Vorfahre im Übergang von Kreidezeit und Tertiär ist, in sehr beschränkten Nischen und in mikroskopischen Formen niederhielten. Man muss also anerkennen, dass es andere Dichter geben wird und die Biosphäre die Angriffe auf sie überleben wird. Im schlimmsten Fall wird sie ein paar hundert Millionen Jahre blinden *Designs* verlieren, außergewöhnliche Schöpfungen, die unwahrscheinliche Kombinationen der Evolutionsgeschichte, genetische und epigenetische Variation, Anhäufung von Konstruktionsplänen erfordern – dieses Gedächtnis wird verschwinden. Das ist bereits überaus tragisch. Doch das vitale Problem liegt anderswo: Unsere Beziehungen zum Lebendigen werden zerstört. Diese Beziehungen konstituieren uns aber, von außen wie von innen.

In Wirklichkeit geht es hier nicht um einen weiteren Grund dafür, anders zu handeln (wir haben bereits genug und hervorragende Gründe, die Biodiversität zu schützen, und wir tun nicht sehr viel; Gründe haben heutzutage wenig Wirkkraft).

Deshalb würde ich – anstatt in der Liste eines Berichts des WWF einen Grund mehr für den Artenschutz hinzufügen – gerne etwas anderes tun, nämlich dem Ritual des Salzens seinen Sinn wiedergeben. Es ist ein Ritual ohne metaphysische Tiefe, mit der Einfachheit der heidnischen Mysterien wie jener von Eleusis, die die Sinnsucher einfach an das tägliche Wunder des nährenden Korns und des erfrischenden Wassers erinnerten.

Wenn man diese zwei Gedankenexperimente verbindet (die Erinnerung an unseren Ursprung als Meeresschwamm durch das tägliche Salz und das Gedankenexperiment, das in der Zeichnung weiter oben ausgedrückt wird), dann bilden sie einen Sinnfaden, eine Geschichte, die in eine Zeile passen würde. Und man könnte hier das Ritual gegenüber unseren vormenschlichen Ahnen, das wir bereits *jedes Mal* vollziehen, *wenn wir salzen*, mit seinem öko-evolutiven Sinn aufladen. Ein stilles, ganz einfaches Ritual, das man insgeheim, ohne Mystizismus vollzieht – ohne eine andere Mystik als die des Lebens selbst.

Welche Art Gabe verdient unsere Dankbarkeit? Der Ahnenkult der asiatischen Traditionen ist hier eine interessante Inspirationsquelle, weil er uns ermöglicht, die Auffassung davon zu verändern, wem wir danken *können*. Denn er hat nicht den leichten Wahn, der die westliche Tradition kennzeichnet und die wahrscheinlich vom anthropomorphen Monotheismus stammt, wo nur eine Gabe, die uns *freiwillig* gegeben worden ist, *Dankbarkeit* verlangt. Der jüdisch-christliche Gott mit seinem intentionalen, bewussten und willentlichen Wesen hat die uralte Konzeption der täglichen Gabe, die uns leben lässt (die wilde Frucht, das erfrischende Wasser, das gejagte Tier), so verändert, dass als Gabe nur das erscheint, was von einem *bewussten Willen* (Gottes) gegeben worden ist. Durch diesen theologischen Trick ist jede Gabe, die *nicht* willentlich und ein Opfer implizierend gegeben wurde, keine *wirkliche* Gabe und erfordert keine Dankbarkeit. Sie wird als eine natürliche *Gegebenheit* angesehen, als eine verfügbare Ressource, als Wirkung der materiellen Kausalität, die die »Natur« beherrschen würde, die man sich aneignen könne. Diese Mutation hat unsere Beziehungen zur »lebensspendenden Umwelt« verändert. Als wir später aufhörten, an Gott zu glauben, und auf die täglichen Tischgebete verzichteten, mit denen man für das Brot auf dem Tisch dankte, haben wir es nicht verstanden, die Dankbarkeit auf das umzulegen, was uns *tatsächlich* Brot und Wasser gibt, nämlich die ökologischen Dynamiken und lebendigen Flüsse der Evolution, die in der Biosphäre zirkulieren und ihre Fortdauer begründen. Wir haben nicht mehr gewusst, wem wir für die Freude, am Leben zu sein, danken sollen, für die säugetierhafte Verbundenheit mit unserer Familie, für die täglichen Freuden, die unser Geist-Körper bietet, der von uralter Evoltution geschaffen wurde. Die Gleichsetzung dieser lebendigen Natur, die uns ausmacht und von der wir leben, mit einer mechanistischen und absurden Materie, hat der Dankbarkeit gegenüber dem Lebendigen, das uns leben lässt, jede Bedeutung entzogen.

Der Ahnenkult ist nun aber eine anthropologische Ritualform, die dieses metaphysische Missverständnis vermieden hat. In den asiatischen Traditionen, wo er gängig ist, brauchen die Ahnen keinen Willen und keine Absicht gehabt haben, uns zu schaffen, damit wir ihnen eine bestimmte Dankbarkeit dafür, am Leben zu sein, schulden. Doch hier verschiebt sich der Kult: Wir müssen den *vormenschlichen* Ahnen danken, denn sie sind viel zahlreicher und viel großzügiger mit uns gewesen, insofern sie uns alle körperlichen, mentalen, affektiven und vitalen Vermögen gegeben haben, die uns ausmachen – großzügiger als ein paar Urgroßeltern, die uns einen Familiennamen, eine Golduhr, ein Landhaus oder ein Stück Land vermacht haben.

Kann man sich Kulte für unsere vormenschlichen Ahnen vorstellen, die uns zu weniger vergesslichen Nachkommen machen würden? Einfache Rituale, mit denen wir ohne Melodram oder übertriebene Religiosität jenen Ahnen danken, die uns auf Händen bis hierher getragen haben, die uns ihre evolutionären und ökologischen Vermögen geschenkt haben? Wie würde ein Ahnenaltar aussehen, der für all jene großzügigen Vorfahren bestimmt wäre? Für das kleine Säugetier mit Plazenta, das einer Feldmaus ähnelte, das das Massenaussterben an der Wende von Kreidezeit zu Tertiär überlebte, als die großen Saurier verschwanden, um uns das Wunder der geschlechtlichen Fortpflanzung, der Lebendgeburt, der affektiven Erfüllung der Elternschaft weiterzugeben. Für die erste Zelle, die durch Endosymbiose eine Bakterie in sich eingegliedert hat und zum Mitochondrium wurde, das Organell, das in jedem Augenblick in unserem Körper das Wunder der Synthese von *Energie* vollbringt. Für den mit Fell gekleideten, nackten Hominiden, der das Feuer entdeckt hat und durch die daraus folgende Erfindung der Kultur jene Lebensform ermöglicht hat, die wir sind.

Und müssten wir nicht darüber hinaus Dankbarkeitsrituale für die Bestäuber erfinden, die jedes Jahr den Frühling der Nutzpflanzen hervorbringen? Für das Leben der Böden, deren Mikrofauna ein großer kopfloser Bauer ist; für die Wälder, die den atembaren Kokon herstellen, der die Atmosphäre ist?

Ist es vorstellbar, dass man ein Stückchen dieser Bedeutung in den täglichen Akt des Salzens legt? Indem man eine Handvoll groben Salzes in einen Topf wirft, wie eine Hexe es mit dem Zaubertrank tut; oder dreimal rhythmisch mit dem Zeigefinger auf den Salzstreuer schlägt wie der Zen-Mönch auf seinen Gong. Damit stellt man den Salzgehalt des inneren Meeres, des Ahnen, der wir waren, wieder her. Könnte das die Empfindung, ein Schwamm gewesen zu sein, wieder an die Oberfläche auftauchen lassen? Die Ahnen erahnen, die sich noch unter der Haut rühren? Sie bilden unsere Grundlage und haben uns unsere Lebenskräfte vermacht. Ich bin Schwamm, Bakterie gewesen, Feuerfunke unter Feuerfunken. Aus jeder Lebensform um uns herum kann eine Nachkommenschaft entstehen, die voller Möglichkeiten steckt.

Erheben wir unsere Gläser und trinken wir »Auf die Versprechen des Lebendigen!«

MIT SEINEN RAUBTIEREN ZUSAMMENLEBEN

SPINOZAS DIPLOMATISCHE ETHIK

Der unbewusste Teil unseres Geistes
hat ein Bewusstsein von uns.
Ronald D. Laing[70]

Swim smoothly in the stream
of thy Nature,
and live but one Man.
Sir Thomas Browne[71]

Ich möchte hier den Metamorphosen der Tiere in unserem Inneren nachspüren. In der abendländischen Geschichte hat man das Innenleben der Menschen, ihr Leben der Leidenschaften und Gefühle oft durch Tiermetaphern dargestellt: Die Triebe werden als Raubtiere dargestellt, die Fügsamkeit wird in friedlichen Haustieren symbolisiert, der Mut als Löwe, die Gefräßigkeit erhält das Gesicht eines Schweins usw. Diese von der griechischen Philosophie und der jüdisch-christlichen Religion inspirierte innere Menagerie hat eine grundlegende Rolle in der Geschichte der traditionellen abendländischen Moral gespielt. Diese Traditionen sind sehr wirkmächtig, weil sie dem Verständnis unserer intimsten, formlosesten und vergänglichsten Leidenschaften eine Form gegeben haben. Das Paradox, dem ich hier nachspüren möchte, ist, dass wir zwar Erben einer Moral sind, die unser Innenleben in Tierform darstellt, dass sich unsere Tradition aber darüber *geirrt* hat, was ein Tier ist. Wie kann dann unsere Ethik der Leidenschaften richtig sein?

Damit es Moral gibt, muss man annehmen, dass man in sich selbst gespalten ist: Es gibt den einen, der nachgeben will, und den anderen, der festhalten will, denjenigen, der handelt, und einen anderen, der beurteilt. Wir werden von unterschiedlichen Instanzen in unterschiedliche Richtungen gezogen und die Moral besteht darin, die richtige zu wählen. Ohne diese ursprüngliche Verdoppelung ist kein ethisches Projekt möglich. Diese Instanzen, die oft als Tiere bildlich dargestellt werden, sind nun aber entstellte, unverstandene Tiere. Es geht darum, unseren inneren Animalitäten gerecht zu werden, indem wir die Tiere außerhalb von uns, die man zu Modellen unserer intimen Leidenschaften gemacht hat, besser verstehen.

Ziel dieser Untersuchung wird also sein, einen Aspekt der abendländischen philosophischen Morallehren von der Perspektive aus neu zu deuten, der zufolge sie Theorien des gespaltenen Ichs konstituieren, in denen die Tiermetaphern eine besondere Rolle spielen. Die von den Philosophen angebotenen Morallehren erzählen nämlich *Geschichten*, in denen das Ich aus mehreren Personen besteht und *hin- und hergerissen* ist. In Platons *Phaidros*-Mythos zum Beispiel ist die Vernunft ein Wagenlenker, der einen geflügelten Wagen lenken muss, der vom Pferd der begehrenden Leidenschaft sowie vom Pferd der edlen Leidenschaft gezogen wird. Das Ich besteht aus einer »vernünftigen« Seele, die die beiden ungleichen Tiere, die Pferde der Leidenschaften, beherrschen und überwachen muss. Diese Figur des in Vernunft und Animalität verdoppelten Ichs verdient eine schematische Analyse, damit sie sodann im weiteren Kontext der Beziehungen unserer Tradition zu den Tieren neu gedacht werden kann. Ausgehend davon wird es möglich sein, auf spekulativere Weise neue Grenzen im Feld der philosophischen Ethik zu ziehen, um die Auffassungen sichtbar zu machen, die ein originelles Verhältnis zu den inneren Animalitäten unterhalten, nämlich ein diplomatisches Verhältnis zu einem nicht niedriger gestellten Teil des Selbst, anstatt eines Herrschaftsverhältnisses über das, was als »das Niedrigste« in sich selbst kodiert wird. Spinozas Ethik wird ein besonderes Beispiel dafür sein.

DIE PFERDE DER LEIDENSCHAFTEN ZÄHMEN

Platon hat festgelegt, dass jede Ethik notwendig auf einer *Konzeption des verdoppelten Selbst* gründen muss (das heißt einer kartografischen Repräsentation des Selbst, das in zwei Regionen unterteilt ist, die um die Macht kämpfen). Doch Sokrates legt sofort das logische Paradox dieser Verdoppelung frei: »Denn der Herr seiner selbst wäre auch Knecht seiner selbst, und der Knecht Herr.«[72]

Um dieses platonische Paradox überwinden zu können, muss man eine natürliche Hierarchie zwischen den beiden Polen postulieren. Die abendländischen Morallehren, die in dieser Tradition stehen, laufen also auf ein Spiel zwischen Instanzen des Selbst hinaus, deren eine als das *authentischere* Ich im Selbst angesehen wird (meine Vernunft), und deren andere als das, was *weniger* Ich in mir selbst ist (meine schlechten Leidenschaften). Davon ausgehend stellt sich die Ethik als ein Problem der *Befreiung* dar: Wenn das, was weniger Ich in mir ist, das andere beherrscht, bin »ich« sein Knecht (»Er ist Sklave seiner Leidenschaften«). Wenn das dominiert, was mehr Ich ist (die Vernunft), dann gelte »ich« als frei. Die Alltagserfahrung dieser potentiellen inneren Knechtschaft ist die Reue. Manchmal handelt das Ich, das weniger Ich ist, und danach wird es von dem bereut, was mehr Ich in mir ist (»Ich war nicht ich selbst«). Das eine Ich muss also tatsächlich mehr Ich sein als das andere. Diese Verdoppelung ist zwar notwendig für ein ethisches Leben, doch was ich hier einer Kritik unterziehen möchte, ist die Verteilung der Rollen und das Wesen ihrer Beziehung.

Die Geschichte der abendländischen Morallehren ähnelt einem Drama, bei dem es um die Verteilung zweier Rollen geht. Das Faszinierende ist, dass die erste und die zweite Rolle, das Mehr-Ich und das Weniger-Ich im Selbst sich im Laufe der Geschichte stark verändern und sogar *umkehren* können. In den klassischen Morallehren bin ich vor allem meine Vernunft und deshalb muss sie meine Leidenschaften beherrschen, damit ich nicht ihr Sklave werde. In einer gewissen Romantik bin ich im Gegenteil vor allem meine lebendigsten Gefühle (meine Leidenschaften) und die kalte Vernunft ist nur ein zweitrangiges soziales Werkzeug des normalisierenden Zwanges, von dem ich mich befreien muss, um *endlich* ich selbst zu werden. Die Rollen kehren sich um, doch das Theaterstück ist dasselbe.

Ein Großteil der Geschichte der Moralphilosophie hat sich mit den beiden Polen in diesem gespaltenen Ego beschäftigt, das von Platon in Szene gesetzt wurde. Peter Sloterdijk, der jüngst die ganze Geschichte der europäischen ethischen Systeme analysiert hat, zeigt, dass dieser Tradition die Aufmerksamkeit *für die Beziehungen* zwischen den beiden Polen fehlt.[73] Während dieser ganzen Geschichte werden in den Beziehungen dieselben Metaphern verwendet, deren Ursprung nicht hinterfragt wird: Dressur, Herrschaft, Beherrschung, *enkrateia*. Es ist doch sonderbar, dass alle diese Wörter des moralischen Selbstverhältnisses in den Bereich des Bezwingens, der Überwachung, der Zügelung, des Zwingens eines Unbändigen oder Wilden gehören.

Der Philosoph Spinoza ist unter den Ersten, die sehen, dass in diesem unvordenklich alten Duo sich zwar die Rollen verändern, aber die *Beziehung* dieselbe bleibt. Und es ist *sie*, die Beziehung, die toxisch ist. Bezwingen, Beherrschen, Überwachen. Unter »Moral des Wagenlenkers« verstehe ich fortan diese Konfiguration des Innenlebens, in der die Vernunft *mit eiserner Hand* die Leidenschaften und Begehren *unter Kontrolle halten* muss, die mit unvernünftigen Tieren verglichen werden, die unfähig sind, sich selbst zu leiten. (Diese Moral ist nicht genau mit den Morallehren Platons, des Christentums oder Descartes gleichzusetzen, weil sie viel reichhaltiger sind.)

Man kann Spinozas Hauptwerk *Die Ethik* als einen Versuch lesen, Schluss zu machen mit diesem verinnerlichten Verhältnis der Herrschaft des Ichs über sich selbst, in dem Leben darin besteht, *sich zu unterdrücken*. Dafür erfindet Spinoza eine andere Konfiguration des Innenlebens, wo die Leidenschaften keine unvernünftigen, abhängigen und unbändigen Tiere sind, sondern autonome Tiere in uns, die man beeinflussen, leiten und besänftigen muss. Dafür muss man die Freude fördern, die befreit, und nicht die Trauer, die machtlos macht.

Für Spinoza handelt es sich hier nicht um eine Rückkehr zum Mythos eines guten Wilden in sich selbst, zu einem ethischen Laisser-faire, zu einem Egalitarismus des Innenlebens, den jene fordern, die unter einer zu großen von außen auferlegten Disziplin leiden – nichts wäre falscher. Es geht um eine ganz andere ethische Strenge, die höher ist, weil sie subtiler ist, die ebenso weit von der ungeteilten Herrschaft über die Leidenschaften entfernt ist wie von der zügellosen Entfesselung der Leidenschaften. Denn die beiden Versionen beruhen auf einem Unverständnis der tierischen Natur der Leidenschaften.

Spinoza macht somit den Weg für ein anderes Selbstverhältnis frei. Wir werden zeigen, dass es dadurch möglich wird, sich vom Urirrtum dieser Tradition der abendländischen Moral zu lösen, der darin besteht, die Ethik als eine *vernünftige Zähmung* des Ichs durch es selbst zu denken. Man muss *Die Ethik* frei (nicht dem Buchstaben, sondern dem Geist nach) als ein Handbuch für ein friedliches Zusammenleben mit den wilden Tieren *in sich* (unseren traurigen oder fröhlichen Affekten) interpretieren.

VON EINER LANDKARTE ZUR ANDEREN: VERNUNFT/LEIDENSCHAFTEN VS. FREUDE/TRAUER

Spinoza entscheidende Geste besteht darin, die Landkarte des Selbst, auf der die Vernunft als Gegenspieler zu den Leidenschaften verzeichnet steht, durch eine andere Landkarte zu ersetzen, die Freude und Trauer miteinander *in Beziehung setzt*. Auf der ersten Landkarte des Selbst sind die Kanonen der Vernunft auf die Leidenschaften gerichtet: Die Moral ist der Versuch, die Leidenschaften durch die Vernunft zu beherrschen.

In der klassischen Moral eines Descartes etwa leitet sich diese Herrschaft von einem sonderbaren Gesetz der menschlichen Natur ab, vom Gesetz der »indirekten Proportionalität«. Dieses Gesetz, das das Innenleben strukturiert, behauptet, dass zwischen den beiden Polen des ethischen Lebens (Vernunft und Leidenschaften, Geist und Körper) der eine ebenso viel erleidet, wie der andere handelt. Dieses Gesetz lässt sich leicht aus dem ersten Artikel von *Über die Leidenschaften der Seele* ableiten, der da lautet: »Das Leiden einer Person ist in anderer Hinsicht immer ein Tun.«[74] Die Vernunft handelt nur, insofern die Leidenschaften ihr Gesetz erleiden. Die Ethik wird zu einer Psychomachia, einem Kampf der Seele, einem Kampf in der Seele und um die Seele.

Dieses Gesetz der indirekten Proportionalität zwischen Handeln und Leiden macht das Individuum zu einem Schlachtfeld, auf dem sich systematisch ein Unterdrückter und ein Unterdrücker, ein Geknebelter und ein Beherrscher gegenüberstehen. Jede Psychomachia impliziert somit eine Psyche, die Opfer einer kriegerischen Schizophrenie ist. Sie schwankt notwendigerweise zwischen Leiden und Frustration (wenn das Begehren von der Vernunft dominiert wird), und Schuldgefühl und Selbsthass (wenn die Vernunft von den Leidenschaften überwältigt wird). Spinoza versteht in seiner Ethik, dass diese Moral der Herrschaft eines Teils des Selbst über einen anderen Teil immer ein sadomasochistisches Spiel erzeugt: Wenn der eine triumphiert, gratuliert der andere (»Diesmal bist du der Sklave und ich der Herr, morgen umgekehrt.«).

Diese Landkarte, auf der Leidenschaften und Vernunft entgegengesetzt sind, deckt sich im Übrigen mit der Landkarte von Körper und Geist. Das cartesianische Gesetz der indirekten Proportionalität verlangt somit, dass ich meinen Körper demütigen muss, um meinen Geist zu erheben. Auch dieser Aspekt wird von Spinoza revolutioniert werden.

Spinoza zeichnet diese Kriegslandkarte des Selbst neu, indem er das Grundaxiom der Seelenmathematik verändert. Er ersetzt das Gesetz der indirekten Proportionalität durch ein Gesetz der direkten Proportionalität. Dieser diskrete und revolutionäre Übergang wird in der geschichtlichen Debatte über die Beziehungen zwischen Seele und Körper sichtbar, die zwischen Spinoza und Descartes stattfindet. Das Gesetz der direkten Proportionalität wird von Spinoza folgendermaßen formuliert: »Was auch immer die Wirkungsmacht unseres Körpers vermehrt oder vermindert, fördert oder hemmt, dessen Idee vermehrt oder vermindert, fördert oder hemmt unseres Geistes Macht des Denkens.«[75]

Das nennt man Parallelismus[76]: Die Erhebung des Geistes *erhebt* den Körper. Erhöht man im Körper die Macht zu handeln und zu leiden, wird auch das Denkvermögen gesteigert.

Doch wie wir weiter oben gesagt haben, gibt es keine Ethik, wenn es keine Spaltung im Innenleben gibt. Das Ich, das Handeln braucht zumindest zwei mögliche Wege, damit ein ethisches Problem auftauchen kann. Doch nunmehr, und das ist Spinozas genialer theoretischer Schachzug, findet diese Spaltung nicht mehr zwischen zwei *Teilen* der Seele statt, sondern zwischen zwei *Typen* des Affekts oder des Begehrens: Freude und Trauer.

Es kann tatsächlich nur dann einen Krieg im Selbst geben, wenn durch die Spaltung Vernunft und Leidenschaften als »Teile der Seele« (Descartes) identifiziert werden, das heißt als feststehende Regionen des Selbst. Sie stehen einander gegenüber, in direkter Konfrontation zueinander. Bei Spinoza sind Freude und Trauer nicht mehr zwei *Teile* des Selbst, sondern vergängliche Affekte des Selbst, die jedes Mal das *ganze* Individuum besetzen.[77] Sie sind Prozesse. Diese Affekte werden als *Übergänge* zu größerer oder geringerer Perfektion definiert. Das heißt, sie stehen einander nicht mehr statisch gegenüber, sondern ersetzen sich gegenseitig. Ich bin eine Kraftlinie, die zur

Freude aufsteigt, oder ein Weg der Trauer, der zur Ohnmacht hinabführt. Es gibt also immer noch zwei Instanzen, doch sie bilden *keinen Dualismus* mehr, denn diese zwei Instanzen sind zwei mögliche, aber sich gegenseitig ausschließende Wege, die ein nunmehr geeintes Selbst unter dem Namen Bestreben oder Begehren annehmen kann.

TIERBEZUG, SELBSTBEZUG

Um diese Revolution in der Moral zu ermöglichen, muss man unsere Beziehungen zu unseren Leidenschaften anders denken, anders als in der Weise eines Wagenlenkers, der die bestialischen Leidenschaften zügeln muss, wenn er nicht übermannt werden will.

Die klassischen Moralisten, die Descartes' Zeitgenossen waren, haben die klarsten Anweisungen einer Wagenlenkermoral hinsichtlich der Beziehungen geliefert, die man zu den als wilden Bestien dargestellten Leidenschaften unterhalten müsse.

Yves de Paris behauptet etwa, dass eine Leidenschaft »wie ein Tier ist, das man an der Kette hält, und das man nicht ganz zähmen kann«.[78] Pierre Le Moyne sagt entsprechend: »Wenn man [die Leidenschaften] nicht zähmen kann, kettet man sie an.«[79] Ceriziers, der maßvoller ist, nuanciert: Man müsse »seinen Körper besiegen, nicht töten«.[80] Damit der Wagenlenker seine Leidenschaften besiegen und anketten kann, ist eine Bedingung nötig. Man muss »sie auf die Mediokrität reduzieren, in der die Tugend sie haben will«.[81] (»Mediokrität« ist hier im alten Sinne als Schwäche zu verstehen.)

Wenn man nun aber den *Beziehungen* zwischen den Polen des Ichs in dieser Wagenlenkermoral Aufmerksamkeit schenkt, dann mag man darüber staunen, dass die Metaphern systematisch solche der Überwachung *manu militari*, der Zähmung und der Beherrschung der inneren Tiere sind.

Diese Sonderbarkeit wird verständlich, wenn man sich einen Umweg über die Geschichte der Beziehungen zwischen den Zivilisationen und den Tieren erlaubt. Der Ethnozoologe André-Georges Haudricourt hat diesen Umweg in einem kurzen, 1962 veröffentlichten Artikel gemacht, der ebenso unscheinbar wie revolutionär war.[82] Er behauptet in diesem Text, dass die ursprünglichen Beziehungen, die eine Gesellschaft zu den Tieren unterhält, oft ein Modell für die Beziehungen sind, die sie *zwischen den Menschen* einrichtet. Unsere Beziehungen zur Natur entsprechen unseren Beziehungen zu den Menschen. Die Viehnutzung bildet, Haudricourt zufolge, einen Ursprung der Sklaverei. Wenn man diese Idee erweitert, kann man die Hypothese aufstellen, dass die Beziehungen zum Lebendigen *außerhalb von uns* Modelle für die Beziehungen mit dem Lebendigen *in uns* (das »wilde« Gefühlsleben) bilden. Die Zähmung, die das Tier beherrscht und ausbeutet, die das Verhältnis der abendländischen Zivilisation zum Lebendigen kennzeichnet, ist auch das Modell für das Verhältnis, das die Vernunft zum Innenleben unterhalten muss. Die Versklavung des Lebendigen außerhalb von uns wäre ein Ursprung der Versklavung der Leidenschaften in uns.

Diese Auffassung von der Zähmung des Tiers ist jedoch ein lokales Kulturphänomen und weit davon entfernt, universal zu gelten. Doch sie ist eine Beziehung, die so alt ist, dass sie uns gleichsam angeboren ist. Es gibt Tausende Arten der Beziehung zu den nichtmenschlichen Tieren, die die Menschen erfunden haben, unter denen Haudricourt jene hervorhebt, die unsere, im Neolithikum des Nahen Ostens vor elf- bis achttausend Jahren begonnene, vorherrschende abendländische Geschichte kennzeichnet. Er nennt das »positiv direkte Aktion«.[83]

Die frühe Schafzucht scheint ein Modell der positiv direkten Aktion zu sein. Das Tier muss mit dem Hirtenstab und Hirtenhunden geführt werden. Es wird als unselbständig angesehen. Man muss es bei schwierigen Stellen tragen, es holen, wenn es auf Felsvorsprüngen vor Angst nicht weitergehen will, manchmal muss man es sogar umdrehen, wenn es auf den Rücken gefallen ist, weil es unfähig ist, wieder auf die Beine zu kommen. Es ist, als ob man es ständig beaufsichtigen müsse. Das kommt daher, dass man es durch Zuchtwahl gefügig, ängstlich und ungeschickt gemacht hat. Es ist zur »Mediokrität reduziert« worden, die von der Aufsicht verlangt wird, so wie man es mit den Leidenschaften in der Wagenlenkermoral machen muss. Die Zähmung durch positiv direkte Aktion bildet das Modell, das sodann durch die Wagenlenkermoral im Ich verinnerlicht wurde. Sie macht es sich zur heiligen Aufgabe, heteronom (abhängig) zu machen und dann die Natur außerhalb von sich und in sich zu leiten.[84]

Doch Haudricourt zeigt, dass es zumindest eine andere Art von Beziehung zum Tier gibt, die völlig anders ist, die er »negativ indirekte Aktion« nennt. In ihr wird postuliert, dass die anderen Tiere autonom und in sich vollständig sind. Ihre Zähmung besteht dann nicht darin, sie abhängig zu machen, sondern ihre Wildheit durch Verhandlungen zu beeinflussen. Durch eine genaue Kenntnis der Logik des Verhaltens des Tiers kann man es verändern und harmonische Beziehungen zu ihm herstellen. Diese Beziehung wird in der Rentierzucht der sibirischen Tuwiner (eines schamanistischen und animistischen Volks) sichtbar, die der Anthropologe Charles Stépanoff analysiert hat. Das Rentier wird absichtlich im Zustand der Wildheit belassen, doch eingelassen in eine gegenseitige Kooperation mit den Menschen, die sein Verhalten beeinflussen und leiten. Er schließt daraus, dass »paradoxerweise die Menschen die Rentiere nur zähmen können, wenn sie sie im Wildzustand belassen«.[85] In dieser Auffassung von den Beziehungen zu den

Tieren lebt man besser mit ihnen, wenn man sie in ihrer intakten Vitalität beeinflusst, anstatt sie zu schwächen, um sie zu beherrschen.

Ich nenne »Stépanoff-Paradox« diese hier auf das Zusammenleben mit dem Lebendigen *in sich* selbst angewandte sonderbare Idee, dass, um die wildesten Begierden zu zähmen, das heißt mit ihnen und durch sie gut zu leben, man sie im Wildzustand *belassen* muss.

Die Wagenlenkermoral beruht auf dem ursprünglichen Irrtum, dass unsere inneren Begierden schwächliche Tiere sind, die eine positiv direkte Aktion verlangen, das heißt denen man die Lebendigkeit nehmen müsse, um sie dann unter Kontrolle zu halten. Der intrinsische Irrtum der Wagenlenkermoral lässt sich im Postulat zusammenfassen, man müsse dem begehrenden Leben die Lebendigkeit nehmen, damit man tugendhaft sein könne, man müsse sie auf die »Mediokrität reduzieren, in der die Tugend sie haben will«.

Hier gewinnt Spinozas Einsicht in die menschliche Natur ihre ganze Tragweite. Wir *bestehen* intrinsisch aus Begierde. Das Begehren ist kein Mangel, sondern eine Kraft – die Kraft, durch die wir im Sein verharren: »Begierde ist des Menschen Essenz selbst [...]«[86]. Folglich bedeutet die Knebelung der Leidenschaften und Begierden, die einzige Lebenskraft zu schwächen, mit der man im Leben vorankommen kann.[87] Spinoza hat erkannt, dass wir *nur Begehren* sind. Die Intensivierung der fröhlichen und weisen Lebendigkeit dieses Begehrens zulasten der krankhaften Trauer macht die Tugend aus, die zum Namen für die Weisheit wird. Diese Belebung des fröhlichen Begehrens verlangt ein anderes Verhältnis zu den Leidenschaften in sich, ein Verhältnis, das ich »diplomatisch«[88] nennen werde.

Die Leidenschaften sind in der Wagenlenkermoral wie exotische Tiere auf alten Landkarten. Da man sie schlecht kennt, fantasiert man sie als Monster, man projiziert auf sie Dinge, die eigentlich in uns sind.[89] Man versucht, sie auf Distanz zu halten, ohne zu verstehen, was sie brauchen, (das ist die Verdrängung) und wie man sie mit unseren Begierden in Einklang bringen kann, wodurch sie so stark werden, dass sie bestialisch und unbändig zu sein scheinen (das Verdrängte mag man verjagen und misshandeln wie man will, es wird sogleich wiederkehren).

Die Diplomatie mit den wilden Begierden in sich besteht jedoch nicht darin, es zuzulassen, dass bestialische Leidenschaften entfesselt werden. Denn »wild« darf hier nicht als wilde Bestien verstanden werden, so wie die jüdisch-christliche Hirtendichtung sie sich vorgestellt hat, sondern im Lichte dessen, was die gegenwärtigen Wissenschaften uns über Wildtiere lehren. Die Ethologie, die sie genau beobachtet, zeigt, dass sie nicht die hemmungslose Wildheit besitzen, die die Wagenlenkermoral den animalisierten Leidenschaften andichtet. »Wild« heißt hier: lebendig, aber gemäß seiner eigenen Logik.

Das ganze Problem der Ethik ist, dass das Innenleben metastabil ist, das heißt, es besitzt einen unendlichen metamorphen Reichtum und hat keine feststehenden Formen. Folglich braucht man Metaphern, um es zu denken. Diese Metaphern ermöglichen es nun zwar, es sichtbar zu machen und mit ihm umzugehen, doch wie alle Metaphern sind sie Lösungen und Hindernisse zugleich, das heißt, sie lösen Probleme, aber in anderen Situationen schaffen sie Probleme.

Was passiert, wenn die Grundmetapher der Moral auf einem Irrtum in der Auffassung der Animalität beruht?

Die traditionelle Moral stellt das Begehren bildlich als ein Tier dar, aber sie irrt sich darüber, was die Natur des Tiers ist.[90]

Sie täuscht sich daher über die Metapher des Verhältnisses zu ihm: Sie verlangt eher die Beherrschung eines abhängigen Tiers als ein Zusammenleben mit lebendigen Tieren, die in uns wohnen und uns ausmachen.

Die Diplomatie besteht nun darin, vermittels einer Ethologie des Selbst eine feine Kenntnis des feingliedrigen und lebhaften Verhaltens seines eigenen affektiven Lebens zu erlangen, um die Begierden zu hegen und sie zu einer intakten Lebendigkeit zu bewegen. Es geht darum, sie in eine aufsteigende, das heißt großzügige Richtung zu bündeln. So wie man sich ständig geeignete Geschichten ins Ohr murmelt, um seine innere Rede zu beherrschen (»Geduld, mein Herz!«, sagte bereits Odysseus).

Spinozas Originalität besteht darin, dass er eine Beziehung zu sich selbst vorschlägt, die dem näher steht, was Haudricourt »negativ indirekte Aktion« nennt und die ich hier »Diplomatie« nenne. Die Diplomatie mit dem Lebendigen in sich und außerhalb von sich ist eine Art der Beziehung, die angebracht ist, wenn man auf demselben Gebiet mit Wesen zusammenlebt, die widerstehen und auf etwas bestehen, mit Wesen, die auch nicht zerstört oder geschwächt werden dürfen, weil unsere Lebendigkeit von ihnen *abhängt*. So verhält es sich mit unseren Leidenschaften.

PLATON GEGEN DIE CHEROKEES

Es ist vielleicht an der Zeit, Modelle der ethischen Beziehung zu unseren inneren Tieren zu suchen, die von Kulturen inspiriert sind, deren Beziehungen zum Tier weniger herrscherisch und eher diplomatisch sind, Kulturen, die nicht auf der hierarchischen Trennung zwischen Mensch und Tier beruhen wie in unserem naturalistischen Abendland,[91] zum Beispiel bei den animistischen Ontologien.

Vergleichen wir in dieser Hinsicht die Wagenlenkermoral mit der, die in einem Märchen der Cherokee-Indianer präsentiert wird. Das Ich besteht dort aus zwei Wölfen, einem weißen, der edel und fröhlich ist, und einem schwarzen, der arrogant und gemein ist. Im Wesentlichen sagt das Märchen ungefähr Folgendes:

»In jedem Menschen wohnen zwei Wölfe«, sagt der alte Sachem.
»Ein schwarzer und ein weißer.
Der schwarze ist selbstgefällig, von allem verängstigt, also cholerisch, voller Groll, egoistisch und gierig, weil er nichts mehr zu geben hat.
Der weiße Wolf ist stark und ruhig, klarsichtig und gerecht, offen für die anderen, also großzügig, denn er ist in sich gefestigt und wird von den Ereignissen nicht erschüttert.«
Ein Kind, das der Geschichte zuhört, fragt ihn:
»Aber welcher der beiden bin dann ich?«
»Jener, den du nährst.«

Man kann über die Ähnlichkeit mit der Wagenlenkermoral staunen, vor allem in seiner platonischen Form (zwei Tiere, ein weißes und ein schwarzes, verkörpern jeweils entgegengesetzte Extreme der menschlichen Seele ...). Man muss jedoch auch über ihren Unterschied staunen. Die Wagenlenkermoral versteht das Ich als etwas, das aus sklavischen Tieren besteht, die gehorchen müssen, die man dressieren und beherrschen muss. Und *deshalb* muss man ihre Lebendigkeit einschränken. Die Ich-Lehre der Cherokee versteht das Ich als etwas, das aus Wildtieren besteht, das heißt aus Tieren, die autonom und lebhaft sind, mit denen man Umgang pflegen und die man *fördern* muss.

Man kann sich dieses indianische Gleichnis zunutze machen, um die spinozistische Ethik zu deuten, die darin besteht, die positiven Leidenschaften (den weißen Wolf) zu fördern zulasten der negativen Leidenschaften (des schwarzen Wolfs). »Komm, mein liebes Raubtier, ganz brav, komm, da lang!«, sagt der spinozistische Cherokee zu sich selbst.

Wie sieht ein menschliches Leben aus, das Experiment, das das Leben ist, wenn das Ich sich nicht mehr als einen mit eiserner Hand die schwächlichen Triebe dominierenden Herren versteht, sondern als eine sonderbare Gemeinschaft mit höchst lebhaften Wildtieren?

Wahrscheinlich ganz anders, es ist eine andere Existenzweise, als Individuum wie als Zivilisation.

Es geht also nicht mehr darum, einzuschränken und unter Kontrolle zu bekommen, sondern darum *bestimmte Begierden zulasten anderer* zu hegen, um sie in Richtung dessen zu leiten, was uns »wirklich nützlich« ist, wie Spinoza sagt, das heißt dazu, was die Macht zu handeln und zu denken fördert, die eigene Macht und die der anderen. Die spinozistische diplomatische Vernunft besteht eher im Verstehen als im Gehorchen. Diese Nuance unterscheidet Deleuze zufolge Spinozas Ethik von jeder Moral, unterscheidet die Haltung des Diplomaten von der des Wagenlenkers.[92] Um das Ökosystem der Begierden in sich zu beeinflussen, muss man also engen Umgang mit seinen Wildtieren pflegen, das heißt ihre Verhaltensweisen in ihrer ganzen Subtilität kennen und »adäquate Ideen« darüber bilden. Das ist eine Ethologie des Selbst, des Tierlebens in sich selbst.

In welchem konkreten Sinn braucht man eine feine Ethologie der Verhaltensweisen des Begehrens, um Beherrschung durch Diplomatie zu ersetzen? Die Suchtmedizin ist ein gutes Beispiel. Eine Sucht oder Zwangsvorstellungen loszuwerden, scheint in jedem Moment Mut zu verlangen, eine endlose Herausforderung für jeden, der zum Beispiel zu rauchen aufhören will. Die Ethologie des schwarzen Wolfes lehrt die unscheinbare, aber entscheidende Tatsache, dass die Lust, Tabak zu rauchen, (so wie viele andere Suchtlüste) in jedem physiologischen Höhepunkt zwischen zwei und fünf Minuten andauert. Ob derjenige, der in Versuchung gerät, der Versuchung nun nachgibt *oder nicht*, die Lust darauf verschwindet nach Ablauf dieser Dauer, *was auch immer* er tut. Wenn der Diplomat also den Rhythmus seiner wilden Triebe kennt, genügt es, während dieser kurzen Zeitspanne, ohne übermenschliche Anstrengung und ohne Selbstquälen, ein fröhliches und widerstreitendes Begehren anzuregen, damit man nicht die Erfahrung der Ohnmacht des Willens macht. Im Leben braucht man oft nur fünf Minuten Mut und List.

Welche »geistigen Exerzitien« des Begehrens gibt es dann in einer diplomatischen Ethik? Man kann ganz hervorragende im Werk *Das Chimp-Paradox* des Psychiaters Steve Peters finden, der sich auf die Psychologie von Spitzensportlern spezialisiert hat. Das Buch beruht auf der Metapher, dass Leben heißt, mit einem Schimpansen in sich zusammenzuleben. Wenn man die Erfahrung macht, sagt er, dass man im Feuer des Gefechts Dinge sagt, die man später bereut, dass man zwanghaft isst oder nicht trainiert, obwohl man wirklich Lust darauf hat, dann braucht man nicht lange suchen: Man ist dann die Geisel des Schimpansen in sich. Die Originalität von Peters' praktischer Metapher liegt darin, dass er ein paar Grundeinsichten des hier vertretenen Spinozismus teilt: »Da der Schimpanse wesentlich stärker ist als du, tust du klug daran, ihn zu verstehen und ihn darauf aufbauend zu hegen und zu pflegen.«[93] Er schlägt vor, die schwierigen und konfliktreichen Beziehungen zu seinem Schimpansen durch Beziehungen gegenseitiger Zusammenarbeit zu ersetzen. Ein konkretes Beispiel dieser Diplomatie betrifft das feine ethologische Verständnis seines Schimpansen. Zum Beispiel muss man wissen, dass die »Botschaft [...] immer zuerst den Schimpansen [erreicht] (das gehört zu den Gesetzmäßigkeiten, nach denen unser Gehirn funktioniert). Der

Schimpanse reagiert emotional [...].«[94] Die ganze Stoa gründet auf dieser Ungleichzeitigkeit: Da der Schimpanse die Ereignisse immer ein paar Sekunden vor dir empfängt, beruht die stoische Askese darauf, kein Urteil zum empfundenen Eindruck hinzuzufügen. Eine der Techniken des Zusammenlebens mit dem Schimpansen besteht also darin, ihn immer zuerst zu Essen zu geben, bevor man ihn beeinflusst: »Wenn du einen Schimpansen in dir hast, der gut gehegt wird und alle seine Bedürfnisse erfüllt bekommt, dann wird dieses glückliche Tierchen dir wahrscheinlich keinerlei Probleme bereiten. Das macht es sehr leicht, ihn zu kontrollieren.«[95] Um ihn zu beeinflussen, muss man also Ethologe sein. Zum Beispiel empfiehlt Peters, wenn der Schimpanse erregt oder genervt ist, ihn sich systematisch ausdrücken zu lassen, »ihn rundheraus sagen zu lassen, was er denkt, gleich wie irrational es auch klingen mag, und dass man ihn so lange fortfahren lässt, wie es eben dauert«.[96] (Er empfiehlt, ihn sich nur ausdrücken zu lassen, wenn man alleine oder mit Vertrauten ist, die das Gesagte nicht allzu ernst nehmen ...) Er schätzt, dass es weniger als zehn Minuten braucht, damit der Schimpanse seine Ängste und seine intensivsten Gefühle ausdrückt, bis er schließlich fähig ist zu schweigen, zuzuhören und sich beeinflussen zu lassen (manchmal braucht es ein paar Trainingseinheiten).

Deleuze sagte von Spinozas *Ethik*, dass sie eine Ethologie sei, eine Wissenschaft des Verhaltens der Dinge, eine Methode zu lernen, sich so zu verhalten, dass man die Verhältnisse respektiert, in denen die Dinge und Lebewesen in ihrer Zusammensetzung und Auflösung zu uns stehen. Sie ist eine Kunst, die Begegnungen der Existenz zu organisieren. Virginia Woolf ist Spinozistin, wenn sie schreibt: »Was man von dem Menschen möchte, mit dem man lebt, ist, daß er stets das Beste aus einem hervorlockt.«[97] Die Ethologie des Begehrens kennen, heißt zu verstehen, wie die Dinge auf uns wirken.

Die diplomatische Ethik besteht darin, das *Gefühl* der Kraft oder der Macht in sich zu fördern und zu nähren: *Es* ist der weiße Wolf. Aus ihm stammt jede Form von Großzügigkeit, wenn man Nietzsches Aphorismus glauben will, dem zufolge jede Großzügigkeit Überfluss an Kraft ist. Das traurige Leben, das ohnmächtige also, verfügt über nichts, was es den anderen geben könnte, es zieht sie zur Ohnmacht hinunter. Es nährt ihren schwarzen Wolf. Dieser ist das Gefühl der Machtlosigkeit, dessen ethologische Form die *Angst* ist, die dazu führt, dass jede Begegnung mit dem Außen als ein Angriff erlebt wird. So etwa empfindet man, wenn man krank ist, die banalsten Begegnungen des Alltags (eine Rechnung, ein widerspenstiger Gegenstand, eine Distanz beim anderen) als Aggressionen, die uns in einer defensiv-aggressiven Haltung verkrampfen lassen. Dieser Mythos bedeutet: »Nähre die Kraft in dir und im anderen, aber schikaniere nicht die Schwäche und die Angst.« Denn schwarzer und weißer Wolf sind nicht *Teile* des Selbst, sondern sich gegenseitig ausschließende aufsteigende oder absteigende Wege, die das Selbst einschlagen kann.

VON DER ZÄHMUNG DURCH DEN WILLEN ZUR DIPLOMATIE MIT SEINEN WILDTIEREN

Der klassische Einwand der Verteidiger der Wagenlenkermoral ist, dass der diplomatische Einfluss auf sich selbst – wie bei Marc Aurel, der seine »Gedanken für sich selbst« dem wilden Pferd, das er ist, ständig ins Ohr flüstert – zu schwach ist angesichts des Übermaßes der Leidenschaften, ihrer Instabilität, ihres blinden Wütens. Es kennzeichnet verängstigte Leute zu behaupten, dass nur gewaltsamer Zwang eine Lösung für das ist, wovor sie Angst haben. Spinoza antwortet ihnen, dass der Wille als Wagenlenker gar *nicht existiert*.

Das diplomatische Verhältnis zu sich selbst zeigt sich in Spinozas Denken, wenn er den cartesianischen Mythos einer möglichen »absoluten Herrschaft« über die Leidenschaften kritisiert, der in der Tradition eines bestimmten Stoizismus steht, und der im Artikel 50 der *Leidenschaften der Seele* formuliert ist. Spinoza meint, dass dieser despotische Wille ein Phantasma ist. Was man nicht in jedem Punkt beherrschen kann, muss man beeinflussen. Hier liegt Spinozas Wandlung der Vernunftidee, die nicht mehr als ein abstrakter Wille aufgefasst wird, der fähig ist, sich den Begierden aufzuerlegen, sondern als eine bestimmte Weise, wie das Begehren sich selbst beeinflusst, indem es vom Leiden zum Handeln übergeht.

Das wirklich stoische Element bei Spinoza ist, dass es keine Maßlosigkeit gibt, die den Leidenschaften innerlich wäre. Sie können nur deshalb maßlos, außer Kontrolle und schädlich für sich und die anderen werden, weil sie von einer schwachen Vernunft (durch verstümmelte und unklare Ideen) geleitet werden. Denn die schädlichen Leidenschaften existieren nicht an sich als Gegenstück zur Vernunft, sondern sie sind, wie bereits Epiktet sagte, dasselbe wie die Vernunft, das heißt das Leitprinzip des Individuums, aber nur schlecht gesteuert und vom rechten Weg abgekommen. Ein Mensch ist eine individuelle Form des Stroms der Begierden, die schädlichen Leidenschaften können durch äußerliche Gründe und irrige Vorstellungen zu einem zerstörerischen Tsunami werden.[98]

Doch wie kann man überhaupt handeln, wenn es keinen souveränen Willen gibt? Indem man gute Gewohnheiten annimmt, die die Entfaltung der brennendsten Leidenschaften hemmen. Nicht, indem man sich, mit der Peitsche in der Hand, Befehle erteilt, sondern indem man in unserer Umgebung kleine Vorkehrungen trifft, die spontan fröhliche Begierden entstehen lassen und den traurigen Begierden ihre Lebendigkeit nehmen können, kurz, indem man Begegnungen organisiert. Der Philosoph Ferhat Taylan nennt Mesopolitik (wörtlich »Politik durch die Mitte«) die Weise, wie Bürger geleitet werden, ohne dass man ihnen etwas befiehlt, sondern einfach dadurch, dass man die Lebensumgebung verändert und so ihr Verhalten beeinflusst.[99] Ich nenne »Mesoethik« ein diplomatisches Verhältnis zu sich selbst, das darin besteht, sein Innenleben zu verändern, ohne zu befehlen, sondern einfach indem man die Lebensumstände verändert, sodass man die Begierden beeinflusst, indem man sich Dinge angewöhnt, die also zur zweiten Natur werden und die eigene Macht zu denken und zu handeln vermehren und folglich auch die der anderen (Spinoza hat schön die ursächliche Verbreitung von Freude ebenso wie von Trauer abgeleitet).

Mesoethik ist die Klarsichtigkeit über die Nichtexistenz eines reinen Willens und einer reinen Vernunft, sowie das beständige gute Einvernehmen mit sich, das an Mitteln bastelt, die in den alltäglichen Lebensumständen veräußert werden und die Verinnerlichung von guten Gewohnheiten erleichtern. Selbst die Heiligkeit ist eine gute Gewohnheit.

Es ist eine große Originalität der menschlichen Spezies, dass sie ihr Milieu durch technische Hilfsmittel organisiert. Diese Vorkehrungen können materiell oder immateriell sein (Protokolle, Werte, Handelsmaximen, Wecker, Terminkalender, Reorganisation der Aktivität, Weisen der Problemstellung). Sobald sie angewandt werden, beschleunigen sie das Leben und die Problemlösung, sie geben Energie für Projekte anderer Begierden frei. Marc Aurels geistige Übungen das Schreibens und Lesens sind ein schlagendes Beispiel für Mesoethik.[100] Ein paar Seiten von *Die innere Burg* zu lesen, ist ein unscheinbares und doch kraftvolles Mittel in Krisenzeiten, durch das man den weißen Wolf zulasten des schwarzen hegen kann. Es gibt ein Buch, das den Titel *Der tägliche Stoiker* trägt.[101] Es schlägt vor, jeden Tag beim Aufstehen ein Fragment stoischer Prosa zu lesen, das in unsere komplizierte Zeit passt. Es ist ein erstklassiges mesoethische Dispositiv.

Bei der Mesoethik geht es darum, sich die Macht wiederanzueignen, das Lebensumfeld, das uns verändert, zu verändern. »Errichte die Umwelt, die dich errichtet, gestalte das Milieu, das dich gestaltet«, steht über dem mesoethischen Weg geschrieben.

Die diplomatische Ethik gehört in den Bereich einer Permakultur des Selbst und nicht in den einer intensiven und ins Selbst eingreifenden Landwirtschaft. Sie beruht auf einem Verständnis der Ökologie der Leidenschaften, einer Kanalisierung, einer Bewässerung und einer Potenzialausschöpfung der Begierden. »Ich« ist ein permakultureller Wald-Garten und kein makelloser französischer Garten, wie es die klassischen Morallehren wollten, kein englischer Garten, wie die Romantik es sich vorstellte, und auch keine Parzelle ertragreicher Monokultur, wie es die neoliberale Moral verlangt.

Der Fehler der klassischen Moral ist, kurz gesagt, dass sie das Tier als Modell der Leidenschaften genommen, aber sich dabei grundlegend in ihm getäuscht hat. Dieser Moral zufolge sind die Leidenschaften an sich maßlos und dadurch instabil und abhängig. Sie müssen geleitet (sie sind blind) und gezügelt werden (sie sind der Hybris, der Maßlosigkeit ausgesetzt). Meine Hypothese ist aber, dass diese besondere Form der Zähmung durch direkt positive Aktion, die aus inadäquaten Vorstellungen und ungeeigneten Behandlungen besteht, sie erst zu maßlosen und blinden Leidenschaften macht. Sie *bestialisiert* sie, sie macht sie zu Bestien. Sobald man diplomatische Beziehungen zu ihnen unterhält, in denen man sie nicht bezwingt und sich nicht über ihre »niedrige« Animalität erhebt, erlangen sie eine ruhige Metastabilität, weil wir im Wesentlichen Tiere sind, die von der Evolution wohlgeformt wurden. Denn wenn man sich die anderen Tiere ansieht, merkt man doch, dass der maßlose Wahnsinn nicht die Norm des Lebendigen ist. Offensichtlich trifft die These der Wildheit der bestialischen Leidenschaften auf kein reales Tier zu, wie es von der Ethologie beobachtet werden kann. Es ist also etwas passiert. Es handelt sich nicht um eine Rückkehr zum Mythos des edlen Wilden, zur Güte der Natur. Genauso wenig handelt es sich um eine Rechtfertigung des Sich-gehen-Lassens. Die diplomatische Ethik als Permakultur erfordert im Gegenteil mehr »Konzeption und Information«[102] und weniger Überwachung und Herrschaft.

Es ist wie mit dem Bodenleben in der Landwirtschaft: Wenn ein Boden bereits von der intensiven Landwirtschaft ausgelaugt und beschädigt ist, braucht er mehr Zuflüsse, um produktiv zu bleiben, verlangt er eine ständige Beherrschung durch direkt positive Aktion. Er ist abhängig und instabil geworden. Doch ein noch lebendiger Boden, auf den man achtgegeben hat, dessen Mikrofauna lebendig ist, den man in seinen angeborenen Fähigkeiten und evolutiven Potenzialen bestärkt, braucht nicht viel Beherrschung. Man kann ihn diplomatisch beeinflussen, sodass er sich in einer kultivierten Biodiversität ausdrückt, die nachhaltig und gesund für alle ist.

VOM BEZWINGENDEN WAGENLENKER ZUM DIPLOMATEN DER LEIDENSCHAFTEN

Die Frage der Herrschaft über seine Leidenschaften entzweit grundsätzlich die Moral des Wagenlenkers und die Moral des Diplomaten. Es geht um die Frage des Willens. Spinoza leugnet die absolute Macht des Willens sowohl in ihrer Absolutheit als auch in der Form des Sieges und des Zwanges. Das ist zu wenig beachtet worden.

Spinoza verwendet zwar als Mann seiner Zeit den Wortschatz der Herrschaft über die Leidenschaften, doch man merkt, dass das, worum es geht, nichts mehr mit einer Herrschaft im eigentlichen Sinne, mit Durchgriffsmacht und Domination, so wie die klassische Moral sie auffasste, zu tun hat.

Gemäß Spinoza kann der Mensch keine absolute Herrschaft über seine Leidenschaften erlangen, weil wir ein Teil der Natur sind, ein endlicher Teil und als solcher schlechten Begegnungen ausgesetzt (Folgesatz zum Lehrsatz 4 aus Teil IV der *Ethik*): »Hieraus folgt, daß der Mensch notwendig immer Formen des Erleidens unterworfen ist, daß er der gemeinsamen Ordnung der Natur folgt und gehorcht und daß er sich ihr in dem Maße anpaßt, wie die Natur der Dinge es verlangt.«[103] Während die klassische Moral die Beherrschung der Natur in sich selbst vorschrieb, fasst Spinoza das Verhältnis zu den Leidenschaften als ein Verhältnis des Gehorsams gegenüber der gewöhnlichen Ordnung der Natur und der kreativen Anpassung an sie auf. Doch was bedeutet hier »gehorchen« und was »anpassen«? Und um welche Natur handelt es sich?

Für Descartes ist der Wille wie ein Kapitän auf seinem Schiff. Spinozas Kritik an diesem Modell könnte so formuliert werden: Das eigentliche Problem der Schifffahrt ist nicht der Wille des Seemanns, sondern das Verhalten des Winds. Im cartesianischen Modell glaubt der Mensch, dass, wenn das Schiff in die richtige Richtung fährt, das durch den Willen als Steuerrad geschieht. In Wirklichkeit treibt natürlich immer der Wind an. Der Wind muss hier als der Ursachenfluss in den Affekten, als die Kraft der Ursachen verstanden werden.

In der spinozistischen Ethik gibt es keine Macht der Vernunft, sondern es gibt Begierden, die vernünftiger sind als andere. Das Begehren nach Wahrheit ist ein Begehren. Die ethische Befreiung besteht somit nicht mehr darin, durch Vernichtung oder Zähmung einen Teil des Selbst zu besiegen, sondern vielmehr in sich selbst ein anderes Pferd zu reiten, das ebenso wild ist, auf einen anderen Begehrensfluss zu setzen, der in die umgekehrte Richtung geht, in die richtige Richtung. Spinozas Ethik beruht nicht auf einer Inszenierung des Kampfes des Seemanns gegen die Elemente, sondern auf einer Aufmerksamkeit gegenüber den Winden, auf einer Verwandlung des Selbst zu einem Wesen halb Schiff, halb Böe, das bereit ist, mit dem Wind zu drehen, einen Wind gegen einen anderen auszuspielen, um das Ziel zu erreichen.

Man sieht neuerlich, inwiefern das stoisch ist. Wie Epiktet sagt, geht es nicht darum, einen Teil des Selbst zu besiegen, sondern seine innere Rede für eine »edle Vorstellung« einzuspannen, um weiterzukommen. Das Problem ist immer, wie man die Vorstellungen verwendet. Eine Psychomachie wird durch eine Psycho-Navigation ersetzt, wo man zuerst den Wind kennen muss, um dann mit ihm umgehen, ihm folgen und ihn geschickt kreuzen zu können. Niemand erzwingt mehr eine einzige Richtung, da es kein Bewusstsein und keinen reinen Willen gibt, der der Steuermann wäre – denn der Steuermann wird auch von Ursachen bestimmt.

Doch muss man das so verstehen, dass der Mensch in Wirklichkeit nicht handeln kann, wenn es einen absoluten Determinismus von Ursachen und Wirkungen gibt? Auf der Landkarte der klassischen Moral wurde die Freiheit als freier Wille aufgefasst, das heißt als die Fähigkeit des Geistes, dem Körper zu befehlen. Sobald man diese dualistische Landkarte durch eine Landkarte der Begierden, das heißt der Ursachen ersetzt hat, sobald es keinen Chef in einem Hochsitz gibt, der dem Pöbel der Begierden Befehle erteilt, sondern bloß eine komplexe Masse, die Menge der Begierden, die sich kreuzen und gegenüberstehen – was kann dann der Freiheit entsprechen?

Spinoza zufolge kann der Mensch handeln, indem er selbst zu einer Ursache wird. Das ethische Leben baut bei Spinoza nicht auf einem Gegensatz zwischen einem entfremdeten Leiden am Lauf der Dinge und einem freien, weil vom Ablauf der Ursachen befreiten Handeln auf, sondern auf einem Unterschied zwischen *zwei Arten* von Ursachen, adäquaten und inadäquaten Ursachen. Freiheit entspricht also der Tatsache, die adäquaten Ursachen sich ausdrücken zu lassen. Wir sind selbst eine Ursache unter Ursachen. Unsere Begierden sind Ursachen unter Ursachen. Vor allem sind unsere adäquaten Vorstellungen freie Ursachen unter den Ursachen. Daraus entspringt die Ethik, das heißt die Frage des Werts der Handlungen, denn die Ursachen sind nicht gleich viel wert.

Freiheit besteht folglich darin, adäquate Ursachen sich ausdrücken zu lassen, eine gute Ursache seiner Handlungen zu sein und nicht eine verstümmelte, von äußeren Dingen vereinnahmte und benutzte Ursache, das heißt eine inadäquate Ursache. Das ist das Modell der Spielfigur, des mordenden Geheimagenten, der gegen seinen Willen von irgendeiner Organisation benutzt wird. Er ist eine inadäquate Ursache seiner Handlungen, er wird von äußeren Ursachen geleitet. Wir haben zwar inadäquate Ursachen in uns, Wut, Hass, alle traurigen Leidenschaften, doch sie sind nicht wir in uns. Sie sind unsere schlechten Herren in uns. Sie benutzen uns und dann bereuen wir es.

Es geht auch nicht darum, seine fröhlichen Begierden wie Kanonen auf die traurigen zu richten, sondern sich einfach von diesen fröhlichen einnehmen zu lassen. Kein direkter Kampf, sondern eine Theorie freiwilligen Beherrschtwerdens, sich von einem wilden Affekt, der mehr Macht und mehr Freude ausdrückt, beherrschen zu lassen. Das ist ein gut organisiertes Voodoo, das darin besteht, einer Begierde mehr Platz in sich zu lassen als einer anderen und sie anzufeuern. Bekanntlich wird, wenn man in die Versuchung von etwas gerät, das uns schädlich ist, man aber dann von einem gegenteiligen fröhlichen Begehren mitgerissen wird, das erste Begehren nicht gebändigt und frustriert, sondern einfach *vergessen*. Keine umgekehrte Proportion, kein innerer Kampf, nur die Freude anstelle der Trauer, nicht gegen die Trauer. Das ist schon so kompliziert genug.

Wittgenstein und seine Konzeption des Problemlösens trifft sich hier mit Spinoza: »Die Lösung des Problems, das Du im

Leben siehst, ist eine Art zu leben, die das Problemhafte zum Verschwinden bringt.«[104] Es geht nicht darum, es intellektuell oder mit Willenskraft frontal zu lösen, sondern eine Lebensweise zu finden, durch die das Problem jede Bedeutung verliert.

DEN WEISSEN WOLF STÄRKEN, OHNE DEN SCHWARZEN WOLF ZU BEZWINGEN

Generationen von Professoren und Priestern haben die Wagenlenkermoral wiederholt, dass die Vernunft über die Leidenschaften herrschen muss (»Beherrsche dich!« ist eine Ableitung von »Beherrsche dein Pferd, deinen Sklaven, deine Frau!«).

Auf diese Leier antwortet Spinoza mit einer klaren Einsicht, die jeder haben kann: Man kann eine Begierde nur durch eine noch stärkere *Begierde* zum Schweigen bringen. Er formuliert das folgendermaßen: »Ein Affekt kann nicht anders gehemmt oder aufgehoben werden als durch einen Affekt, der dem zu hemmenden Affekt entgegengesetzt ist und der stärker ist als dieser.«[105] Es geht nicht darum, den schwarzen Wolf zu bezwingen, sondern darum, den weißen Wolf zu stärken. Die Vernunft muss also ein Begehren sein und ihre Ausübung muss eine große Freude sein, sonst wird sie machtlos in der Beeinflussung der Handlung sein. Wenn das Vernünftigsein *alle* Leidenschaften abtötet, wird man traurig. Dies jedoch macht schwach, weil die Trauer eine Abnahme der Macht ist. Man wird schwach gegenüber den unerwünschten Begierden.[106] Oder anders gesagt: Das nährt den schwarzen Wolf.

Auf der spinozistischen Landkarte des Ichs gibt es nur Begierden, doch manche sind vernünftiger als andere (das heißt darauf ausgerichtet, die eigene Macht zu handeln und zu denken sowie auch die der anderen zu steigern, und auch darauf, die politische Eintracht, die dazu beiträgt, zu fördern). Und manche Begierden können von dieser Vernunft unterwandert, umgewendet und beeinflusst werden, damit sie fröhlich werden. Die Vernunft ist die Hand, die den weißen Wolf nährt und begünstigt. Das beginnt damit, dass man adäquate Ideen vom Verhalten der Leidenschaften (eine Ethologie der Wildtiere in sich) bildet.

Bei Spinoza und in einer diplomatischen Ethik gibt es also keine Konfrontation zwischen Willen und Begierden, sondern eine Landkarte des Innenlebens, das einzig aus Begierden und Affekten besteht. Die Kraft, einer Versuchung zu widerstehen, die uns teuer zu stehen kommen würde, ist noch immer ein Begehren, aber ein weises Begehren. Das edle Begehren, dem Hass mit Liebe zu begegnen, ist auch ein Begehren (das aus einer adäquaten Idee stammt). Wie Nietzsche später schreibt: »Der Wille, einen Affekt zu überwinden, ist zuletzt doch nur der Wille eines anderen oder mehrerer anderer Affekte.«[107] Es gibt keine körperlose und über allem schwebende Vernunft, sondern ein Leben an der Oberfläche der Dinge, wo es darum geht, sich mit guten Landkarten zu orientieren, mit adäquaten Ideen oder mit der »Großen Vernunft des Leibes«, die im Gleichnis von Nietzsches *Zarathustra* weiser als »die kleine Vernunft des Geistes« ist.

Wenn ich gänzlich aus Begierden bestehe, dann könnte man sich fragen, warum manche eher begünstigt werden müssen als andere. Warum bin ich nicht ebenso meine traurigen Affekte, Wut und Hass, das heißt der schwarze Wolf in mir? Warum ist es vernünftig und gut, den weißen Wolf zu nähren und zu begünstigen?

Ich bin nicht meine traurige Leidenschaft, weil ich ein *lebendiges Bestreben (conatus)* bin, das heißt eine Kraft, die die Gesundheit der Krankheit vorzieht, die Nahrung dem Gift, die ruhige und großzügige Kraft der frustrierten und grollenden Ohnmacht. Jedes Lebewesen will in seinem Sein verharren, auf seinem Weg der Steigerung seiner Macht zu handeln und zu denken, die die

Trauer vermindert. Das *lebendige Bestreben* macht mich aus. Man kann es als kraftvolles Raubtier darstellen, das die große Gesundheit aufspürt und wittert (der weiße Wolf in mir). Es bewirkt, dass ich nicht wollen kann, bei schlechter Gesundheit sein. Die Trauer ist nun aber die Krankheit der Seele, weil sie meine Macht verringert. Ich bin ein Raubtier-Bestreben, das spontan in der aktiven Freude aufblüht und spontan in der wütenden Ohnmacht verwelkt. Meine Vernunft ist also keine getrennte Instanz, sondern eben die intelligente und lebendige Tendenz meiner Macht, zur Freude, zu den Beziehungen der Zusammensetzung zu streben, die mich stärken und mir die Überfülle an Kraft geben, die ich mit den anderen teilen kann. Die diplomatische Vernunft ist kein kaltes berechnendes Vermögen, sondern der Name für die Intelligenz, die dem lebendigen Begehren in mir zukommt, das die Freude sucht und die Vergiftungen und Traurigkeiten zu erkennen und zu fliehen versteht.

In Musils endgültigem Satz »der einzige Beweis für und gegen einen Menschen ist, ob man in seiner Nähe steigt oder sinkt«,[108] ist dieser Sinn des Lebendigen gegenwärtig. Er ist streng spinozistisch in seinem Verständnis des relationalen Charakters der Ethik (bestimmte Menschen erniedrigen uns, während andere uns erheben, manche erniedrigen alle und diese sind wirklich toxisch).

Die Verwirrung in dieser Geschichte der Moral stammt daher, dass die Moralisten vor Spinoza nicht genügend zwischen der Herrschaft über die Leidenschaften und ihrer Übung unterschieden haben, zwischen Tieren, die unterworfen werden müssen, und Kräften, auf denen man reiten muss.

Sloterdijk zufolge kann »die Machtübernahme des Schlechteren nur nach ›schlechter Erziehung‹ erfolgen […] – deren Kriterium besteht darin, etwas, das der Zügel bedarf, und, wenn es mit rechten Dingen zugeht, ohne weiteres zügelbar wäre, ungezügelt (*akólaston*) zu lassen.«[109]

Heftige Anfälle zerstörerischer Leidenschaften müssen zwar eingedämmt werden, doch sobald Gewohnheiten eingerichtet sind, verkörpern die Leidenschaften selbst in ihrem spontanen Verhalten die Mäßigkeit und Lebendigkeit eines Individuums. Man verwechselt Askese im Sinne von Kasteiung und Askese im Sinne der Bildung eines höheren Selbst durch die Annahme von Lebensgewohnheiten.

Gute Gewohnheiten erlauben es, Leidenschaften als reine Kräfte anzusehen, die man reiten kann, doch im Sinne eines »ethologischen« Reitens, wo Reiter und Reittier verwachsen sind, gegenseitige Erweiterungen voneinander, Partner, die auf fröhliche Verhandlungen achten.

Wer sich immer wieder toxischen Leidenschaften hingibt, ist also nicht von einer innerlichen *Schwäche* des Willens oder der Vernunft befallen, sondern sein Drama besteht vielmehr darin, nicht Begierden in sich zu mobilisieren, die höher und intensiver sind als die schädlichen Leidenschaften. Er hat seinen weißen Wolf nicht genügend durch gute Gewohnheiten gestärkt. Die Wagenlenkermoral, die verblendet ist von ihrer Angst vor den Leidenschaften, hat also Disziplin und Züchtigung verwechselt. Disziplin, die diplomatische Ethik verlangt, läuft hingegen darauf hinaus, dermaßen emanzipierende Begierden in uns zu finden, auszubilden und zu bestärken, die so brennend und unwiderstehlich sind, dass sie mühelos toxische Leidenschaften ersetzen können, die uns unglücklich und krank machen. Man muss durch die lebendige Vernunft die Erfahrung einer wilden Freude basteln, die so mitreißend ist, dass die entfremdenden und morbiden Lüste, die schäbigen Begierden, die anderen zu erniedrigen und ihnen wehzutun, uninteressant und glanzlos werden. Es geht darum, mit seinen Leidenschaften eine robuste Freude, eine Fähigkeit zu konstruieren, bei der man etwas *durchmacht, ohne es erdulden zu müssen*, das heißt ohne übermäßig an unvermeidlichen schädlichen Begegnungen zu leiden. Die diplomatische Ethik ist die Kunst, *Gewohnheiten des Begehrens*, das heißt das Ökosystem der Affekte selbst anzunehmen und zu verändern. Es gibt Freiheit – sie ist die Kunst, Bewässerungssysteme in sich anzulegen, die emanzipierendes Begehren hervorbringen und unsere edelsten Wildtiere nähren. Die Ethik besteht nicht mehr darin, sich stolz über das Tier in sich zu erheben, sondern in einer bestimmten *Art*, das Tier zu sein, das wir sind.

Durch Spinoza ändert sich die Stellung, die die Vernunft innehat, einschließlich in der diplomatischen Ethik. Sie ist kein reiner Geist mehr, der die Leidenschaften unter Kontrolle hält, sondern eine bestimmte Gestalt des klarsichtigen Begehrens, des Begehrens, gut und der Natur gemäß zu leben; mit den lebendigen Wildtier-Begehren zusammenzuleben, die ihr wahres Wesen ausmachen. Sie wird zu einer Kunst der Diplomatie, zur Kunst, in *gutem Einvernehmen* mit dem zu leben, was in und außer uns nicht gezähmt werden will.

Das Geheimnis des Willens ist, dass er existiert, aber nicht *in* uns. Niemand *hat* Wille.

»Wille« ist ein Wort, das die Leute verwenden, wenn sie von außen, *bei einem anderen*, Energieströme eines Innenlebens zusammenfließen und erhaben in dieselbe aufsteigende Richtung fließen sehen, obwohl der Aufstieg steil ist (»Welche Willenskraft sie doch hat!«). Wille ist tatsächlich nur der Name, den man dem Bewässerungssystem der Begierden *im Nachhinein* gibt, in den gepriesenen Augenblicken, wo sie sich so zusammentun, um in dieselbe, eher gewählte Richtung zusammenzufließen. Man hat keinen »Willen«, bedeutet nicht, dass es keinen gibt, sondern dass man ihn nicht besitzt. Er ist keine Quantität, er ist nicht *von vornherein* in uns.

Der Wille ist keine abstrakte Quantität, die man in sich besitzt, sondern die Fertigkeit, Dispositive zusammenzubasteln, die die Begierden in die gleiche Richtung lenken. Man bastelt sie außerhalb von sich und in sich, man gliedert sie ein und verkörpert sie. In dieser Interpretation der spinozistischen Ethik ist der Diplomat jemand, der innere Kanäle für die Flüsse des Begehrens anlegt.

Ethik ist die Kunst, Flüsse sachte in eine bestimmte Richtung zu lenken, indem man außerhalb von uns, in den Terminkalendern und Sälen, in denen man lebt, Begegnungen mit den Dingen und Leuten organisiert, kleine Dispositive, die die Begehrensflüsse umlenken. Das geschieht durch geistige Übungen des Zusammenlebens mit den Wildtieren in sich, damit ihre angeborenen Vermögen zu dem führen, was gut für uns ist. Der gute Diplomat lässt behutsam das freie Spiel der Begehrensflüsse zu einem mächtigen und zielgerichteten Strahl zusammenfließen, den man von außen »Willen« nennt, weil man glaubt, es handle sich um ein souveränes »ich will«. In Wirklichkeit ist er nur eine erworbene Seemannsgewohnheit, die Winde zu lesen, sie zu benutzen und mit ihnen zu segeln.

AUFSTIEGSETHIK

Dennoch geht es hier nicht darum, eine streng horizontale Ethik zu vertreten, die keinen möglichen Aufstieg kennt. Ich denke im Gegenteil, dass das ganze ethische Problem notwendig auf vertikalen Metaphern aufbaut, die von ihrer theologischen Folklore befreit nur praktische Gestaltungen der Vervollkommnung sind. Es gibt nur dann Ethik, wenn es einen Willen und eine Möglichkeit der Verbesserung gibt. Doch dieser Aufstieg wird nicht vom Tier zum Engel oder von der Bestie zum Menschen führen. Und der Aufstieg gelingt auch nicht durch Beherrschung, indem man sich auf den rauchenden Ruinen der eigenen Animalität erhebt. Die geläufige Aufstiegsmetapher (sich erheben) in der ethischen Bildsprache umfasst traditionellerweise die beiden Pole, die die geschichtlichen

Philosophien einer Kultur liefern, selbst wenn diese Pole willkürlich sind, selbst wenn sie falsch sind. Diese Pole, das Hohe und das Niedrige, das Begehrenswerte und das Hassenswerte, unterscheiden sich oft in ihrem mythologischen Inhalt. Das Tier, der Archetypus der Niedrigkeit, kann sich in anderen Kulturen im Gegenteil oben wiederfinden. Zum Beispiel gibt es einen Aufstieg zum Nicht-Wollen in der Zen-Philosophie, der ein Aufstieg zum Tier ist. Dieses Tier ist eine gute Metapher für die Reduktion des assoziativen Denkens, der Fantasie, der entfremdenden Vorstellungskraft. Es handelt sich darum, wieder zu einem jener Tiere zu werden, deren Problemlösungsdenken stark mit Begegnungen in der Erfahrung verbunden ist, aber wenig mit assoziativem, fantastischem, beurteilendem und parasitierendem Denken. Das ist es, was der Zen-Philosophie zufolge das menschliche Tier unglücklich, krank und böse macht. Der abendländische Heilige möchte sich so weit wie möglich über das Tier in sich erheben, während der Zen-Weise sich möglichst seiner Katze annähern möchte. Die Tierweisheit seiner Katze ist der originelle Maßstab des nicht von falschen Begierden verblendeten Denkens.

Wir sind Erben einer Kultur, die in ihren großen Zügen die Weisheit als Erhebung über das Tier in und außer sich verstanden hat. Dafür musste das reale Tier entstellt werden, als Schreckgespenst errichtet werden, auf das alle Laster des Menschen projiziert wurden. Andere Erbschaften sind klarsichtiger. Bestimmte antike Weisheiten (die Zyniker und Skeptiker) versuchen, eine vorsprachliche tierische Gelassenheit wiederzufinden. Der Yanomami-Schamane Davi Kopenawa besitzt auch diese sonderbare Weisheit: Er hält seine Ara-Federn in Ehren, da sie ihm die Weisheit des Vogels und dessen Macht als redegewandtes Tier verleihen, um mit den weißen Häuptlingen in dreiteiligen Anzügen zu sprechen, die den Wald zerstören.[110]

Man kann die Hypothese aufstellen, dass die Vervollkommnungsfähigkeit, folglich der Aufstieg und die Möglichkeit von Ethik dem Lebendigen immanent ist. Sie ist im Lebensstoff vorhanden. Im Gegensatz zum Stein ist der Muskel jener Stoff, der sich verbessert, wenn man ihn übt, was ebenso für das Nervensystem gilt. Das ontologische Problem läuft darauf hinaus zu bestimmen, was »aufsteigen« bedeutet, wenn es keinen über allem schwebenden göttlichen Plan gibt. Keinen Engel, der ein Vorbild wäre. Wenn es niemanden im höheren Stockwerk gibt (einen perfekten Idealmenschen, der bereits durch eine Transzendenz konstituiert wäre, eine Gott-Schablone); wenn es kein Stockwerk gibt, wenn jeder aufsteigende Schritt eine weitere Stufe in der Treppe erfindet; wenn jede Selbstverbesserung kein bereits im Vorhinein bestehendes göttliches Höheres erreicht, sondern eine weitere und jedes Mal neue Dimension der Wirklichkeit erfindet. Dieses Problem ist bereits in den asiatischen Ethiken des Wegs gestellt worden. Der Weg ist in bestimmten Traditionen der Begriff eines Aufstiegs ohne vorgegebenes Ideal, eines Aufstiegs einer Perfektion ohne Modell *a priori*. Das ein wenig perfektere Stockwerk des Menschen bleibt zu erfinden, es wird plural sein und einem Mischwesen ähneln, mit einem aus Animalitäten zusammengesetzten Gesicht.

AUF DIE ANDERE SEITE DER NACHT WECHSELN

FÜR EINE POLITIK DER INTERDEPENDENZEN

NÄCHTE AUF DER LAUER

Wir haben uns schweigsam auf einem Felsvorsprung mitten auf der Hochebene postiert und richten eine Wärmebildkamera, die den Wärmeunterschied zwischen den Körpern in der Landschaft einfängt und auf dem Sucher wiedergibt, in die Nacht hinein. Wolfsumrisse aus grellem Licht erscheinen also auf den schwarzen Lichtungen, spielen, wiederholen die Rituale, die ihr Dasein ausmachen, brechen zur Jagd auf oder patrouillieren durch ihr Revier. Die Kamera ist ein militärisches Gerät, das nicht frei verkäuflich ist, sogenanntes »sensibles« Kriegsmaterial. Es wurde für die Grenzposten der Armee konzipiert und wird unter anderem dazu verwendet, Migranten, die illegal das Staatsgebiet betreten wollen, aufzuspüren. Selbst wenn unser Ziel nicht dasselbe ist, es hinterlässt einen schalen Beigeschmack, Kameras, die zur Überwachung von Migranten konzipiert wurden, für die Beobachtung von Wölfen zu verwenden. Die technische Vorrichtung materialisiert ein Gemeinsames in unseren Beziehungen zu den andersartigen Lebewesen, die ganz in unserer Nähe leben. Jeder technische Gegenstand enthält eine eingebettete Theorie, die seinen Gebrauch leitet. In unserer Angelegenheit geht es darum, die in einer Überwachungskamera eingebettete Theorie zu unterwandern, um daraus ein Werkzeug zu diplomatischer Metamorphose zu machen.

In den letzten Jahren habe ich in Südfrankreich im Rahmen des Projekts einer Forschungsaktion mehrere Nächte auf der Lauer verbracht, um das nächtliche Leben eines Wolfsrudels und seine

Beziehungen zu den Schafherden und Schäferhunden zu beobachten. Wir beobachten die Tiere auf einem Truppenübungsplatz. Während Hubschrauber über uns fliegen, überraschen wir im Morgengrauen vier kleine Wölfe beim Spielen in herumstehenden alten Panzern. Eines Nachts wird das Wolfsgeheul von Maschinengewehrsalven überlagert. Während wir Granateneinschläge hören, marschieren wir durch eine menschenleere Natur. In der Ferne aufgegebene Dörfer. In dieser Wüste erwacht die Fauna mit explosiver Energie zu neuem Leben. Zwischen Panzern und Schafherden, dieser ganzen menschlichen und technischen Fauna, siedeln sich die Wölfe an und übernehmen wieder die Kontrolle. Sie lernen, in dieser Umwelt, die eine Erbschaft komplexer menschlicher Vergangenheit ist, zu leben und sie zu verändern. In diesen Ruinen knüpfen die Lebewesen neue Verbindungen untereinander.

Dieses Forschungsprojekt trägt den Namen CanOvis und wurde vom Ethologen Jean-Marc Landry und seinem Team konzipiert. Ich habe drei Jahre hintereinander mit ihnen gearbeitet, mehrere einwöchige Zusammenkünfte im Sommer als Freiwilliger, Weggefährte und Forscher,[111] hauptsächlich auf der Hochebene von Canjuers, im französischen Departement Var. Diese Erfahrung bringt uns vor allem in Kontakt mit Schäfern und Schafzüchtern, Schafen und Schäferhunden, mit den Routen der Herden, mit den Wiesen und Wäldchen, nächtlichen Himmeln und schließlich mit Wölfen. Im ständigen Dialog mit den Akteuren der Weidewirtschaft folgen wir den Herden im Revier eines Rudels. Die Schäfer können ihre Schafe im Militärgebiet weiden lassen. Die Herden üben einen Weidedruck auf die Landschaft aus, was sie davor bewahrt zu verwalden. Sie halten die Wiesen niedrig, was die Brandgefahr reduziert. Dieses sonderbare Bündnis zwischen Militär und Weidewirtschaft erklärt ihre Anwesenheit hier, obwohl alle Dörfer abgesiedelt worden sind. Die Schäfer werden über Militärübungen informiert und bewegen ihre Herden abhängig vom Terminkalender der Artillerie und Simulationen der Infanterie.

CanOvis ist ein Forschungsprogramm, das mittels Wärmebildkameras die nächtliche Ethologie der Wölfe im Kontakt mit Herden zu verstehen versucht, um vorzubeugen, dass Schafe von Wölfen gerissen werden. Es geht darum, den Akteuren vor Ort durch die Neuerfindung von Kenntnissen und Fertigkeiten eine Handlungsfähigkeit gegenüber den natürlichen Unwägbarkeiten zurückzugeben, die die Wölfe darstellen. Die Ausgangsdiagnose war, dass man die Probleme unterschätzt hat, die durch den Druck der Wölfe auf die Weidewirtschaftssysteme aufgeworfen werden. Abseits der wirtschaftlichen und technischen Dimensionen ist das Problem vor allem mit der Situation der *tatsächlichen und erlebten Machtlosigkeit* der Akteure der Weidewirtschaftswelt verbunden, wenn sie sich der Gefahr von Wolfsangriffen auf die Herden ausgesetzt sehen. Es sind wenig vorhersehbare und beherrschbare Ereignisse. Gegenüber dieser Leidenssituation soll ein Zugang ermöglicht werden, der den Schäfern einen Handlungsspielraum und eine Handlungsfähigkeit in Form einer neuen Ethologie sowie Werkzeuge für das Treffen von Entscheidungen zurückerstattet.

VITA INCOGNITA

Die gegenwärtige wissenschaftliche Ökologie und Ethologie lehren uns, dass ein Verständnis und eine Beeinflussung des Lebendigen es erfordert, aufmerksam für die unsichtbaren Beziehungen zwischen den Lebewesen zu sein, die weit in die Vergangenheit zurückreichen und die Ökosysteme regieren. Für die Beobachtung dieser unscheinbaren Beziehungen ist eine Wärmebildkamera von entscheidender Hilfe. Im Rahmen des Projekts CanOvis verwendet man diese Technologie, um in der Nacht zu filmen. Diese Forschungen lehren uns zum Beispiel – weil man Zugang zur »Welt der Nacht«[112] gewinnt –, dass die Beziehungen zwischen Wölfen, Herde, Hirtenhunden und Menschen unendlich reicher sind, als man sich dachte, und das Reißen von Schafen selbst nur die »Spitze des Eisbergs« ist. Die Wärmebildkamera gibt eine Vielzahl von anderen Interaktionen wieder, die zuerst unglaublich erscheinen, weil sie für gewöhnlich unsichtbar sind: Wölfe, die mit den Hirtenhunden spielen, die mit ihnen Schafkadaver teilen, die ihnen den Hof machen … Darin spielt sich Landry und seinem Team zufolge das wahre Verständnis des Systems ab: »In diesem ›unsichtbaren‹ Teil der Beziehungen zwischen Raubtier und Weidewirtschaftssystem lassen sich Szenarien entwickeln, die zum Reißen führen oder nicht, mit mehr oder weniger Regelmäßigkeit und Intensität.«[113]

Diese neuen Daten haben das Potenzial, unser vermeintliches Wissen zu erschüttern. Manche Bilder, die CanOvis mittels der Wärmebildkamera einfangen konnte, sind spektakulär, sie zeigen zum Beispiel einen Wolf ruhig inmitten einer Herde, die ihn gelassenen aus großer Nähe betrachtet. Das scheint fast unvorstellbar in unserer traditionellen Auffassung von Wolf und Schaf. Das eröffnet der Ethologie neue Reflexionsräume. Wie sind das Fehlen von Panik bei den Schafen und die Sanftmut des Wolfes zu verstehen? Muss man die Hypothese aufstellen, dass die Schafe nicht nur eine Kategorie von »Wolf« haben, oder sie nicht so homogen wie die unsere ist? Dass es für sie nicht *den* Wolf gibt, sondern unterschiedliche Wölfe? Dass sie hier nicht so »essentialistisch« sind wie die Menschen, das heißt geneigt, massiv auf eine ganze Gruppe (oder Rasse) Charakterzüge zu projizieren, die nur bei einigen von ihnen erfasst wurden? Dass sie ein subtileres Verhältnis haben, das sie achtsamer auf die Unterschiede zwischen Wolfsindividuen sein lässt (manche sind gefährlich, manche nicht); oder gar achtsamer auf den Kontext: Derselbe Wolf kann an einem Tag ein Jäger sein, vor dem man fliehen muss, und an einem anderen Tag ein interessanter Spaziergänger, den es im Auge zu behalten genügt? Die von diesen Bildern entdeckte Welt der Nacht gibt Rätsel auf. Sie erschüttert das, was wir von Schafen und Wölfen zu wissen glaubten. Der Wolf entzieht sich dem Vorurteil vom hungrigen Jäger, den man instinktiv dazu bestimmt meinte, blind zuzuschlagen, sobald er einen »Schaf-Reiz« empfängt. Das Schaf entzieht sich dem Stigma, ein »Schaf« zu sein. Wird uns die Lösung dieser Rätsel ermöglichen, Vorrichtungen des Schutzes und des Zusammenlebens einzurichten, die wirksamer und an die Komplexität der Wirklichkeit angepasster sind?

Wenn man über Existenzweisen forscht, erscheint jede Lebensform als eine *vita incognita*, eine unerforschte Gegend auf dem Atlas unserer praktischen und wissenschaftlichen Kenntnisse. Um bis in diese Gegenden vorzudringen, darf man »das Ungesehene nicht anzweifeln«,[114] wie es der Förster und Philosoph Aldo Leopold sagt. Doch nicht daran zweifeln heißt nicht, es sich zu imaginieren. Es geht vielmehr darum zu lernen, über dieses Unsichtbare Nachforschungen anzustellen, um es verständlich und unser Handeln verständiger zu machen.

EIN DIPLOMAT-WERDEN

BESPRECHUNG UNTER FREIEM HIMMEL

Die Erfahrung von CanOvis besteht darin, in eine fremdartige Anordnung einzudringen, die unmerklich den Individuationsverlauf desjenigen, der in sie eintritt, verändert. Man kommt mit Wissen und Nicht-Wissen, Abneigungen und Zuneigungen, einer Verherrlichung des Schäfers oder einer Liebe zum Wolf, einer Wertschätzung der Tradition oder einer Verachtung für das Raubtier, einer ausgeprägten Empathie für den einen *oder* den anderen der Gegner. Am Ende kehrt man fast als Diplomat einer besonderen Art zurück, als Diplomat der Interdependenzen.

Um der erzählerischen Klarheit willen kann man diese Initiation schildern, indem man sie in die Geschichte einer Nacht kondensiert, denn wir arbeiten immer nachts. Einen Abend, eine Nacht, einen Morgen, doch verwoben mit Erinnerungen, um die Erzählung der ganzen hier in einem Kreislauf verdichteten Erfahrung anzureichern. (In jedem Morgen gibt es so viele Morgen und in jeder Nacht so viele Nächte!)

Alles beginnt in der Abendfrische, gegen 18 Uhr, mit der Besprechung. Jean-Luc Borelli, der operationale Leiter des Projekts auf der Hochebene von Canjuers, legt den Einsatzplan dar. Man befragt ihn über das Verhalten der Wölfe, über den Sinn der Interaktionen zwischen Wölfen und Herden, die in der vorherigen Nacht aufgezeichnet worden sind und die man sich gemeinsam auf einem Computerbildschirm im Schlafsaal ansieht, den man uns im Militärgelände zugeteilt hat.

Er hat eine ansehnliche Zeit hinter der Kamera verbracht, Tausende Stunden, darunter Hunderte, um insbesondere Wölfe zu beobachten, um Synthesen zu machen, Konstanten zu isolieren. Doch oft antwortet er auf die Fragen, die man ihm über das Beobachtete stellt: »Ehrlich gesagt, man weiß es nicht.« Diese Haltung gibt den Ton an. Die interpretative Redlichkeit steht im Zentrum des Projekts. Seine wissenschaftliche Positionierung, die vom Ethologen Jean-Marc Landry konzipiert wurde, verleiht dem Experiment eine ganz besondere Tonalität: Die eingeschränkte Unwissenheit ist das ehrlichste Wissen, die Kunst, *noch* nicht zu schlussfolgern, ist eine Tugend. Es geht darum, fortschreitend eine klare Landkarte des Bekannten und des Unbekannten zu zeichnen, und Letzteres hat einen großen Anteil. Doch das angesammelte Wissen ist bereits beredt: Im Sommer 2018 haben wir gestützt auf Bilder den zahlenmäßig größten Wurf in Frankreich dokumentiert (zehn kleine Wölfe, wahrscheinlich von ein und derselben Mutter) sowie das meines Wissens zahlreichste Rudel der Geschichte des Wolfs in Frankreich seit seiner Rückkehr (sechzehn, vielleicht siebzehn Wölfe).

EINE HANDBREIT SONNENLICHT BLEIBT

Beim verlassenen Landhaus von Bourjac geht am Abend die Sonne mit einer großzügigen Langsamkeit hinter der Hochplateaulinie unter und taucht die Ebene in neue Schatten. Die Wiedehopfe jubilieren in der Dämmerung. Wir verbringen Zeit mit den Schäfern. Die Schafe versammeln sich am Abend um dieses Landhaus herum, um in den großen Tränken zu trinken, und die Hunde werden dort gefüttert. Wir diskutieren mit der Schäferin, die große Säcke voller Trockenhundefutter aus ihrem riesigen weißen Pick-Up holt. Sie will nicht, dass man ihr hilft, obwohl sie in anderen Umständen ist. Wir scherzen, stellen Fragen über ihren runden Bauch, dann untersuchen wir gemeinsam die Schafe und wir erzählen ihr, was wir in der vorherigen Nacht mit der Wärmebildkamera gesehen haben. In dieser Nacht haben die Wölfe Angriffe auf die Herde versucht, die Hunde haben sie abgewehrt, doch die Aufregung dauerte lange, die Schafe sind viel gelaufen. Es ist Ende August und die weiblichen Schafe sind trächtig, aber noch weit davon entfernt zu gebären. Die Schäferin sieht sich die Schafe mit Kennerblick an, sucht nach Verletzungen, Humpeln, Blut am Hinterteil, das ein Hinweis darauf wäre, dass ein Schaf ihr Lamm verloren hat. Und dann sieht sie sie mit einem anderen Blick an. Sie sagt so etwas wie: »Wenn ich daran denke, was ihr in dieser Nacht gesehen habt, dann stelle ich mir in meinem Kopf das Schaf vor, als schwangere Frau, die die ganze Nacht lang läuft, um dem Wolf zu entkommen.« Sie hat ihre Hände auf ihren Bauch gelegt. Unser Geist beginnt sich für diese Welt zu öffnen. Schritt für Schritt, über Begegnungen werden wir durch Gefühlsfäden mit den Akteuren auf dieser abgelegenen Hochebene verwoben.

Doch die Ambiguität wird bald zur vorherrschenden Tonalität. Es gibt Gerüchte in der Region. Manche erzählen, dass einige Schafzüchter die Zahl der getöteten Schafe listenreich aufblähen. Manche erzählen, dass andere Schafzüchter nicht immer alles tun, um ihre Schafe so gut wie möglich zu beschützen, weil sie vom Staat systematisch entschädigt werden, wenn die Schafe von den Experten als von Wölfen getötet erachtet werden. Manche erzählen, dass ein Züchter sich mit dem Geld der Entschädigungen aus dem Nichts heraus ein neues Haus bauen hat lassen, das in der Gegend die »Wolfsvilla« genannt wird. Wenn man die soziologischen Studien, die ministeriellen Daten, das Expertenwissen durchforstet, wird deutlich, wie schwierig es ist, das wirkliche Ausmaß dieser Praktiken zu bestimmen. Zweifellos existieren sie, aber es ist unwahrscheinlich, dass sie vorherrschend oder auch nur repräsentativ sind. Manche radikalen Verteidiger des Wolfes reduzieren das Problem, das sich durch seine Rückkehr stellt, auf Unehrlichkeit oder Faulheit der Schafzüchter. Diese Formulierung des Problems scheint weder gerecht noch erschöpfend zu sein, um die Komplexität der Situation zu erfassen.

Eine andere Anekdote, die man sich erzählt, beunruhigt uns. Manche Akteure aus dem Weidewirtschaftsmilieu und auch andere behaupten, dass bei den »Entnahme-Abschüssen« von Wölfen es manche ausdrücklich auf die Jungwölfe bei ihrem Unterschlupf oder den Versammlungsorten abgesehen haben. Wenn das stimmt, widerspräche das dem Geist des Gesetzes, weil diese Abschüsse einer Populationsbeschränkung dienen würden (was bei einer geschützten Tierart illegal ist) und nicht einem tatsächlichen Schutz der Herden. Denn wie wir mehrmals bemerkt haben, verlassen die Jungtiere des Jahrgangs kaum das Rückzugsgebiet vor Anfang September und greifen niemals die Herden an. Unser Mitgefühl wendet sich dann zum anderen Gegenspieler hin, zu den jungen Wölfen, die gesnipert werden, wenn sie in den verlassenen Panzern herumspielen. Ein neuer Faden im Gewebe unserer Gefühle.

Am Abend, als die Nacht hereinbricht, treffen wir auf einen der Schäfer. Er kommt jeden Tag zu uns, um zu »scherzen«. Wir sagen ihm, wo seine Herde ist, wir helfen ihm so viel wir können, wir suchen für ihn verletzte oder getötete Schafe, manchmal helfen wir ihm beim Verarzten. Er ist ein Schäfer wie die anderen, jeder hat seine Persönlichkeit und seinen Charme, aber mit der Zeit freunden wir uns an und eines Morgens erzählt er uns von einer Angriffsnacht. Im Morgengrauen verlässt er seinen Wohnwagen, um den sich die Schafe scharten. Etwas stimmt nicht, Stille. Und dann findet er ihre Überreste, einen nach dem anderen, tot, verletzt, manchmal halb gefressen, vor Schmerzen blökend. Gut zwanzig Schafe. Er sieht woanders hin, zum Bergkamm. »Das ist hart«, sagt er, »sehr hart.« Wir sehen zur gleichen Stelle hin wie er und stammeln: »Ja, das ist hart.«

Ein weiterer Faden. Das Mitgefühl kommt und geht manchmal wie Ebbe und Flut. Die verallgemeinerte Gestalt des gewitzten Schäfers, der die Situation ausnützt, wird zu einer Gestalt der Ausflucht, um die irreduzible moralische Ambiguität, das Durcheinander, das die Rückkehr des Wolfs in Frankreich geschaffen hat, zu reduzieren.

DIE SCHWELLE DER DÄMMERUNG

Wir sind von der Empathie für die Schafe zur Empathie für die Jungwölfe und dann für den Schäfer geschwankt und der Einbruch der Nacht bereitet den Hunden die Bühne für ihre Arbeit.

Der Schäfer ist gerade weggegangen, er fährt nach Hause schlafen. Wir bleiben alleine mit der Herde, den Hunden und der Hochebene. Nachdem die Schafe gefüttert wurden, folgen sie langsam ihrer Anführerin zum Ort ihrer nächtlichen Ruhe, dem Schlafplatz. Wir haben uns mit der Wärmebildkamera aufgestellt. Ein außergewöhnlich großes Rudel von fünfundzwanzig anatolischen Hirtenhunden und Pyrenäenberghunden beschützt die große Herde auf der Hochebene von Canjuers. Sie sind nun beim Schlafplatz, unterhalb vom Collet des Mouches, in einer Gegend, die von niedrigem Gras und Gestrüpp bewachsen ist. Plötzlich gelingt es fünf Wölfen, die eine kurze Annäherung geschafft haben, ein Schaf weit von der Herde abzudrängen. Ein einziger Hund hat sie gewittert, er läuft zum vereinzelten Schaf. Es ist reglos, verletzt oder aber angststarr. Der Hund beschnuppert es, dann stellt er sich vor es auf. Mit der Kamera sehen wir, wie der Hund sich zwischen das Schaf und fünf Raubtiere stellt. Er hebt den Kopf, macht die Brust breit. Er bellt, um seine Kameraden zu rufen. Die Wölfe nähern sich ihm fächerartig an. Er wendet manchmal den Kopf zum Schaf. Er bewegt sich nicht. Die Wölfe haben ihn umzingelt. Er könnte fliehen, er könnte sie abhängen. Er schaut sie verächtlich an, bellt, fordert sie heraus. Er wird nicht weichen. Drei weiße Wirbelstürme eilen ihm zu Hilfe, drei anatolische Hirtenhunde, und die Wölfe stieben ins Gebüsch. Und der einzelne Hund schießt ihnen nach, gefolgt von seinem Rudel, den fliehenden Wölfen auf den Fersen.

Die Hunde haben ihre großartige Arbeit als Wächter geleistet und in uns die ethologische Dankbarkeit gegenüber allen Helden im lebendigen, unvordenklichen Sinn des Wortes hervorgerufen: Helden sind jene Stärkeren, die die Schwächeren bloß aus unverwendetem Kraftüberschuss heraus schützen. Die Hunde reihen sich also in den Tanz ein. Wir werden sie am Abend bei der Tränke streicheln. Es gibt Welpen unter ihnen, die nächstes Jahr Riesen sein werden. Hier sind sie liebenswert, aber in der Nacht sollte man ihnen bei der Herde lieber nicht begegnen. Ein Gefühlsfaden hat sich zwischen uns und ihnen gespannt, sie sind nun ins Gewebe der Zugehörigkeiten und Verbindungen eingewoben.

»GEH NICHT SANFT IN DIE GUTE NACHT«[115]

Nacht auf der Lauer, der Mond steht hoch am Himmel, Windstille, hier ist das Sehen der Sinn für die Fährtensuche. Der Blick glüht, stundenlang wird die Ebene mit Eulenaugen abgesucht, unermüdlich, auf der Suche nach einem weißen Geist besonderer Erscheinung, nach einer Bewegung, einem Ereignis. Man muss asketisch in seinen Bewegungen sein, die Hände dürfen die Wärmebildkamera nicht mehr berühren, wenn man scharfgestellt hat. Man klimpert mit seinen Fingern in der Luft herum wie ein Musiker, ein paar Zentimeter von den Schalthebeln der Kamera entfernt, um sie nur ganz sacht zu berühren und zu verschieben, ohne das Bild unscharf werden zu lassen, für den

Fall, dass man die Videoaufzeichnung beginnen muss, um eine interessante Szene einzufangen. Hunderte archivierte Videostunden werden dann während langer Winterabende analysiert werden. Und »interessant« hat hier keine enge apriorische Bedeutung, alles kann in das flimmernde Feld des Interessanten eintreten: eine Interaktion zwischen Wolf und Hund, Wölfen und Herde, aber auch zwischen einem Fuchs und einem Schaf, einem Hund und einem Reh, einem Menschen und jeder anderen Lebensform, und andere Splitter des Fremdartigen, die man sich noch nicht einmal vorgestellt hat. Man hält unbewusst den Atem an, um zu verschwinden, sodass nicht einmal mehr der Atem die Erfahrung erzittern lässt.

Dann kommen die Wölfe.

Man beginnt ein paar in der Landschaft verstreute Heuler zu hören. Das ist oft gegen 22:15 Uhr, man nennt das *»golden hour«*. Geleitet vom Geheul strömen sie zusammen. Die Elterntiere kommen im leichten Trott, ihre Silhouetten aus gleißendem Licht gleiten wie Geister in der Nacht über die Steppe des Var (Trott und Galopp gehen beim Wolf so leicht ineinander über, dass sie manchmal im Wärmebild nicht wirklich den Boden zu berühren scheinen). Verrücktes Nachlaufen, Lefzenlecken, geheimnisvolle Rituale, Spiel von Körperstellungen.

Und dann taucht eine andere Art Geheul auf. Es ist kollektiv und die Wölfe, die es ausstoßen, stehen nebeneinander. Das wird »Chorgeheul« genannt. Es bildet oft eine Zeremonie, die eine Gemeinschaftstätigkeit vorbereitet, zum Beispiel den Aufbruch zur Jagd. Denn danach bricht einer der Anführer in eine Richtung auf und das Rudel folgt ihm, die Tonart ändert sich. Sie gehen zur Tat über, sie sind koordiniert, schweigsam, entschlossen. Der Chorgesang ist ein Ritual, dessen Funktion dunkel ist, das jedoch ausdrücklich eine Schwelle markiert, da es den Gehalt der Gruppenbeziehung verändert.

Es ist eine Schwelle zur Zeit der Nacht, die man gemeinsam überschreitet.

In unsere Notizhefte tragen wir ein:

»22:15 Uhr, Patrouillenbeginn, 10 Individuen mit 6 Erwachsenen, 4 Jungtieren, Richtung Unterschlupf.

3 Uhr, 3 Erwachsene, Jagdtrupp verschwindet von der großen Ebene, Richtung Wildnis, Richtung Aiguines.«

Oder:

»6 Uhr. Unterhalb von Loubière. Sie sind zu viert (eher Jungtiere?), sie sind erregt, laufen, vereinigen sich, trennen sich wieder: rätselhaftes Verhalten.« Ein Benehmen, das den Ethologen und den Spezialisten zum Schweigen verurteilt. Doch wenn man ein Kind an die Kamera stellen würde, würde es sich nach ein paar Sekunden zu uns umdrehen und sagen: »Na, sie spielen halt!« Ganz offensichtlich.

Die Hefte sind mit Wörtern gespickt, deren Wissenschaftlichkeit zweifelhaft ist. Man schreibt, dass ein Wolf »herumtrödelt«, dass drei Individuen »herumspielen«. Diese Wörter sind tatsächlich ethologische Werkzeuge, ihre vagen Umrisse drücken am genauesten unsere Unfähigkeit aus, die Intention, die ihrem Verhalten zugrunde liegt, genau zu bestimmen.

In einer Nacht notiere ich:

»22:30 Uhr: vollständiger Aufbruch vom Versammlungsort, mitsamt den Welpen. Eine einzige Linie. Man würde meinen, die Erwachsenen rahmen die Jungtiere ein, damit sie sich effizient und flüssig fortbewegen, im Gegensatz zu ihrer Gewohnheit zu flanieren, zu entdecken, bei jedem Strauch stehen zu bleiben. 22:40 Uhr: ungeordnete Rückkehr der Kleinen zum Versammlungsort. Hypothese: eine Lektion im Aufbruch zur Patrouille, in Operationsformation, ohne Spiel, Herumtollen, Sich-Zerstreuen?« Am nächsten Tag beobachten wir ein ähnliches Phänomen, doch der Umkreisradius ist erweitert. Die Wolfsjungen haben sich weiter vom Versammlungsort wegbewegt, bevor sie ein wenig verschreckt mit eingezogenem

Schwanz zurückkehren. Von Tag zu Tag beobachten wir, wie der Radius des Vertrautheitskreises erweitert wird. Die kleinen Wölfe werden immer weiter weg geführt.

Zuerst zum Grat, dann zum kleinen Tal dahinter, dann zur Ebene hinter dem Tal. Noch kommt keiner zum Jagen mit, doch sie vergrößern offensichtlich ihr Revier. Sie lernen, sich in der Gruppe zu bewegen.

Eines Nachts nähert sich uns vom Himmel aus ein ohrenbetäubender Lärm. Enorm und getarnt. Das Herz schlägt wie wild (ist es ein Ufo?). Ein paar Meter über uns bleibt es stehen, schwarz wie die Nacht. Es ist ein Tarnkappenhubschrauber. Er spießt uns mit seiner eigenen Wärmebildkamera auf, er macht unsere kleinsten Bewegungen aus, wir sind ohnmächtig, es ist unmöglich, sich zu verstecken, und schlagartig entsteht eine Verbindung mit den Wölfen, die wir einen Augenblick zuvor unsichtbar im Sucher beobachteten. Perspektivistische Umkehrung.

Der Oberst des Militärlagers erklärte uns am darauffolgenden Tag, dass man reglos bleiben muss, wenn man nicht entdeckt werden will. Der Geschwindigkeitsunterschied zwischen uns und der Landschaft macht uns sichtbar für einen Patrouillenhubschrauber.

Eines Nachts schreibe ich: »Faszinierend, wie schnell man mit ihnen zu sprechen beginnt: Kommt, Burschen, raus aus dem Wald, in eine Reihe, ganz ruhig, damit wir euch zählen können.«

»Singt uns etwas vor ...« Das ist eine Erfahrung, die man auch oft beim Fährtensuchen macht. Manche Tätigkeiten verleiten von sich aus, ohne dabei metaphysisch zu werden, in mehr animistische Weltbezüge zu kippen. Der Schäfer, der mit den kilometerweit von ihm entfernten verlorenen Schafen spricht, kommt uns nicht sonderbar vor.

Eines Nachts fegt ein schrecklicher Mistral über die ganze Ebene hinweg. Der beste Punkt zum Aufstellen der Kamera ist mitten im Wind. Die Aufgabe wählt für uns. Wir müssen in der Zugluft und inmitten der Wirbel der Böen eine halbe Nacht lang stehen. Wir kuscheln uns in die Daunenjacken, wir hüllen uns in mehrere Schichten. In der nächsten Nacht kommen wir mit allem zurück, was es braucht, um einen Körper warm und dicht zu machen, von dem jedes einzelne Wärmeatom vom eisigen Wind gestohlen und fortgetragen wird. Wir müssen durchhalten, es gibt Dinge zu sehen und zu dokumentieren. In der freien Natur gibt es kein schlechtes Wetter, es gibt nur schlechte Ausrüstung.

Diese Nacht heulen wir, um die kleinen Wölfe anzuregen, uns zu antworten. Das würde uns schließlich bestätigen, dass es dieses Jahr Fortpflanzung stattgefunden hat, und uns den Versammlungsort genauer bestimmen lassen. Sie antworten und ein paar Augenblicke später geht das Rudel in die Nacht hinaus, in Schlachtordnung, man sieht es in Reih und Glied vorwärtsrücken, großartig. Die Wölfe in Frankreich müssen sich nicht von Schafen ernähren, es gibt genug Wild, und sie sind absolut fähig, es zu jagen. Im Übrigen lässt das Rudel, dem wir hier folgen, trotz der Nähe zu den Herden, die nicht immer gut bewacht sind, oft die Schafe links liegen und dringt in den Wald ein und jagt Rehe oder Wildschweine. Manchmal gehen sie in einer Reihe lässig an der Schafherde vorbei, sie sind an einer anderen, schwierigeren Art Beute interessiert. Und wenn die Herde von Hirtenhunden gut bewacht wird und die Wölfe es mit ihnen schon zu tun bekommen haben, reizt sie das Spiel nicht mehr. Doch manchmal, aus unerfindlichen Gründen, entscheiden sie, auf die Schafe loszugehen.

In dieser Nacht folgen wir ihnen fast drei Stunden lang, sie legen sich zu fünft mit einer Meute von doppelt so schweren Hunden an, die fünfmal zahlreicher als sie ist, und wir beobachten ihren Mut und ihren Zusammenhalt gegenüber den Gegnern. Immer wieder greifen sie die Hunde an, um die schmale Kost zu erlangen, mit der sie den hungrigen Wurf ernähren werden, der am Versammlungsort wartet.

An diesem Abend sehen wir Wildtiere, die ihr Leben kollektiv führen, es konstruieren, die Welt kollektiv gestalten. Wir sehen, wie sie Entscheidungen des Zusammenlebens treffen. Wir sehen sie im Vollbesitz ihrer Existenz und wir spüren eine leichte Trauer für die Tiere, die man gezähmt hat. So sehr gezähmt, dass sie affektiv und konkret von uns abhängig sind wie jene toxischen Liebhaber, die beim anderen Verletzlichkeiten und Abhängigkeiten herstellen, um ihn noch mehr an sich zu binden, und damit aufhören, ihn zu respektieren. Der immer wiederkehrende Satz der Schäfer und Züchter »Diese Schafe sind so blöd!« bekommt einen anderen Klang für uns. So wie ihre leuchtenden Augen, wenn sie vom Wolf sprechen und ständig von seiner geheimnisvollen »Intelligenz« schwärmen.

Man spürt hier, was diese ein wenig abgedroschene Formulierung bedeutet: »die Schönheit der Wildnis«. Man erfährt die Besonderheit dieser Lebensform, die die überzüchteten Hunde oder Schafe nicht mehr besitzen, diese Vollständigkeit, Vollkommenheit, das Für-sich-Sein, ohne uns, fern von uns, unter uns. Eine Lebensform, die in Wirklichkeit der mehrheitliche und spontane Zustand des Lebendigen seit vier Milliarden Jahren ist. Doch dieser Zustand wird von unserer metaphysischen Tradition als Wildheit stigmatisiert, die in ihr das »Gegenteil« der Zivilisation sieht. Er wird vom sonderbaren Mythos entstellt, den man manchmal aus dem Mund von Schäfern hört, dem zufolge »die Natur uns braucht, sonst ist es ein großes Durcheinander«.

Und nun bildet sich eine Treue zum ganzen Rudel aus, zum Rudel als Rudel, das von Gegnern umgeben ist, in einem Militärgebiet, umgeben von Granateneinschlägen, Panzern auf

Manöver, Infanteristen, Schafzüchtern, die mit Gewehr auf dem Beifahrersitz des Pick-ups herumfahren (»Ich habe zwei getötet«, sagt einer mit einer Handbewegung).

»VOR DER NACHT MUSST DU DEINE FACKEL ANZÜNDEN«[116]

Eines Nachts werden wir Zeugen einer wunderbaren Szene. Das Rudel hat den Versammlungsort verlassen, sechs Individuen sind auf souveräner Patrouille auf einem Waldpfad. Sie gelangen zu einem Pass, wo sich die Wege kreuzen. Sechs Pfade laufen in alle Richtungen auseinander. Welchen wählen sie? Das dauert ein paar Sekunden. Wir beobachten eine großartige Szene kollektiver Entscheidungsfindung, wo einen Augenblick lang jeder individuelle Charakter und am Ende die Macht der sozialen Bindung durchschimmert. Sie bleiben alle sechs stehen, in einer Reihe, ein paar lange Sekunden sind sie Herkules am Scheideweg. Der anführende Erwachsene, wahrscheinlich das Vatertier, nimmt den Pfad Richtung Norden. Hinter ihm zögert das Muttertier, schmächtiger als das Männchen (für gewöhnlich führt sie das ganze Rudel an), ein paar Augenblicke, dann folgt sie ihm, aber nachlässig. Ein Jungtier weicht Richtung Westen ab, vielleicht um einen Geruch zu schnüffeln, oder einen kollektiven Richtungswechsel anzustoßen, aber niemand folgt ihm oder scheint es auch bloß zu bemerken. Seine Bahn vollzieht eine Arabeske, die sehr schnell in die Achse des Muttertiers zurückkehrt. Ein ganz Kleiner, der weniger sicher erscheint, folgt gleich dem anführenden Erwachsenen. In der Mitte wartet ein anderer Junger ab, er wägt ab, er bleibt in der Mitte des Stroms, wird von etwas im Osten angezogen. Denn jemand ist aus der Reihe getanzt.

Es gibt einen Dickkopf.

Er ist auch ganz klein. Doch er versucht einen anderen Weg. Er geht ganz nach Osten, selbstsicher, erhobenen Hauptes, ohne aufs Rudel zu achten. Vielleicht nimmt er die zukünftige Richtung des Rudels vorweg oder folgt der Erinnerung an eine vorhergegangene Entscheidung? Alle werden langsamer. Der Schüchterne zögert regungslos, er ist hin- und hergerissen, er hat seinen Bruder oder seine Schwester zu einem Ziel gehen sehen, aber Papa ist da vorne und Mama ist stehen geblieben, um eine Reviermarkierung vorzunehmen. Der Anführer ist auch langsamer geworden und scheint sich einen Augenblick zum Zögernden zurückzuwenden, und dann, seinem Blick folgend, zum Dickköpfigen (doch wenn man die Videoaufzeichnung mehrmals ansieht, ist diese Bewegung nicht sicher, es ist schwierig, sie zu identifizieren, wir sind weit weg, vielleicht ist es eine Projektion im Nachhinein, um diesem stillen Ballett eine narrative Kontinuität zu verleihen). Der Anführer macht nun etwas Sonderbares: Er ändert seine Richtung. Vom Norden aus schwenkt er Richtung Nordosten, er ändert seinen Lauf in eine Richtung, die die zwei Vektoren (den seinen und den des Dickkopfs) verbindet. Und der Dickkopf biegt, mir nichts dir nichts, ebenfalls leicht ab, aber ohne sich zu den anderen umzudrehen, noch immer mit erhobenem Schwanz, als ob er selbst diese Abzweigung gewählt hätte, bis er unschuldig ein paar Hundert Meter weiter auf die Meute trifft. Er schlägt die Kompromissrichtung ein und mit berechneter Geschwindigkeit reiht er sich in die dritte Position hinter dem Alphaweibchen in die Reihe der Wölfe ein. Wir sind zu weit weg, wir haben weder die Laute noch die Körpersprache oder die Mimik gehört oder gesehen. Wir sehen uns das Video zehnmal an. Es scheint, als wäre die Entscheidung vom anführenden Erwachsenen getroffen worden, doch sie wurde durch die Beharrlichkeit des Dickkopfs verändert, verhandelt, schweigsam debattiert. Welche Rätsel spielen sich in fünfzehn Sekunden nächtlichen Lebens ab?

Der Dickkopf, ob Weibchen oder Männchen, hat das Zeug zum zukünftigen Anführer, zumindest zu einem zukünftigen Neugründer einer anderen Dynastie in einem anderen Revier. Ein anderes Jungtier scheint mit Freude zu folgen, das dritte ist wie gelähmt von unterschiedlichen Loyalitäten.

Und für ein paar Augenblicke überraschen wir uns, der hin- und hergerissene junge Wolf, der Zweifler zu sein: Wie er auf dem Bildschirm, in der Kamera zwischen widersprüchlichen Zugehörigkeiten gespannt ist, sind wir zwischen unserer Treue zum Schäfer, zum Schaf, zum Wolf, zum Hund, zum Rudel, zur Umwelt und selbst zum Gras hin- und hergerissen. Doch man muss einen Weg einschlagen und handeln. Die Idee ist, im Dienste der Beziehung zwischen uns zu navigieren. Wenn es einen Weg gibt, der uns hier trotz der in gewissen Hinsichten widersprüchlichen Interessen zusammenzuleben ermöglicht, dann schlagen wir ihn ein, auch wenn er von außen besehen nach endlosen Kompromissen, endlosen Verhandlungen aussieht. Doch das ist das Drama jeder echten Diplomatie, wie Nelson Mandela gezeigt hat, als er versuchte, ein ganzes Land, das gewaltsamste Enteignung und Herrschaft erlebt hat, durch die Gründungsidee seiner Wahrheits- und Versöhnungskommission zu einen: nicht für das eine oder andere Lager arbeiten, sondern im Dienst der Beziehung, zum Wohle der Beziehung, weil man doch zusammenleben muss. Mandela bei den Wölfen – das ist insgeheim das Ideal, das ich vom Projekt CanOvis habe, oder seine Interpretation, die mir am meisten zusagt.

In der darauffolgenden Nacht sehen wir etwas in einem versteckten kleinen Tal, aber nur undeutlich. Wir denken, es handle sich um ein Schaf, das an der Hinterpfote hinkt, den Gang erkennt man durch die Kamera am besten. Wir leiden mit ihm mit, wir blasen durch die Zähne, weil wir den Schmerz in den gebissenen Schenkeln und Hintern fühlen, und plötzlich merken wir, dass es ein Wolf ist, ein Wolf, der von den riesigen

Hunden, die schwerer und kräftiger als die Wölfe sind, gebissen und verletzt wurde. Die Hunde haben sie daran gehindert, an die einfache Nahrung heranzukommen, mit der sie den Wurf Welpen ernähren könnten, der ungeduldig im Unterschlupf wartet.

Die Kamera als nächtliches Auge, als Eulenauge, verlangt von uns, in der Ungewissheit aufzublühen. Kein sich bewegendes Lebewesen ist auf große Entfernung auf einen Blick mit Sicherheit zu identifizieren. Man muss seine Bewegungsart, seinen Gang, seinen tollpatschigen oder eleganten Stil interpretieren, und selbst dann muss man es hinnehmen, gleichzeitig zwei unterschiedliche Lebewesen zu lesen.

Um 2 Uhr am Morgen kämpfen die Augen gegen den Schlaf, die Finger sind klamm: Genervt von einer Stunde völliger Stille in der wüsten Landschaft, mache ich die Silhouette eines Kaninen aus, der zur Herde zu gehen scheint. Wer ist es? Ein herumziehender Hund, der zurückkehrt? Ein junger Wolf auf Erforschungstour? Der Blick brennt vor lauter Nicht-Blinzeln, sticht vor Adrenalin, doch der Verstand muss dabei bleiben, dass es *zugleich* Hund und Wolf sein kann, das, was dazwischen ist. Wenn sie sich der Herde nähern, haben Hund und Wolf sehr ähnliche Bewegungsmuster. Ersterer ist grauer, aber im Feuer des Gefechts ist diese Nuance nur schlecht auszumachen. Die zwei verfeindeten Brüder ähneln sich, und doch muss man gerade sie unterscheiden. In der Kamera sind alle entfernten Tiere wie Schrödingers Katze, gleichzeitig in zwei unterschiedlichen Existenzzuständen, im selben Moment zwei unterschiedliche Spezies. Sie sind Mischwesen, die der Verstand zähmen muss, um keine Deutungsfehler zu begehen. Wenn das hundeartige Mischwesen auf die Herde losstürmt, versucht man seine Identität im Spiegel des Verhaltens der Schafe zu lesen. Aber selbst das ist nicht offensichtlich, denn manchmal scheint es, dass die Schafe *Hund und Wolf verwechseln*. Hier machen die

Schafe keinen Muckser, als der Hundeartige auftaucht, und sein Schwanz erhebt sich im Halbkreis, er begrüßt einen Pyrenäenberghund: Die Spannung fällt in sich zusammen, es ist ein Hund, der von der Patrouille zurückkommt.

Die geistige Übung, die die Situation verlangt, läuft darauf hinaus, auf mehreren Landkarten zu leben, gleichzeitig zwei oder drei einander widersprechende Interpretationen der Situation zusammenzuhalten, aus der unterschiedliche Dinge folgen, Bündel an übereinstimmenden oder widersprüchlichen Indizien über die Natur dessen, was vor sich geht, über die Identität *desselben* Wesens.

Doch die anderen Lebewesen leben auch auf mehreren Landkarten, ihre Treue ist mannigfaltig, und Hunde und Wölfe können ebenso manchmal miteinander spielen, einander den Hof machen, wie sie bis zum Tod miteinander kämpfen können. Sie können sich auch genau den reduktionistischsten Vorhersagen des Naturalismus gemäß verhalten, wie sie in anderen Momenten geistvoll und unfasslich sein können, wie der Animismus es so heiter behauptet.

DIE VERBORGENE SEITE DER NACHT

Und dann kommt natürlich diese eine, die letzte Nacht, in der sich alles verknüpfte, als ob es wirklich eine Geschichte wäre, so wie das Leben sich manchmal wie eine Fabel gliedert, aber ohne Moral, eine unentscheidbare Fabel, also eher ein Kunstwerk, buchstäblich, das heißt etwas, das in dir paradoxe, kraftvolle, unerschöpfliche, unermessliche, unversöhnliche Gefühls- und Bedeutungswellen erzeugt.

Wir haben uns mitten auf der Hochebene aufgepflanzt, die Nacht scheint ruhig. Eine Bewegung in der Herde im Norden zieht unsere Aufmerksamkeit auf sich, dort beginnt sich etwas zu regen, Hunderte Schafe laufen wie Schwärme von Staren in alle Richtungen, vereinigen und trennen sich wieder, man hört panisches Blöken, Hundebellen dort hinten, unter dem Grand Margès. Ein Angriff. Wir richten die Kamera auf diese Myriaden von Glühwürmchen, wir verfolgen ungeschickt den höllischen Fischschwarm, zu dem die Herde geworden ist. Und in der Ungewissheit, wo alles ineinanderfließt, verwechseln wir Schafe und Wölfe, Wölfe und Hunde, ein Hund wird von einem Wolf verfolgt, der von einem Hund verfolgt wird – oder umgekehrt? Die Angreifer werden zu Verteidigern, Fliehende, die sich umdrehen und attackieren, sie wechseln die Rollen in dieser Zeit der Metamorphose auf der Hügelflanke des Südhangs von Bourjac. An die Wärmebildkamera geheftet sind wir wie kleine panoptische und einarmige Götter, die gebannt von der Bühne im Lärm der früheren Kinos baden, den die hypertechnologische Wärmebildkamera produziert, ein Lärm von sich drehenden Spulen auf einem alten Projektor, und die Bilder ziehen in Schwarz und Weiß an uns vorbei wie ein Film von Eisenstein mit seinen Tausenden Kriegsstatisten in chaotischen und undurchsichtigen Kämpfen, wo niemand Freund und Feind unterscheiden kann.

Hunde, Wölfe, Schafe, die Formen verschwimmen in einem Metamorphose-Dialog: du bist mein Ahne, gegen den ich kämpfe; du bist meine ehemalige Beute, die ich mit meinem Leben verteidige; ich bin dein Nachkomme, der mit dir manchmal spielt, und ich töte dich, wenn du dich meinen Schützlingen näherst, die *gestern noch* meine Beute waren; ich bin dein Urahn, der dich begehrt und dich betrügt.

Das heißt, wenn man die Dinge mit einem ebenso sonderbaren Gerät wie mit der Wärmebildkamera betrachtet, mit einer philosophischen Kamera, die all das im Maßstab der Evolutionszeiten sähe: Ich bin du, den ich töte, du bist ich, den ich schütze, ich ist ein anderer.

Diese Bilder erinnern an die alte Wahrheit, die jene nicht hören wollen, die nur sie selbst sind, und die sich sicher sind, was ihnen zusteht, nämlich die alte Wahrheit der Kontingenz der besonderen Formen. Schopenhauer erklärt auf berühmten Seiten, dass das, was man heute Empathie nennen würde, im Sinn eines moralischen Gefühls, dessen Grundlage ethologisch ist (auf Deutsch *Mitleid*), im Gefühlsstrom nur unter der Bedingung erscheinen kann, die er das »Durchschauen des *principii individuationis*«[117] nennt. Damit ein Einwanderer mich rührt, damit sein Schicksal mich erschüttert, muss ich denken, dass die Tatsache, dass er er ist und ich ich bin, kontingent ist, dass ich auch er sein könnte und er ich, dass unsere Unterschiede glückliche oder unglückliche Zufälle und nicht Notwendigkeiten sind, die mit dem Schicksal, der Erwählung, dem Verdienst oder dem Wert zu tun haben. Diese Erfahrung gibt paradoxerweise die Technik der Kamera hier wieder. Die Schwierigkeit, die Tiere auf den ersten Blick zu identifizieren, die Arbeit des Geist-Auges zu unterscheiden, wer wem hinterherläuft, verleiht Zugang zu jener philosophischen Wahrheit der Kontingenz der besonderen Formen. Sie schlägt eine Bresche dafür, diesen Lebewesen ihre lange Geschichte zurückzugeben. Sie erinnert uns daran, dass sie in ihrem Ursprung im Evolutionsprozess nicht voneinander zu unterscheiden sind und dass sie in der Gegenwart in der ökologischen Beziehung miteinander verwoben sind. Die Evolution von Millionen Jahren wird in diesen Bildern durch die schiere Ungewissheit sichtbar gemacht: Ursprünglich hatten Wölfe, Hunde und Schafe einen gemeinsamen Vorfahren. Und dieser Vorfahre hat durch aufeinanderfolgende Generationen, die jede ununterscheidbar von der vorhergehenden war, Abstammungsreihen von Brüdern hervorgebracht, von denen die eine davon lebt, die andere zu fressen, und die andere ihre Anmut, ihre Lebendigkeit und die Gesundheit ihrer Populationen teilweise dadurch erhalten hat, dass sie von ihrem Bruder gefressen wird. Welcher Moralist besitzt die allgemeinen Prinzipien, um hier das Korn von der Spreu zu trennen?

In jener Nacht fühlen wir, dass das Schlimmste für die Schafe vielleicht die nächtliche Panik ist, gejagt, gehetzt zu werden, der Schmerz der Bisse, das Gefühl der Ohnmacht, das Unverständnis. Wir überraschen uns dabei, dass wir die Wölfe auf der Kamera beschimpfen und die Hunde anfeuern. Das Paradox ist jedoch, dass die Menschen großteils für diese Panik verantwortlich sind. Das Schaf stammt von einem wilden Mufflon ab, der es sehr wohl verstand, sich zu verteidigen, zu flüchten, sich zu organisieren. Er entkam den Wolfsattacken fast neun von zehn Malen. Doch die Zuchtwahl hat über Jahrtausende hinweg den scheuen Mufflon verkindlicht, um ein gefügiges Schaf aus ihm zu machen, das heißt, dass das erwachsene Schaf gegenüber der Gefahr im Gefühlszustand und in der Machtlosigkeit eines Jungtiers steckt. Das ist ein klassisches Phänomen der Domestizierung, die den Zähmenden erlaubt, die Entwicklungsmöglichkeit einzusetzen, die von der Evolution erfunden wurde, die man Neotenisierung nennt (sie besteht darin, die Reifung von Individuen zu verzögern), damit nur die beeindruckbarsten, manövrierbarsten, formbarsten und manipulierbarsten Exemplare im Viehbestand bleiben.

Daher stammt das Gefühl, verantwortlich dafür zu sein, das Schaf zu beschützen und den Wolf zu töten. Doch der Historiker Michael D. Wise erinnert uns daran, dass diese Geschichte vom Hirten, der vor dem Raubtier schützt, auch eine Fiktion ist, die man erzählt, um die eigene räuberische Dimension der Zucht zu verdecken. Der Topos des Hirten, der die Herde gegen die blutrünstigen Raubtiere verteidigt, hat dazu gedient, das Bild vom Hirtenwesen zu prägen, das die Schwachen (die eben durch die Weidewirtschaft selbst so geworden sind) gegen eine wilde Natur schützt, und dazu, die räuberische Natur der Weidewirtschaft hinter dem Bild des Schützenden zu verstecken. In *Producing Predators* analysiert Wise eindrücklich die Geschichte der Ranchers von Montana und wie sie die Vorstellung der Zucht als »Produktion« von Fleisch[118] geprägt haben. Er zeigt, dass im amerikanischen Kontext der »Produzent« von Rindfleisch ein Räuber ist, der sich selbst als jemanden darstellen muss, der von anderen »Raubtieren« (Wölfen, Bären, Indianern) belagert wird und seine unschuldigen Tiere (das heißt seine Beute) beschützen muss, um die räuberische Ambivalenz seiner eigenen Tätigkeit zu verwischen und sie als produktiv und nicht destruktiv darstellen zu können. Hier gibt es keine kapitalistischen Ranchers, aber die Schlussfolgerung ist die gleiche: Es lässt sich schwer rechtfertigen, die Wölfe ausrotten zu wollen, um hilflose Schafe zu schützen, weil unser Erbe sie zu solchen gemacht hat. Man kann nicht mehr unschuldig »das arme Schaf« sagen.

Wir werden es nicht entscheiden. Es ist Nacht in der Steppe, wir sind unter den Lebewesen, nein, ins Leben, ineinander ins Leben der anderen getaucht. Die moralischen Gewissheiten sind dem hellen Tag der Kirchen und Ministerkabinette vorbehalten.

Am nächsten Morgen begutachten die Projektleiter, die beim Entschlüsseln der Bilder erfahrener sind als wir, die in der Nacht aufgenommenen Videos. Es sind ein paar Zeitausschnitte, die sicher weniger komplett sind als das, was wir gesehen haben, und sie sind nicht immer gut von uns gefilmt. Aber den Experten zufolge war an dieser Sache nur ein einziger Wolf beteiligt, der spät auf die Herde losgegangen ist. Die Aufregung bleibt rätselhaft. Diese Videos werden nicht fürs wissenschaftliche Projekt verwertet werden können, sie sind Grenzerfahrungen eines Diplomatisch-Werdens.

Das hier propagierte philosophische Gefühl ist ein Unbehagen und dieses Unbehagen ist zu einem Rätsel geworden. Aus der Formulierung des Rätsels taucht der Begriff der Diplomatie auf, den wir nun untersuchen werden. Das Gefühl ist die Mehrdeutigkeit unseres eigenen Metamorph-Seins. Das Wiedererkennen der auf ihren runden Bauch achtenden Schäferin im trächtigen Schaf; das Sich-Wiedererkennen im Rudel im Moment, als es diszipliniert, im Zusammenhalt, in Kommandoformation vor unseren Augen den Weg heraufkommt; wenn wir in der Wärmekamera die kleinen Wölfe die ganze Nacht spielen sehen, sind wir gerührt, dann kommen wir am nächsten Morgen zur Herde, sehen die Hundewelpen mit denselben Gebärden und Liebeseinladungen spielen, wir streicheln sie und wie durch *Übertragung* rollen wir mit ihnen im Gras. Kontingenz der besonderen Formen, undeutliche Vermischungen.

Wir sind mit all den auf der Hochebene anwesenden Lebewesen verwoben, einer mit dem anderen verbunden, sodass wir mit ihnen wachsen und leiden, wie mit Heftklammern aneinandergeheftet. Wir sind durch die große diplomatische Spinne im selben Netz miteinander verwoben, jeder mit jedem, mit Zugehörigkeiten und Verbindungen, sodass am Ende niemand, weder Wolf, Schaf noch Wiese, sich im Netz der Zusammenhänge in der Ferne bewegen kann, ohne dass unser Herz mitschlägt.

AUF DIE ANDERE SEITE WECHSELN

Aber wir sind auch deshalb Mischwesen, weil wir halb Wolfswissenschaftler, halb Schäfergehilfen sind. Hätten wir in jener Nacht reagieren sollen, zur Herde gehen, um den Wolfsangriff zu beenden? Manchmal, in den Fällen, wo die Herde zugänglich war und der Druck unerträglich, haben einige von uns eingegriffen und die Wölfe zurückgedrängt. In dieser Nacht war es zu dunkel, die Herde zu weit entfernt, unzugänglich, wir sind nicht hingegangen. Mit Schuldgefühlen danach. Wir haben immer Schuldgefühle gegenüber allen, immer das Gefühl, nicht die richtige Entscheidung getroffen zu haben, denn es gibt schlicht und einfach keine richtige Entscheidung – und das ist im Gegenteil das Zeichen dafür, dass wir bei der Arbeit sind.

Wie kann man in diesem Chaos den Kurs beibehalten? In der Schifffahrt gibt es die Praxis der *negativen Navigation*, sie ist durchaus dienlich, um sich in der Existenz zu orientieren. Man praktiziert sie, wenn man nicht weiß, wo man ist, und es nicht wissen kann. Wesentlich ist dann, zu wissen, wo auf der Karte man sicher *nicht* sein darf, und dann auf dem Papier geflissentlich zu bestimmen, was man um diese Orte des Todes beobachten müsste. Welche Anhaltspunkte, Leuchttürme, Küsten, Genuesertürme, Klippen, Archipele würde man sehen, *wenn man da wäre*, wo man nicht sein darf, will man nicht auf Riffe auflaufen, beschossen, von der Flut mitgerissen werden oder in Untiefen geraten. Danach besteht das Wesentliche darin, sich von jenen Anhaltspunkten fernzuhalten. Navigieren bedeutet dann, sie nicht zu sehen, und jedes Mal, wenn sie ins Blickfeld kommen, zu reagieren, um sie aus dem Blickfeld zu bekommen. Gutes Navigieren besteht dann darin, systematisch alle Anhaltspunkte zu verlieren. Das ist eine beunruhigende Kunst. Navigieren, indem man sich jedes Mal vom einzigen identifizierbaren und bekannten Punkt entfernt. Das Unbekannte zum Kompass nehmen, die Abwesenheit sichtbarer Anhaltspunkte zum Zeichen dafür, dass man richtig liegt, weil jeder bekannte Anhaltspunkt das Zeichen ist, dass man falsch liegt. Beruhigt sein, seines Wegs sicher, seiner Richtung nur sicher sein, wenn man das Unbekannte erreicht. Das ist die Kunst, sich in den weißen Flecken der Karte, in den unerforschten Zonen zu halten. Die Ungewissheit wird zur Sicherheit und zum Ziel, auf das wir zusteuern.

Nun, in der wirklichen Diplomatie, der Diplomatie der Interdependenzen, die im Dienste der Beziehungen steht und nicht im Dienste eines der Mitglieder der Beziehung gegen den anderen, ist die negative Navigation eine wichtige Kunst, eine Alltagskunst. Der Kompass zeigt klar die Richtung an: der zu vermeidende Anhaltspunkt, von dem man sich immer entfernen muss, um aufs offene Meer der Ungewissheit zu gelangen, ist der sichere Hafen, die Seelenruhe, das Gefühl der moralischen Reinheit. Die Gefahr ist das Gefühl, im Dienste der ausschließlichen Gerechten Sache zu sein (für die unschuldigen Wölfe gegen die betrügerischen Schafzüchter), im Dienste der Heiligen Wut (gegen das diebische, sadistische Raubtier), im Dienste der Offenbarten Wahrheit. Die Gefahr ist die Überzeugung, zu den Guten, den Gerechten und den Unschuldigen zu gehören und gegen die Bösen, die Dummen und die Verbrecher zu sein, zu den Edlen Wilden gegen die schändlichen Menschen zu gehören, oder zur Zivilisation gegen die Wildnis.

Jedes Gefühl, *Gewissheit zu haben*, im Recht zu sein, muss verbannt sein, sonst wird man der Beziehung selbst nicht gerecht, das heißt all jenen, die in ihr sind, die in den Tausenden Maschen des Beziehungsgewebes verheddert sind, die vom Konflikt bis zur Sorge, von der Nutzung bis zur Liebe reichen, nur dass man ein und dasselbe Gebiet teilt, in dem das Habitat des einen das Gewebe aus allen anderen ist.

Man muss es akzeptieren, ganz und gar metamorph zu sein, ein Mischwesen ganz und gar, bis zur Moral selbst, Schafsherz und Wolfsschnauze, und ohne Krokodilstränen!

DER MORGEN AUF DER ANDEREN SEITE

Rückkehr nach Canjuers, nach einer langen Nacht, jener sehr intensiven Nacht des Angriffs, als wir mit den Schafen mitgezittert haben, die Wölfe beschimpft, die Hunde zum Kampf angefeuert, mit den gebissenen Tieren mitgelitten (keines ist tot aufgefunden worden) und Angst um den von fünf Hunden geplagten jungen Wolf gehabt haben. Nach diesem Erlebnis hat eine von uns geschlafen und geträumt.

Am Morgen sagt sie, sie habe »wie unter Morphin« geschlafen, wie überwältigt vom chemischen Cocktail aller an einem Abend erlebten Emotionen der Welt. Sie erzählt, dass sie geträumt habe, sie habe hier, unter freiem Himmel geschlafen, mitten am Grand Plan, unter dem riesigen Himmel, umgeben von der Steppe, auf der Grasebene, genau da, wo wir tatsächlich geschlafen haben.

Doch in ihrem Traum ist sie von etwas aufgeweckt worden. Sie hat sich in ihrer Decke aufgerichtet, mit diesem Panorama um sich herum, das man genau von diesem Punkt der Hochebene sieht, der uns ermöglicht, mit der Kamera all das zu beobachten, was am Horizontkreis vor sich geht.

Und sie hat sie gesehen. Alle Tiere der Welt (dessen war sie sich sicher). Sie liefen da in dieser Savannen-Garrigue-Steppe der Provence. Es gab Elefanten, Elche, Giraffen, Bären, Paviane und Impalas, Rentiere, Wapitis, Rehe und Schafe. Und sie wurden von Wölfen verfolgt, die knapp über dem Boden flogen, wie sie es in der Nachtbildkamera zu tun scheinen, wie Winde oder Bäche ohne Hindernisse, mit jener ruhigen Wildheit, die sie im Moment des Jagens kennzeichnet. Aber es war weder ein Albtraum noch eine drückende Stimmung. Denn gleichzeitig waren diese Wölfe Hunde, die die Tiere zu einem geheimen Ort führten, an dem sie in Sicherheit wären.

Der Traum ist manchmal eine nächtliche Kunst, die die emotionale Reise der Tagesereignisse zu glätten versteht. Er verdaut sie. Hier ist es, als hätte er die Ambiguität der Kaniden verarbeitet, die ununterscheidbar, gleichzeitig *canis* und *lupus* sind, mit derselben Kraft laufen, mit demselben Mut angreifen, sich mit demselben Kampfgeist in die Schlacht werfen.

Im Neolithikum haben wir eine neue Lebensform erfunden. Während der vorhergegangenen zwei Millionen Jahre lebten wir wie die Wölfe davon zu suchen und zu jagen. Mit der Domestizierung bedeutete Leben nicht mehr Suchen, sondern Behalten, Bewachen, wie die Hunde, die gefüttert werden, um die Schafe zu bewachen. Bewachen, was man sich vorher angeeignet hat.

Der Kampf in dieser Nacht zwischen den Hunden und den Wölfen hat diese philosophische Kraft, weil er zwei Gesichter des Menschen in Szene setzt, den Konflikt der Lebensformen schlechthin, der Lebensform der Jäger und Sammler gegen die Züchter und Zähmer, der in der Geschichte der menschlichen Völker überall durchgespielt wurde, im Neolithikum gegen die letzten nomadischen Völker, an der Grenze im Westen zwischen den Blackfeet-Indianern und den kapitalistischen Ranchers, zwischen Massai und Hadzas im subsaharischen Afrika. Die Hunde bewachen und die Wölfe versuchen zu nehmen: zwei Lebensformen, die wir durchgemacht haben, die man täglich reaktiviert, von einer zur anderen gehend. Zwei Lebensformen, die bereits im Lebendigen existieren, mit den kornsuchenden Vögeln und den fliegenden Jägern, den Ameisen, die erkunden, und denen, die domestizierte Pilze beschützen. Diese Zwiespältigkeit haben wir als Erbteil erhalten – zwischen Hund und Wolf. Und das Schaf ist auch da, irgendwo in unserem inneren Tiergehege. Wir sind auch gejagt worden. Nichts von dem, was lebendig ist, ist mir fremd.

Jeder trägt in sich das ganze Los des Lebendigen.

POLITISCHE PHILOSOPHIE DER NACHT

»WENN DIE NACHT SCHWARZ WIRD, MACH DICH NOCH SCHWÄRZER«[119]

Man kann sich nun genauer damit beschäftigen, wie diese Feldversuche die Praxis der Philosophie beeinflussen. Es handelt sich um ein Feld in einem ganz besonderen Sinn, nicht im Sinne der methodologischen und epistemologischen Normen der Sozialwissenschaften, sondern um ein philosophisches Feld oder Gelände. In den Sozialwissenschaften ist das Feld genau das, was eine empirische Beschreibung und Klärung durch theoretische Werkzeuge verlangt (es ist gleichzeitig das zu beschreibende Material und die Praxis, die die empirischen Elemente für die Beschreibung sammelt). Die philosophische Tätigkeit hat nun aber nicht in erster Linie diesen beschreibenden Anspruch, selbst wenn sie dazu beitragen kann. Das Verhältnis der traditionellen Sozialwissenschaften zum Feld wird in der Philosophie ausgesetzt. Die Frage lautet dann, wozu es dient. Was macht das Feld mit der Philosophie, das heißt, was macht es mit der philosophischen Tätigkeit in ihrer Besonderheit? Ich greife hier den Deleuze'schen Zugang auf, dem zufolge die philosophische Tätigkeit schlechthin darauf hinausläuft, *Begriffe zu schaffen*. Die Frage lautet dann: Was bewirkt, »vor Ort«, »im Gelände«, »im Feld« zu sein – und nicht unbedingt »ein Feld zu haben« – für die Begriffsschöpfung? Ich habe hier bisher dargelegt, wie das Eintauchen in Praktiken im Feld zu einer Reihe von Erfahrungen beigetragen hat, die man »philosophisch« nennen könnte (nicht mehr und nicht weniger als das Leben, das nicht um seine Rätsel und Ambivalenzen gebracht wird, das jedem zugänglich ist). Diese Erfahrungen sind entscheidend, insofern sie zur Schaffung des Begriffs der *Diplo-*

matie der interspezifischen Interdependenzen[120] führt. Mit ihm möchte ich mich nun beschäftigen.

Ich betrachte vom Feld jetzt nur den Affekt, der durch die empathische Zirkulation zwischen allen Lagern entsteht, ausgehend von dem die Formulierung des Begriffs vernetzt wird. Dieser Affekt ist das Symptom einer originellen Position im Raum der Beziehungen.

Aus der Erfahrung ergibt sich, dass nämlich der beste Kompass, um die diplomatische Position zu finden, in uns selbst liegt. Es stellt sich ein leichtes moralisches Unwohlsein gegenüber jeder Kriegspartei des Gebiets ein, weil man für die Beziehung arbeitet: für die dauerhafte Beziehung zwischen ihnen, im Interesse der Beziehung, während jeder von ihnen – was normal ist – oft für seinen Eigennutz arbeitet und zum Schaden der anderen, wenn die Beziehung vordergründig konflikthaft ist.

CanOvis bewirkt somit eine unterschwellige Grenzerfahrung. Wir fahren in großen Geländewagen, mit Männern, die von der Anforderung nächtlichen Wachens im Gelände abgehärtet sind, über eine gleichsam militärische Organisation verfügen und gegenüber den Wölfen Spionagetaktiken anwenden, in halsbrecherischem Tempo auf Wegen, die von Granateinschlägen durchlöchert sind, um Bilder vom Rudel und seinen Interaktionen mit der Herde einzufangen. Und doch hat diese Erfahrung nicht die Gefühlsfärbung der Aktion, des Abenteuers, des Konflikts oder einer männlichen Kraftprobe, sondern sie ist vom moralischen Unwohlsein durch vielfache und widersprüchliche Empathien gekennzeichnet. Ich erinnere mich deutlich an die Tonalität, die die Rede des Einsatzleiters mit zerfurchtem Gesicht bestimmte, der sich verpflichtet fühlte, noch ein Glas mit den befreundeten Schäfern trinken zu gehen, und dann noch einmal eine Runde zu den Hunden zu machen. Das ganze »Übel der Welt«, das heißt alle Akteure des Konflikts *taten ihm leid*. Im Gelände sagte er von einer Minute zur anderen: Das Schaf, das ganz alleine in dieser Nacht ist, tut mir leid; der Wolf, den man abschießen wird, tut mir leid; das Lamm, das dieser Dreckswolf angreifen wird, tut mir leid; der Wachhund, der verletzt worden ist, tut mir leid; der Hirte, der diese Nacht wieder nicht schlafen wird, tut mir leid; die kleinen Wölfe, die niemanden haben, um sie zu säugen, tun mir leid. Diese kleine Wiese, die bis auf die Knochen von einer zu intensiven Weidewirtschaft abgenagt wird und sich nicht davon erholen wird, tut mir leid.

»Leidtun«, »mitfühlen« oder »sich schlecht fühlen« sind recht vage Formulierungen, um die Ambivalenz des Gefühls wiederzugeben. Im Spanischen gibt es eine unübersetzbare Formulierung, die die Gefühlsnuance besser wiedergibt: »*lo siento*«, wörtlich »ich fühle es«, »ich fühle mit«. Man sagt das zu jemandem, der ein Drama erlebt hat, gegen das man nichts tun kann: »Es tut mir leid.«

Man ist dann in einer tatsächlichen diplomatischen Position, wenn man sich innerlich, moralisch ein wenig als Verräter gegenüber allen fühlt. Der klarste Weg ist die Unruhe.[121] Auf ihm fehlt die Bequemlichkeit des Purismus, der sein Lager gegen dieses oder jenes System, gegen diese oder jene Ideologie gewählt hat. Man muss sonderbarerweise freiwillig das leichte, aber latente Gefühl hegen, alle zu verraten, weil man nicht ein Lager *gegen* ein anderes wählt. Man muss sich entschlossen für die Ambivalenz entscheiden, in der Ungewissheit bleiben, in der Pluralität widersprüchlicher Gesichtspunkte, um gesündere und akzeptablere Lösungen zu suchen, die im Dienst der Beziehungen von Interdependenzen stehen.

Dieses Gefühl des moralischen Unwohlseins ist meiner Ansicht nach das Symptom einer besonderen philosophischen und politischen Position, der Diplomatie im echten Sinne, als *Diplo-*

matie der Interdependenzen. Und hier besonders einer interspezifischen Diplomatie. »Sich schlecht fühlen« bildet den sonderbaren inneren Kompass, der einem anzeigt, dass man hier und jetzt Diplomat ist.[122] Man hat nicht genug bemerkt, dass die ethischen Begabungen die faszinierende Eigenschaft haben, dass es bereits genügt, ehrlich darunter zu leiden, sie nicht zu haben, um sie *bereits* ein wenig zu haben. Dieser Punkt ist unscheinbar, aber weitreichend. Es genügt, ernsthaft daran zu leiden, nicht großzügig oder mitfühlend mit jemandem gewesen zu sein, der es gebraucht hätte, um bereits ein wenig mitfühlend und großzügig zu sein. Während es hingegen nicht genügt, daran zu leiden, nicht Geige spielen zu können, um eine Suite von Bach spielen zu können.[123]

HÜTER DER INTERDEPENDENZEN

Wir können nun genauer fassen, was die diplomatische Position abdeckt, diese sonderbare Position am Kreuzungspunkt der Interdependenzen. In der historischen Figur des Diplomaten findet man bereits eine ähnliche Haltung, nämlich die, seine Mandanten daran zu erinnern, dass sie keine Alleingänge machen können, dass sie nicht ohne ihr Außen existieren. Der historische Diplomat zwischen Nationen in seiner *traditionellen* Form ist aber nicht das richtige Modell, denn er beschränkt seine diplomatische Praxis oft darauf, den Krieg mit anderen Mitteln fortzusetzen und im Dienste seines eigenen Lagers zu agieren. Der hier porträtierte Diplomat »der Beziehung« ist wesentlich anders, weil seine Position im Dienst der Interdependenzen steht.

Die Figur des Diplomaten ist ein Vermittler, ein interspezifischer Übersetzer, ein *Go-between.* Letzterer ist kein höherstehender Weiser, der besser als die anderen weiß, worin ihre

Interessen liegen. Keine Rückkehr zum Patriarchen, zum salomonischen Urteil. Im Gegenteil, er erkennt die kollektive Intelligenz an, die Intelligenz der Akteure, er erkennt an, dass sie wissen, was sie tun, und dass sie die Kraftlinien der Praxis und des Lebens kennen. Er befindet sich auf der gleichen Ebene wie die Lebewesen. Doch seine Sonderbarkeit liegt in seiner Position, dazwischenzuliegen: Sie ist »positional-relational«.[124] Das heißt, sie ist mit seiner kontextuellen *Position* in einem Feld von *Relationen* verbunden. Er weiß zwar, dass es den Akteuren, den Wölfen, Schafen, Hirten und Ökos nicht an Intelligenz mangelt, aber er erkennt die positionale Dimension der Vorstellung, die sie sich von ihren eigenen Interessen machen. Jedes Lager neigt spontan dazu, seine am wenigsten offensichtlichen Interdependenzen zu den anderen Lagern zu vernachlässigen und von sich selbst zu glauben, außerhalb der Interdependenzen zu stehen. Wenn die Schäfer die Hüter der Schafe sind, dann ist der Diplomat der Hüter der Interdependenzen, und das nimmt seine ontologische Aufmerksamkeit in Beschlag.

Deshalb kann er vermittelnd eingreifen, um den unterschiedlichen Lagern in Erinnerung zu rufen, dass sie dabei sind, ihre Untrennbarkeit von den anderen zu vergessen. Er kann Lösungen basteln, mit der Situation umgehen, damit diese Interdependenzen in ihrer ganzen Klarheit allen vor Augen stehen oder respektiert werden, auch wenn sie den kurzfristigen Interessen jeden Lagers entgegenstehen.

Es gibt mehrere Initiativen, in Frankreich namentlich Pastoraloup,[125] die den Sympathisanten des Wolfs ermöglichen, den Schäfern zu helfen, die Herden zu schützen. Was mich an diesen Erfahrungen fasziniert hat, ist, dass ich gehört habe, wie mehrere Leute mit der Überzeugung von der Unschuld des Wolfs und der Schuldigkeit der Weidewirtschaft aufgebrochen und verändert wieder zurückgekommen sind: immer noch von den Wölfen begeistert, aber viel perplexer, unruhiger, weniger eindeutig in der Verteilung von Schuld und in der Verteidigung des Lagers der Wildnis gegen das Lager der »Ausbeutung« durch die Weidewirtschaft. Vertraut mit den Schafen, Züchtern, Hirtenhunden, gewissen Landschaften, gewissen Praktiken, mit der außerordentlichen Beziehung zwischen dem Schäfer und seinem Leithund wollen sie nun das ganze Spinnennetz verteidigen, in seiner inneren Widersprüchlichkeit.

Eine Einrichtung wie Pastoraloup drängt sie als Verteidiger des Wolfs also dazu, den Schäfern zu helfen, und sie kehren diplomatischer zurück, in dem Sinne, dass sie die Komplexität der Vorgänge vor Ort akzeptieren und den Vorteil für beide Kriegsparteien suchen. Und dennoch verteidigen sie nicht weniger die Wölfe und kritisieren die absurde Abschusspolitik, aber ihr Engagement ist gereift, tiefer, perspektivischer. Ihre Kritik hat sich geklärt: Die Feinde sind lebendiger gezeichnet, genauer umrissen, das Engagement wird flüssiger, da die Gegner nicht mehr anonym sind, sie haben sich aus einem abstrakten System befreit (die »ausbeuterischen Landwirte« im Allgemeinen, die »schädlichen Menschen« im Allgemeinen). Die Energie zur Veränderung kann nun auf präzise öffentliche politische Maßnahmen gerichtet werden. Sie kann zum Beispiel den Übergang vom Paradigma des Schutzes der Herden durch Abschreckungsschüsse zum unrechtmäßigen Modell der Eindämmung der Wolfspopulation durch Entnahmeabschüsse kritisieren, wie er in den nationalen Plänen zwischen 2007 und 2018 stattgefunden hat. Sie kann die massenweise Tötung von Wölfen als Notbehelf anstatt der Einrichtung einer ernsthaften Politik der Unterstützung des Herdenschutzes und der Aufwertung derer, die sie leisten, kritisieren. Sie kann sich auf die Gesetzestexte konzentrieren, die man bekämpfen kann, auf die lokalen kulturellen Haltungen.

Der Kampf verknüpft sich neuerlich mit den größeren Aufgaben, zum Beispiel, wenn man versteht, dass die Krise dieser Beziehung zwischen Wolf und Weidewirtschaft in Europa großteils aus der wirtschaftlich geschädigten Situation der französischen Schafweidewirtschaft stammt, die mit ökonomischen Logiken verbunden ist (die Entwertung des französischen Fleisches, die Ergebnis der Gemeinsamen Agrarpolitik der EU und der Globalisierung des Schaffleischmarktes ist).

Die Idee der Diplomatie der Interdependenzen ist schwer theoretisch zu fassen, weil wir Erben einer Tradition sind, die Moral und Politik als Hierarchisierung von Beziehungen zwischen säuberlich getrennten *ursprünglichen Gliedern* auffasst, die im Konflikt miteinander stehen, mit einem Opfer und einem Schuldigen (ich und mein Nächster, Abel und Kain). Doch in einer Welt, in der die Beziehungen ursprünglich sind und realer als die voneinander getrennten Wesen, und in der Leben darin besteht, in Beziehung zu stehen und aus Beziehungen zu bestehen, ist dieser Zugang von tragischer Nutzlosigkeit.

Teilweise sind wir auch aufgrund dieser Denkgewohnheit versucht zu glauben, dass der empathische Umgang mit allen Gesichtspunkten entpolitisiert, weil es unmöglich würde, *ein Lager zu wählen*. Das ist in Wirklichkeit eine sehr armselige Auffassung von Politik (sie grenzt an Chauvinismus). Meines Erachtens findet das Gegenteil statt: Das moralische Unwohlsein entpolitisiert nicht diejenigen, die sich darauf einlassen, sondern es politisiert sie besser. Sobald man mit den unterschiedlichen Gesichtspunkten umgegangen ist, spürt man, dass manche nicht die Legitimität haben, die sie für sich beanspruchen. Man sieht, wie sich präzise Achsen der Mobilisierung als pertinente Handlungsdispositive abzeichnen, und wie die großen moralischen Verdammungen nutzlos sind, die das tägliche Los der Computerbildschirm-Aktivisten sind. Die diplomatischen Dispositive politisieren in dem Sinne, als sie jene, die sie anwenden, wie wir später sehen werden, von der Perspektive der Interdependenzen aus zur konkreten Analyse einer konkreten Situation drängen, in der sie selbst gefangen sind.[126]

Nach dieser Art von Erfahrung kann man niemandem mehr Moralpredigten halten, aber man kann seine Missbilligung in einem gezielten Kampf aktiv werden lassen. Man kann nicht mehr dekretieren, wo die Reinen und wo die Unreinen sind, aber man kann paradoxerweise besser Feinde in einem neuen Sinn bestimmen, nämlich Feinde der Beziehung. Und das nenne ich »ein Diplomat-Werden«.

DENKEN WIE EINE ALMWIESE: BÜNDNISSE GENAUER FASSEN

Weil wir so wenig gewohnt sind, auf diese Weise zu denken, mag es vorderhand schwierig erscheinen, sich vorzustellen, worin genau der Gesichtspunkt der Interdependenzen in einer gegebenen Situation bestehen soll. Was wird davon genau abgedeckt? Und wie taucht er auf? Kehren wir zum Fall zurück, der uns beschäftigt: das Zusammenleben von Wolf und Weidewirtschaft. Wie würde hier der Gesichtspunkt der Interdependenzen aussehen?

Thierry zum Beispiel ist ein Schäfer, der mit CanOvis zusammenarbeitet. Er verbringt seine Almtage »am Arsch der Schafe«, wie man in der Branche sagt. Das heißt, er folgt ihnen, führt sie sanft ihre täglichen Wege entlang. Während wir die Herde vor uns hertreiben, erklärt er mir seine Verbundenheit mit der Wiese. Man müsse die Schafe behutsam antreiben, damit sie gerade die *richtige* Zeitspanne auf einer Wiesenparzelle bleiben. Wenn sie zu lange grasen, dann zerstören sie alles, sogar die Wurzeln, und erschöpfen den Boden, fressen alles kahl. Wenn sie lange genug bleiben, düngen sie die Wiese mit ihren Exkrementen, was jene mit Stickstoff anreichern und ihr ermöglichen wird, nächstes Jahr dichter nachzuwachsen. Doch wenn sie zu stark gedüngt ist, wird im nächsten Jahr das Gras zu dick sein und die Schafe werden es nicht wollen. Sie müssen ihren natürlichen Dünger hinterlassen, um die Vegetation zu beleben, aber nicht zu viel, damit sie nicht verbrennt, erstickt. Das erfordert eine feine Aufmerksamkeit des Schäfers für die einander kreuzenden Interessen der unterschiedlichen, miteinander verwobenen Lebewesen. Es geht nicht um die ganze Biodiversität im Allgemeinen, da jedes Lebewesen durch seine Anwesenheit bestimmte Partner zulasten anderer begünstigt. Die Anwesenheit von Schafen begünstigt im Süden eine bestimmte Diversität von Trockenwiesenblumen, aber sie schadet anderen Arten. Es ist eine gesellschaftliche Frage, welchen Raum man in der kommenden Welt den Weidelandschaften geben möchte. Doch die Frage, die mich interessiert, ist eine andere: Unabhängig von dieser Debatte darüber, welche Vegetationsbiodiversität die Berge bevölkern soll, bleibt eine riesige Kluft bestehen zwischen den Weidewirtschaften, die auf die Wiesen achtgeben, von denen sie leben, und anderen weidetechnischen Wegen, wo riesige, schlecht oder wenig gehütete Herden die Wiesen auslaugen und töten, indem sie ihnen einen unerträglichen Druck auferlegen. Daran erinnert der Ökologe Aldo Leopold, wenn er davon spricht, dass der Berg in »einer Todesangst« »vor dem Wild«[127] lebe, das seine Hänge abgrasen kann, sodass sie jahrzehntelang kahl bleiben. Der um die Interdependenzen bemühte Schäfer hingegen ist ebenso aufmerksam für die Angst seiner Schafe vor dem Wolf wie für die »Angst« der Wiese vor *seinen* Schafen. Er muss sich um die Wiesen kümmern, die seine Herde empfangen und ernähren. Die große Frage ist, welche Weidewirtschaftsformen in Zukunft begünstigt werden sollen.

Man sieht hier, wie sehr die gewöhnliche Alternative – nämlich die Weidewirtschaft im Ganzen zu stigmatisieren, als wäre sie der ehrlose Feind der Biodiversität, oder sie im Ganzen in den Ritterstand zu erheben, als wäre sie das wesentliche Glied der Bewahrung der Landschaften – nicht funktioniert: Alles hängt von den Praktiken ab und man muss sich eine weidewirtschaftliche Nutzung der Territorien überlegen, die einen verstärkten Schutz der Wiesen, der Wölfe und des Berufszweigs selbst ermöglicht. Diese Achsen der Bedeutungsgemeinschaft müssen herausgestellt werden.

Es geht also darum, eine bestimmte Weidewirtschaft zu verteidigen, die die Wiesen und die Umwelt achtet. Wichtig ist hier, dass diese Achtung der Wiesen kleine Herden verlangt, eine intensivere Anwesenheit der Schäfer und dadurch eine Weidewirtschaft, die den Beruf des Schäfers, im Sinn der althergebrachten Kunst der Schafsführung, mit mehr Respekt behandelt. Das ist schließlich – und hier taucht die Bedeutungsgemeinschaft auf – auch eine Weidewirtschaft, die sich besser mit der Anwesenheit von Wölfen vereinbaren lässt (denn die Anwesenheit des Schäfers und kleinere Herden tragen wirksam dazu bei, die Zahl gerissener Herdentiere *massiv zu reduzieren*).

Die technischen Umsetzungen, die am besten die Umwelt bewahren, sind also jene, die am besten die Schafe vor den Wölfen schützen, und geschützte Schafe implizieren weniger Maßnahmen von Wolfsbestandsreduktionen, die Notlösungen sind, wenn der aktive Schutz der Herden versagt. Dadurch wird am besten der Beruf des Schäfers, als uralter Kunst, als Praxis und Know-How, geschützt, eine Kunst, die lange darin bestanden hat, bei den Schafen zu bleiben, um sie von Quartier zu Quartier zu bewegen, sie den Hang hinaufzubekommen, sie die Wiese düngen zu lassen, und dadurch die Landschaft zu gestalten. Doch die Schafe zerstören die Landschaft, wenn sie zu zahlreich und nicht geführt sind, durch Massentierhaltung, die billiges Fleisch produzieren soll und in einem von vornherein verlorenen Konkurrenzkampf mit dem Billigfleisch steht, das aus anderen Teilen der Welt stammt, angeführt von den Britischen Inseln und Neuseeland (diese Inseln haben sehr früh ihre Raubtiere ausgerottet, was einer der Gründe dafür ist, dass ihr Fleisch so billig ist). Wir haben es hier mit einer Maßnahme zu tun, die für die Interdependenzen arbeitet: Wenn sie möglich sind, schützen die weidewirtschaftlichen Praktiken, die am besten die Schafe schützen, auch den Wolf, die Wiese und den Beruf des Schäfers. Und genau das ist ein Fall von Bedeutungsgemeinschaft, aber es gibt auch andere, die man erforschen, formulieren und verteidigen müsste.

Das impliziert sicherlich, die Zahl der Schafe zu reduzieren, die wegen ihres Fleisches gezüchtet werden, doch sollte das ernsthaft ein Problem darstellen in unserer Situation, in der wir unseren Fleischkonsum verringern müssen, um nicht die Klimakrise zu verschärfen? Angesichts der Probleme des Tierleids, des Artensterbens und Verschwindens von Vegetation, angesichts von Klimaerwärmung, zu der die Wiederkäuer durch Entwaldung maßgeblich beitragen, ist es an der Zeit, die Schafweidewirtschaft neu zu denken, um sie nachhaltiger zu gestalten.

Es geht nicht darum zu sagen, dass jede Schafhaltung nur in ein und derselben Weise stattfinden müsse, denn die Vielfalt der technischen Umsetzungen ist notwendig angesichts unterschiedlicher Wirtschafts- und Landschaftsarten, doch man muss mehrheitlich jene fördern, die die reicheren Bedeutungsgemeinschaften verteidigen, so wie das in Italien und in Spanien gemacht wird, ohne dass man das immer sieht oder sagt. Und parallel dazu geht es darum, der Forderung nach Wolfsabschüssen politisch nicht nachzugeben, die von einer massiven Weidewirtschaftslobby vorgebracht wird, die es ablehnt, ihre Praktiken hin zu größerer Nachhaltigkeit und Verflechtung zu verändern. In dieser Hinsicht ist es nicht hinnehmbar, dass gerissene Schafe entschädigt werden, die Herden entstammen, die nicht oder schlecht gehütet worden sind. Das kommt regelmäßig vor: Die Züchter, die jede, auch subventionierte Schutzmaßnahme ablehnen, werden nämlich genauso entschädigt wie jene, die sich abmühen, ihre Praktiken an die Gegebenheit der

Rückkehr des Wolfes anzupassen. All das geschieht, obwohl im nationalen Wolf-Plan die Entschädigungen an Schutzmaßnahmen geknüpft sind (ein vernünftiger Beschluss, der nie umgesetzt wird). Diese staatliche Politik muss kritisiert und abgeschafft werden, denn sie schwächt die Position der Züchter, die ihre Praktiken in die richtige Richtung hin verändern wollen. Wozu sollte man sich nämlich damit abmühen, eine Weidewirtschaft zu erfinden, die mit der Anwesenheit von Raubtieren kompatibel ist, wenn jene, die ihre Herden nicht schützen, mehr wirtschaftliche Zuwendungen erhalten als jene, die das tun? Das ist ein politischer Fehler: Man untergräbt die Unterstützung für die Weidewirtschaft, indem man Akteure begünstigt, die sich weigern, die Herden zu schützen, und instrumentalisiert danach die mediale Empörung über den Tod von nicht geschützten Schafen, um den Abschuss von Wölfen durchzusetzen. Das ist vermeidbares Leid, das instrumentalisiert wird, um anderes vermeidbares Leid zu produzieren. Zweifacher Tod, von denen der eine den anderen rechtfertigt – selten eine gute Politik.

Es handelt sich hier tatsächlich um eine diplomatische Situation, weil wir es mit mehreren Lagern zu tun haben, die sich als im Konflikt miteinander erleben. Und das Problem ist diplomatisch, weil es darum geht, einen *Modus Vivendi* zu verteidigen, indem man Bündnisse zwischen den Akteuren stiftet. Das ist keine naive Aufforderung, alle zu lieben, da es Ausgeschlossene gibt: Die Akteure der Weidewirtschaft, die sich definitiv weigern, Schutzmaßnahmen zu implementieren und beim geringsten Verlust von Schafen Wolfsabschüsse verlangen, werden nicht Teil des Bündnisses sein. Die Wölfe, die sich trotz der effizientesten nichttödlichen Schutzmaßnahmen (die tatsächlich Botschaften sind, um den Raubtieren die Grenzen ihrer Nutzung eines gemeinsamen Milieus zu bezeichnen) darauf versteifen, Herden anzugreifen, werden von diesem Bündnis auch ausgeschlossen sein und zum Abschuss freigegeben. Die nicht nachhaltige Weidewirtschaft, die die Wiesen zerstört, ist ebenso wie der Jäger oder der Schäfer, der vergiftet oder wildert, ein Feind dieses Bündnisses. Sie werden Schritt für Schritt bekämpft werden.

Der Einschnitt, der die Interessensruppen voneinander trennt, verläuft nicht mehr zwischen Wölfen und Weidewirtschaft, Menschen und Wildnis, sondern zwischen unterschiedlichen Formen der Weidewirtschaft, zwischen jenen, die mit den Lebewesen, die sie begünstigen, verbündet sind, und denen, die sie zerstören, zwischen den unterschiedlichen Weisen, eine menschliche Nutzung des Territoriums mit den nichtmenschlichen Nutzungsweisen zu verbinden. Es handelt sich hier um einen Zugang vielfältiger Nutzung der Umwelt, der um andere Lebensformen erweitert ist: eine vielfältige Nutzung durch Tiere, Pflanzen und Menschen.

Folglich impliziert die Weidewirtschaft, die es verdient, verteidigt zu werden, eine Veränderung der Nutzungsweisen. Hinsichtlich des Tierleids muss sie sich weiterentwickeln (insbesondere was die Praktiken des Schlachtens und der Haltung betrifft) und hinsichtlich der Sorge um die Ökosysteme muss sie widerstandsfähiger und nachhaltiger werden, fähig zum Zusammenleben mit den Wildtierdynamiken, in die sie eingebettet ist, indem sie sich mit den Bestäubern der Almen verbündet. Sie sollte fähig sein, den Wildhuftieren und auch den weniger umgänglichen Mitgliedern der Biodiversität wie dem Wolf einen Platz einzuräumen. Man müsste auch ihre wirtschaftliche Verwertung überdenken und zu Nahversorgung übergehen, die fähig ist, Fleisch wertzuschätzen, das mit solchem Engagement und in solchen Praktiken produziert wird. Zahlreiche Züchter, vor allem der neueren Generation, fassen das Problem bereits in diesen Begriffen auf. Die gewandelte Weidewirtschaft kann durch diese Bündnisse mit der Umwelt und ihren Wildtieren ihr Ansehen verbessern und dadurch gesellschaftliche und ökonomische Früchte ernten. Sie kann andere Beziehungen zum Territorium verteidigen, die sich nicht auf eine zum immateriellen Weltkulturerbe verklärte Hirtenschaft als Relikt der Vergangenheit reduzieren. Die zukünftige Schafweidewirtschaft verdient es, zu einer Speerspitze nachhaltiger Beziehungen zur Umwelt zu werden, die man in der Zukunft braucht, indem sie ständig nach angepassten Rücksichtnahmen auf die Lebensformen sucht, die sie impliziert, mit denen sie zusammenlebt und die die Umwelt ausmachen, die ihr zugrunde liegt. Dabei muss intelligent auf das Erbe des Weidehandwerks zurückgegriffen werden, auf die Liebe zum Lebendigen, die es voraussetzt, um sie auf die Umwelt auszudehnen, die sie beherbergt, in ihrem Reichtum und ihrer Komplexität. Der Wolf erscheint dann als Beschleuniger einer Wandlung der Landschaftsnutzung hin zu mehr Nachhaltigkeit und Umweltbewusstsein.

DIE SCHÖPFERISCHE DIMENSION DES VERMITTLERS

Alles beginnt also mit einer gesteigerten Aufmerksamkeit für die Beziehungen und mit einer Ablehnung des Monopols der Glieder der Beziehungen. Die Philosophie des 20. Jahrhunderts hat behauptet, dass die Wirklichkeit vor allem aus Beziehungen besteht, und das ökologische Denken hat sich auf diese Lehre besonnen. Doch welche Wirklichkeit impliziert das, wenn man sich nicht fragt, wer die *Verantwortung* für diese relationale Dimension der Erfahrung *übernimmt*? Es gibt keine Engel der Beziehung, keine Weisen, die aus dem Nichts kommen. Immer, wenn man von Beziehung im abstrakten Sinne spricht, muss man sich daran erinnern: Von *wessen* Gesichtspunkt aus wird sie in den Blick genommen, verteidigt, dargestellt? Wer wirkt für die Beziehung? Die Beziehung selbst wird das nie tun. Sie hat weder Hände noch eine Stimme. Sie kann sich keine Aufmerksamkeit verschaffen. Man darf nie vergessen und verschleiern, dass man in unserer metaphysischen Tradition immer aus einem isolierten Lager kommt und *gegen etwas* ist (das ist wahrscheinlich weniger der Fall in einem kulturellen Habitus, von dem man sagen kann, dass man sich in ihm vorrangig der Interdependenzen in der lebensspendenden Umwelt bewusst ist – die Ethnografie hat zahlreiche und vielgestaltige Beispiele dokumentiert).

Um ein Denken der Beziehung im Feld transformierender Kräfte zu aktivieren, muss man Vermittler zwischen der Logik der Glieder, die unser Erbe ist, und der Logik der Beziehungen finden. Man muss dem Begriff der Beziehung, dem Begriff der Interdependenzen Hände und Stimmen verleihen.

Hier erlangt die Figur des Diplomaten ihre ganze Bedeutung, denn in der Galerie der von der menschlichen Kultur erfundenen Figuren gibt es wenige, die diese doppelte logische Besonderheit besitzen, aus *einem* Lager zu kommen und doch strukturell fähig zu sein, sich in den Dienst der Beziehung zu stellen. Meines Wissens haben nur der Schamane und der Diplomat diesen sonderbaren und faszinierenden Status (wobei Ersterer in unserer Tradition schwieriger zu aktivieren ist).

Diese ernsthafte Berücksichtigung der Notwendigkeit, dass die Interdependenzbeziehung sich in einem Avatar[128] verkörpert, kann sich von einem in der philosophischen Tradition wenig bekannten Text inspirieren lassen, *The Philosophy of Loyalty*, der 1908 vom idealistischen Philosophen Josiah Royce veröffentlicht wurde.[129] Er betont die Notwendigkeit eines Vermittlers für die Implementierung einer Logik der Beziehung im Feld der transformativen Kräfte.[130]

Das deutlichste Beispiel dafür ist das des Dolmetschers im Bereich der internationalen Beziehungen. Die beiden Lager sprechen vielleicht nicht dieselbe Sprache, noch teilen sie dieselben Codes, Sitten und Gewohnheiten. Der Vermittler ermöglicht die Interaktion, weil er kein durchsichtiger Mittelsmann ist, sondern ein wirklicher Akteur, der sie trägt und verwandelt, und weil er der Beziehung selbst ein Heimatrecht erteilt. In einem Text von 1914, *War and Insurance*, verrät uns Royce die Intuition, die ihn zum Theoretiker der Interdependenzpolitik machte, die ich hier begrifflich fassen möchte.[131] Gerade die Existenz des Vermittlers impliziert einen besonderen logischen Status, eine Logik des »Dazwischen«, zwischen den konstituierten Gemeinschaften. »Der Agent kann jedoch nicht bloß der Sprecher der einen oder der anderen Seite sein. Stattdessen muss sich der Agent von beiden Seiten unterscheiden, auch wenn er Sprachen oder Interessen mit beiden Seiten teilt.«[132]

Manchmal wird der Vermittler, der B genannt wird, seine Übersetzung der Botschaft von A für C leicht verändern, sodass kein Konflikt entsteht, oder um die Interaktion zu lenken. Er verrät damit ein bisschen die Übersetzung. Warum? Weil er denkt, dass der Nutzen der Beziehung zwischen A und C wichtiger für A ist als das, was A für vorrangig hält, nämlich seine eigenen Interessen. Da der Vermittler keine Entscheidungsmacht hat, läuft er nicht Gefahr, alles vom Gesichtspunkt der Beziehung aus zu bestimmen, aber es ist ihm möglich, an den Gesichtspunkt der Beziehung zu *erinnern*, zwischen zwei Lagern, die sich in jedem Moment in sich zurückziehen können und nur mehr ihre ausschließlichen und kurzsichtigen Interessen sehen.

Der B genannte Vermittler, schreibt Royce, »wünscht, wie jeder vernünftige Agent es wünscht, nicht nur dem Willen von A oder nur dem Willen von C zu entsprechen, sondern ihren vereinten Willen zu schaffen, bewusst zu machen und umzusetzen, sodass beide Mitglieder jener Gemeinschaft werden und bleiben, in der er die Arbeit des Dolmetschers vollzieht.«[133] Ich übernehme hier lieber nicht Roycens zu ökumenische Idee eines »vereinten Willens«, sondern eher eine andere Formulierung, die später auftauchen wird (die der »Bedeutungsgemeinschaft«). Doch das Wesentliche dieses Zitats liegt anderswo, nämlich in der schöpferischen Dimension des Vermittlers. Er muss sich von den Lagern unterscheiden, selbst wenn er aus einem der beiden stammt. Diese Situation bringt ihn strukturell in eine widersprüchliche Position. Der Widerspruch ist das Markenzeichen seiner Kunst, wenn sie gut ausgeführt ist.[134] Doch dieser Widerspruch ist fruchtbar: »Um als Vermittler dienen zu können, muss der Agent über das *hinausgehen*, was in der Situation gegeben ist, um *neue Optionen zu erschaffen* und Entscheidungen zu treffen, die nicht ausschließlich von den Prinzipien der jeweiligen Seiten geleitet sind.«[135] Insofern werden die Vermittler zu realen Agenten, die *Neues entstehen* lassen, gerade weil sie – in meiner Interpretation – einen originellen Gesichtspunkt über die gemeinsame Situation besitzen, nämlich den der Interdependenzen. Sie erschaffen und tragen die Bedeutungsgemeinschaft, die sich abzeichnet, wenn man gezwungen ist, vom Standpunkt der Interdependenzen aus zu fühlen.

Wenn man Roycens Logik in den Kontext sowohl der ökologischen Interdependenzen als Bedingung und in den Kontext der interspezifischen Beziehung als Rahmen, der eigene Übersetzungsformen verlangt, stellt, dann kann man sehen, wie die Begriffsperson des Diplomaten der interspezifischen Interdependenzen entsteht.

Den Diplomaten als aktiven Gesichtspunkt der Interdependenzen zu denken, unterscheidet ihn vom »Sprecher«, der wie ein Abgeordneter einen Ozean, den Amazonasregenwald oder die Fließgewässer repräsentiert.[136] In der Wirklichkeit ist eine solche Figur durchaus problematisch. Denn jedes nichtmenschliche Wesen nach dem Modell des liberalen Akteurs darzustellen, der Träger festgelegter zu verteidigender Interessen ist, ruft in der Situation die sehr deutliche Wirkung hervor, die Kluft zu vertiefen und die Ausschließlichkeit und Widersprüchlichkeit der Interessen zu zementieren (ihre Interessen gegen die unsrigen).[137] Am Ende verlieren immer die nichtmenschlichen Lebewesen, weil der Anthropozentrismus mit der Intensität der Krise wächst.[138] Der hier porträtierte Diplomat repräsentiert nicht die Wölfe, Meere oder die Kernenergie, sondern er aktiviert den Gesichtspunkt der Interdependenzen. Er bringt das Kräftefeld der Interessen durcheinander. Der liberale Topos von getrennten Individuen, die um sich gegenseitig ausschließende und starre Interessen kämpfen, wird erschüttert, und man geht zu anderen Identitäts- und Begehrensverbindungen über, die fließende Bedeutungsgemeinschaften bilden, in denen mehrere Spezies an einem Ort, zu einer Zeit, in einem Kampf miteinander verknüpft sind. Und dieser Diplomat ist tatsächlich ein *Janus bifrons* (zweistirniger Janus). Eines der beiden Gesichter ist auf das institutionelle Netzwerk, auf die Menschen gerichtet, um Sprecher nicht der Wölfe oder der Schafe zu sein, sondern Sprecher der Interdependenzen.

Er spricht also im Namen der Interdependenzen, er ist ihr wirksamer Gesichtspunkt. »Interdependenzen« ist nämlich genauso wie »Beziehung« ein Begriff ohne Hände. Im ökologischen Netzwerk spricht jeder davon, doch wer vertritt sie? Wie wir gesehen haben, ist das schwierig, denn es handelt sich eben um eine Beziehung, und unsere politische und metaphysische Tradition ist auf die Lager, die Seiten, das heißt auf die Glieder der Beziehung zentriert. Worauf es ankommt, ist, den Gesichtspunkt der Interdependenzen zu *bewaffnen*, ihm Hände zum Zupacken, eine Stimme, um das Schweigen zu brechen, und eine politische Kampflust zu verleihen.

DIE BEDEUTUNGSGEMEINSCHAFT

Dieser diplomatische Agent erinnert also so oft wie möglich an den Gesichtspunkt der Beziehung. Damit verteidigt er keine *Kompromisse* zwischen Willen, die intakt bleiben, sondern er erschafft eine neue Zusammenstellung des Begehrens, das die ursprünglichen Grenzen verschiebt. Das nenne ich vorläufig eine »Bedeutungsgemeinschaft«, um die liberale Lexik der »Interessen« (die von vornherein gegeben und mit einem fest begrenzten, abgetrennten Individuum verbunden sind, das danach zum Vertrag übergeht, um den Nutzen zu maximieren), von der wir heimgesucht werden, zu verlassen.

Im Gegensatz zur Idee von Interessen, die Individuen *definieren*, bezeichnet die Bedeutungsgemeinschaft die fragile Verbindung zwischen voneinander abhängigen Gemeinschaften von menschlichen und nichtmenschlichen Lebewesen, für die die Bewohnbarkeit ihrer gemeinsamen Lebensumgebung gleicherweise *bedeutsam* ist. Selbst wenn sie es nicht sagen, ist den lebendigen Böden, den Wölfen, den Schafen, den Wiesen und den schweigsamen Schäfern gleicherweise gemeinsam, dass die Bewohnbarkeit der Umwelt ihnen etwas *bedeutet*, dass sie ihnen wichtig ist. Wir haben weiter oben eine solche Bedeutungsgemeinschaft im Beispiel einer Weidewirtschaft am Werk gesehen, die fähig ist, sich von mehr Lebewesen bevölkert zu sehen, als sie dachte, und sich um die Wiese, die Schafe, den Beruf des Hirten und die Mitbewohner der Wildnis gleicherweise zu sorgen.

Der Übergang von ausschließlichen Interessen zur Bedeutungsgemeinschaft impliziert eine kreative Transformation der Identität der anwesenden Menschen. Wie bei jenem Schafzüchter, dessen Schafe mehrmals von den Wölfen angegriffen wurden und der unter ihren ersten Gegnern war, der nun jedoch den Gesichtspunkt der Interdependenzen vertritt und darlegt, wie seine Identität sich in der Begegnung mit dem Wolf verändert hat: »Das Erstaunliche ist, dass der Wolf dich anstößt, deine Routine zu verlassen, er lässt dich deine Umwelt auf andere Weise empfinden. Das ist ziemlich genial. [...] Man ist mit seinen Schafen, man ist ein Schaf, man hat eine bestimmte Aufmerksamkeit, und man erkennt die Intelligenz anderer Lebewesen an, die denselben Raum bevölkern wie man selbst.

In gewisser Weise erlangt man Respekt vor dieser Intelligenz und sagt sich: Man kann sich aufregen, ärgern, er bringt einen aus seinen Gewohnheiten, und er verbreitet sich, er kolonisiert, er verteidigt ein wenig seine Rechte, trotz aller Anstrengungen, ihn zu beseitigen. Und das ist dann eine richtige Initiation in die Natur und die Umwelt.«[139]

Die Einnahme des Gesichtspunkts der Interdependenzen, ganz gleich von woher man kommt, ermöglicht es, an der Identität, die man zu haben glaubte, zu rütteln und die Gemeinschaften in Verbindungen einzuweben, in denen sie zu anderen werden, wodurch ein Wollen erfunden wird, das vorher nicht da war, mit einem anderen Gewebe des Selbst. Denn es geht letztlich immer darum, Anordnungen von *Modi Vivendi* zu erfinden, deren eingebettete Theorie diplomatisch ist und die den Bedeutungsgemeinschaften ermöglichen, Gestalt anzunehmen, die sie erfinden, indem die Grenzen verschoben werden. Und diese Bedeutungsgemeinschaften bestehen in Wirklichkeit immer schon, man muss sie nicht aus dem Nichts heraus erfinden, sondern vielmehr beleben, bestärken, profilieren. Jeder, der mit der Erde oder dem Wald umgeht, hat bereits, sobald er sensibel ist für die Existenzweise der lebendigen Welt, die ihn einschließt (die gänzlich aus Interdependenzen besteht), seine Identität an die Umwelt, von der er lebt, angepasst, und empfindet sie als Bedeutungsgemeinschaft. Oft sind es äußere Kräfte – wirtschaftliche (Vorrang des Ertrags), politische (von außen kommende Reglementierungen), ideologische (Kult der Selbstablösung von einer als niedriger angesehenen Natur) Kräfte –, die die Praktiker des Lebendigen manchmal zwingen zu vergessen, was sie doch eigentlich wissen.

Das Wichtige, vom Gesichtspunkt der Interdependenzen aus gesehen, ist also die Kreativität, die Möglichkeit, neue Zusammenstellungen, neue Vermittler, unsichtbare Bündnisse und Bedeutungsgemeinschaften erscheinen zu lassen.[140] Der Diplomat der Beziehung wandelt sich nun, er wird zur kreativen

Stimme der Interdependenzen. Ohne diese Kreativität kann man nur grundsätzliche und matte Kompromisse zwischen Lagern machen, aber man kann nicht das adäquate, gerechte, passende und immer neu verhandelte Verhältnis erfinden, das, was ich angepasste Rücksichtnahmen nenne.

Man darf »Interdependenzen« jedoch nicht im strengen Sinn der funktionellen Ökologie als das verstehen, was für eine Spezies biologisch notwendig ist, um faktisch zu überleben. Die Interdependenzen sind hier als Verflechtungen zu verstehen, die bewirken können, dass die Lebensformen prosperierender, entfalteter, verbundener, vielfältiger und rücksichtsvoller für die lebendige Welt werden. Der Wolf steht in keinem Interdependenzverhältnis zu uns in dem Sinne, dass sein Verschwinden uns zum Tod verurteilen würde, sondern in dem Sinne, dass seine Anwesenheit uns zu Veränderungen der Nutzungsweisen der Territorien, die nachhaltiger und belebender für die Umwelt sind, sowie zu Veränderungen der menschlichen Praktiken selbst zwingt.

Denn man kann behaupten, dass ein bereichernder Umgang mit der Umwelt, die uns nährt, für uns emanzipatorischer und sinnreicher ist, und es uns nicht ärmer macht, wenn wir uns mit den anderen Bewohnern der nährenden Umwelt verbinden, anstatt sie auszurotten.[141]

Folglich muss man verstehen, dass die Interdependenzen keine Naturgegebenheiten sind, die von Ökologieexperten formuliert werden und es ermöglichen würden, den demokratischen Gemeinschaften die richtige Richtung in der Nutzungsweise der Erde vorzuschreiben. Die Interdependenzen unterliegen zwar multispezifischen *Anforderungen* der lebendigen Umwelt, die die menschliche Gemeinschaft aufnimmt, aber sie werden auch teilweise konstruiert, sie implizieren Entscheidungen. Die *Richtung* dieser demokratischen Entscheidungen hat sich verändert: Sie zielt nicht mehr darauf ab, uns aus der »Natur« herauszulösen, die als Hindernis für die Souveränität der Gemeinschaft gedacht wird, die sich ihr Gesetz selbst macht, und uns von ihr unabhängig zu machen. Sie zielt darauf ab, uns besser mit der nährenden Umwelt zu verbinden, in jenen Interdependenzen, die das individuelle, kollektive und nichtmenschliche Leben lebenswerter machen.

MAN WIRD NICHT ALS DIPLOMAT GEBOREN, MAN WIRD DAZU GEDRÄNGT

Die Logik der »Gesichtspunkte«, die ich hier erforsche, ermöglicht somit, die positionale und relationale Dimension des Diplomaten zu verstehen. Er ist kein Schiedsrichter, sondern eine Position im Feld, ein Moment der Individuation, ein Ort, an dem man sich wiederfindet, nachdem man durchgerüttelt wurde. Diese Idee ermöglicht es, jener anderen Idee zu widerstehen, die darin besteht, die Diplomatie der Interdependenzen zu professionalisieren, sie zu starr in einem Umweltministerium zu institutionalisieren, sie in einem Individuum oder einem Experten zu personalisieren.[142] Das führt zu problematischen Konfiszierungen, weil diese Diplomatie kein Beruf ist, keine vertragliche Mission (sie hat auch kein offizielles Mandat), sondern eine bewegliche, fließende Position in einem aus vielen Spezies bestehenden Kräftefeld, das selbst dynamisch ist. Sie ist eine Position, in die man hineinstolpert oder die einem zufällt, ob man nun eine Gruppe, ein Individuum, eine Berufsgruppe oder eine Körperschaft ist. Das kann jedem passieren. Das einzige zuverlässige Anzeichen ist der innere Kompass (das moralische Unwohlsein, bei dem man sich ein wenig als Verräter gegenüber allen fühlt, weil man im Dienst der Beziehung steht). Natürlich ist man ein Verräter nur für jene, die ihre Interdependenzen nicht sehen.

Der Diplomat befindet sich in einer relationalen Position. Man findet sich in ihr, in der interspezifischen Verflechtung, wieder, sobald man sich die Interessen der Interdependenzen *mehr zu Herzen nimmt* als das Interesse der Lager, die an ihre Unabhängigkeit glauben. Sie ist also keine Mission, die man durch irgendeine Instanz erhält, sondern eine freie Position in einem Beziehungsfeld: Man wird in die diplomatische Position *gedrängt*, wenn man den Gesichtspunkt der Interdependenzen nicht mehr vernachlässigen kann, wenn man vom Gesichtspunkt der Interdependenzen *erfasst* wird. Man ist diplomatischer Agent gleichsam wider Willen.

Das Team von CanOvis ist in dieser Hinsicht ein beredtes Beispiel. Sein ursprüngliches Mandat ist nicht offensichtlich, seine Mitglieder kamen anfangs, um Kenntnisse über die Interaktionen zwischen den Wölfen und dem Weidewirtschaftssystem zu produzieren, und es zielte letztlich auf die Verbesserung des Schutzes der Herden ab. Meiner Ansicht nach können die Mitglieder von CanOvis sich verwandeln, weil sie sich vom Gelände beeinflussen lassen, weil sie vom Gesichtspunkt der Interdependenzen erfasst werden und widersprüchliche Empathien entwickeln.

Der Diplomat der Interdependenzen unterscheidet sich also gewaltig von der klassischen Figur des Diplomaten zwischen Nationen, weil er kein offizielles Mandat hat.[143] Im Grunde genommen wird der Diplomat der Interdependenzen nicht von einer äußeren Instanz angerufen, sondern er beruft sich selbst. Der Diplomat beruft sich selbst, wenn er vom Gesichtspunkt der Interdependenzen *erfasst und berufen* wird, sein Mandant ist das moralische Unwohlsein selbst. Hierin liegt sowohl seine Schwäche (seine Macht besitzt keine institutionellen Garantien) als auch seine Stärke (jeder, selbst der Beschränkteste, kann von dieser Rolle erfasst werden, sobald man dazu gedrängt wird, den Gesichtspunkt der Interdependenzen einzunehmen). Der Diplomat wird also zu einer sehr originellen Figur und ist fast nicht wiederzuerkennen. Wenn diese Unterwanderung der ursprünglichen Figur Sie schockiert, dann nennen Sie sie anders, das ist nicht das Wesentliche. Er ist die Stimme und die Hand der Interdependenzen, ihr Agent, ihr Attaché.

Der Begriff des Diplomaten der Interdependenzen verleiht demjenigen einen Namen, der für die Interdependenzen kämpft (ganz gleich, woher er kommt). Er ist ein diplomatischer »Attaché«, aber im wörtlichen Sinn: Er ist mit der Beziehung verbunden, wie man von einer Landschaft, in der man lebt, sagt: »Ich fühle mich ihr sehr verbunden.« So wie man sich absichtlich mit Metallketten an einen Mammutbaum in Oregon bindet. Aber der Diplomat ist nicht an den Baum gebunden, sondern er ist *den Interdependenzen verbunden*. Er setzt sich nicht nur für die Natur ein, für die Wölfe allein, für die Bienen allein (auch wenn man Leute braucht, die das tun, und Naturschutzvereine erfüllen diese Aufgabe oft auf bewundernswerte Weise). Er wirkt auch nicht bloß für die Menschen, die Hirten, die Landwirte (davon gibt es immer genug). Er steht auch nicht zwischen ihnen. Die zwei Lager sind zu monolithisch, sie existieren weniger als die Beziehung. Ihr Monopol in der Problemformulierung schwächt die realen Verbindungen, die immer lokalisierte Interdependenzen von menschlichen und nichtmenschlichen Lebewesen sind. Er ist für die lebendigen Verflechtungen und gegen alles, was sie schwächt.

Der Diplomat ist radikal *für* die Beziehung, er ist der Hüter des Gesichtspunkts der Beziehung.[144] Die Interessen der Interdependenz sind *wichtiger als alles andere*, auch wenn man sich damit Feinde bei den Mitgliedern der beiden Lager macht, die nur an ihre Lagerinteressen denken. Der Diplomat muss dazu dienen, die Interdependenzen in unsere Kämpfe für das Gewebe des Lebendigen eingehen zu lassen. Er ist ein Avatar der tausend Metamorphosen des sich verteidigenden Lebens.

GEMEINSAM VOM GESICHTSPUNKT DER INTERDEPENDENZEN ERFASST WERDEN

Man kann sich diplomatische Formen vorstellen, in denen Gemeinschaften, die aus vielen Arten bestehen, die Rolle des Diplomaten spielen.

Das gleichermaßen beunruhigende wie interessante Problem besteht in der Möglichkeit, dass dieser aktive Gesichtspunkt der Interdependenzen nicht von Menschen *alleine* eingenommen wird. In dieser Hinsicht bilden sich in der Diplomatie anderer Art sehr sonderbare Gemeinschaften, in denen menschliche und nichtmenschliche Lebewesen miteinander verbündet sind. Zum Beispiel kann man sich als derartige Akteure Imker vorstellen, die mit den Bienen *verbündet* sind, wenn sie vom Agrobusiness eine massive Reduktion chemischer Verschmutzung verlangen (Pflanzenschutzmittel, die erheblich zum »Syndrom des leeren Bienenstocks« und zur Schwächung domestizierter und wilder Bestäuberpopulationen führen).[145] Man kann behaupten, dass die Mischwesengemeinschaft »Imker-Bienen« tatsächlich ein diplomatisches Bündnis bildet zwischen den landwirtschaftlichen Praktiken einerseits und der mit der natürlichen Biodiversität der ländlichen Gebiete verwobenen Bodenmikrofauna. Denn die intensive Landwirtschaft schädigt nicht nur die Bienen, sondern auch die Böden, die Umwelt und die Nachhaltigkeit der Landwirtschaft selbst. Das Bündnis vertritt die Transformation der landwirtschaftlichen Nutzung hin zu Praktiken, die nachhaltiger für die Interdependenzen selbst sind. Es macht die Tatsache sichtbar, dass nicht nur die Bienenzucht oder der Gemüseanbau durch Pflanzenschutzmittel in Mitleidenschaft gezogen werden, sondern die Interdependenz zwischen Bestäubern und Umwelt. Der chemische Input scheint zwar einem Lager (der Agroindustrie) nützlich zu sein, er ist es aber nicht *wirklich*, weil er langfristig die Bestäuber tötet, die in jedem Frühjahr die Rückkehr aller Blütennutzpflanzen ermöglichen, die in der Vermählung mit den Insekten und Vögeln bestäubt werden. Dieses diplomatische Bündnis verlangt jedoch nicht den Stopp jeglicher Bewirtschaftung der Ökosysteme zugunsten der Bestäuber allein, es verlangt auch nicht das Ende der intensiven Landwirtschaft allein zum Nutzen der *nachhaltigen* industriellen Nahrungsmittelproduktion (anthropozentrischer Zugang).

Man könnte meinen, dass die Imker nur ihr eigenes Interesse im Auge hätten: Sie wollen Bienen, um ihren Honig zu verkaufen, und Landwirtschaft und Umwelt sind ihnen gleichgültig. Doch das hieße, die vitale Geopolitik schlecht zu verstehen, in der wir alle in den neuen auf uns zukommenden Zeiten stecken. Vielmehr hat die Schädigung ihrer Interessen die Imker insgeheim in diese sehr sonderbare relationale Position gebracht, in der sie ihre Nutzlandschaft mit den Augen der Interdependenz von Bestäubern, Gartenbau und Landwirtschaft selbst sehen konnten. Sie konnten die Rückkopplungsschleifen und die Verflechtungen erkennen, die implizieren, dass jedem Lager am besten gedient ist, wenn auf die Beziehung Rücksicht genommen wird. Dabei musste eine massive Kritik an einem der Lager geübt und für seine Transformation gekämpft werden (und zwar an der Landwirtschaft, die sich vom intensiven Monokultur-Agrobusiness zu agroökologischen Formen der Interdependenzen wandeln soll).

Die diplomatische Position ist also nicht rein, sie ist kein Moment der Selbstüberwindung, in der man endlich zu einem Weisen ohne Eigeninteresse geworden wäre, der die Interessen einer abstrakten Beziehung ernst nehmen und zwischen Egoisten vermitteln würde. Überhaupt nicht! Man bezieht nicht deshalb eine multispezifische Mittelposition, weil die eigenen Interessen verschwunden wären, sondern weil sie sich zu einem so subtilen Strang von meine-ihre-eure Interessen vernetzen und verweben, dass man die Dinge nicht mehr anders als mit den Augen der Verflechtung selbst sehen kann.

Die Bienen schlagen Alarm. Ihre *einzigartige Empfindlichkeit* gegenüber den Umweltgiften ermöglicht ihnen als Wächter, die unsichtbaren Angriffe auf das Gewebe des Lebendigen *als Ganzes* sichtbar zu machen. Sie werden zu politischen Deiktika im Sinne Carl Schmitts: Sie zeigen schweigend mit dem Finger (dem Fühler) auf die Feinde *und* auf die Freunde einer nachhaltigen Nutzung des Gewebes des Lebendigen. Sie sind die politischen Verbündeten derer, die die Praktiken verändern wollen, insofern ihr Interesse (ihre vitalen Erfordernisse) in Verbindung mit anderen auf der Waage der Justierungen und Kräfteverhältnisse mehr Gewicht hat (hätten die Imker, wenn sie sich *einzig* für ihr Einkommen engagieren würden, ohne sich um das Los der Bienen zu sorgen, dasselbe politische Gewicht?).

Das Bündnis zwischen Bienen und engagierten Imkern bildet ein diplomatisches Zentrum fast wider Willen, das weit über die Gesundheit der Bienen hinausgeht. Die Imker kämpfen nicht nur gegen chemische Produktionsmittel, um die Bienen zu retten, sondern das Bündnis zwischen Bienen und Imker bildet eine Diplomatie zwischen einerseits dem Agrobusiness und seinen Ertrag-»Erfordernissen« und andererseits der natürlichen Biodiversität des Milieus (Bodenmikrofauna und Bestäuber allgemein), die unter dem Extraktivismus leidet.

Die Lebensgemeinschaft dieser Umwelt profitiert als ganze somit von der Fähigkeit dieses Bündnisses, den Gesichtspunkt der Interdependenzen zwischen Landwirtschaft und Bodenleben einzunehmen.[146]

Die Möglichkeit diplomatischer Bündnisse, die Bienen oder Springschwänze involviert, die sich a priori wenig für diplomatische Verhandlung zu eignen scheinen, zeigt jedoch auf, dass die Möglichkeit, ausdrückliche Dialoge mit Lebensformen zu führen, keine Voraussetzung für einen gewissen Grad an Diplomatie darstellt: In erster Linie gibt es die Interdependenz und die Möglichkeit, mehrere Gesichtspunkte einzunehmen und für die Beziehung zu arbeiten. Es braucht keine »höheren« geistigen Vermögen bei den anderen Lebewesen, um Diplomatie zu betreiben, selbst wenn sie manchmal den Austausch erleichtern. Auf einer zweiten Ebene können die Übersetzungsfähigkeiten es ermöglichen, mit anderen Lebensformen zu kommunizieren, um die kollektiven Verhaltensformen im diplomatischen Sinn zu verändern (das macht der Imker bereits, wenn er farbige Piktogramme auf die Bienenstöcke malt, um jeder Biene ihre Heimstätte anzuzeigen).

Letztlich ist es nicht notwendig, dass die menschlichen und nichtmenschlichen Akteure die *Absicht* haben, sich zu verbünden, damit ein Bündnis entsteht (das ist bereits der Sinn des beschreibenden Begriffs des »objektiven Bündnisses«). Es genügen drei Bedingungen, damit ein plurales Kräftefeld so etwas wie die Kristallisierung eines Bündnisses zwischen unterschiedlichen Arten aufweist. Es genügt, dass eine gemeinsame Front *zwischen* zwei oder mehreren Akteuren geknüpft wird, die in einer Bedeutungsgemeinschaft inbegriffen sind, egal, ob diese Front *für* eine Wandlung der Nutzungsweisen des Geländes tätig wird oder *gegen* andere Nutzungsweisen. Intentionen, unterzeichnete Pakte, verbale Verhandlungen, all das zählt nicht. Ein Bündnis braucht drei Präpositionen: Es genügt, dass es ein Für, ein Zwischen und ein Gegen gibt.

KOMPROMISSE EINGEHEN UND KÄMPFEN

Das moralische Unwohlsein durch widersprüchliche Empathien ist eine affektive und ethische Tonalität, die sich sehr von der des engagierten Aktivismus unterscheidet, man könnte den Eindruck haben, dass sie sich widersprechen. Wie kann man ihre Verbindung denken?

Mein Zugang ist situationsabhängig. Beide sind notwendig, je nach Kontext; jeder geht spontan von einem zum anderen über, wenn er von der Natur der Situation dazu gedrängt wird, wenn man ihr gerecht werden muss.

Ich versuche hier, zwei Momente der Diplomatie zu unterscheiden, die oft in derselben Lage präsent sind: die Diplomatie des Kampfes durch interspezifische Bündnisse; und die Kompromiss-Diplomatie, die auf der Kreativität des Gesichtspunkts der Interdependenzen beruht. In beiden Fällen geht es darum, den Gesichtspunkt der Interdependenzen zu stärken, bloß ist im ersten Fall der politische Kampf gegen einen Gegner der Interdependenzen ein vorherrschendes Element, im zweiten Fall ist er zweitrangig.

Angesichts einer ungerechtfertigten Herrschaft oder einer Ungerechtigkeit ist der Konflikt notwendig und schöpferisch. Das Kräftemessen ist die einzige anständige Haltung und in diesen Fällen haben die Diplomaten eine präzise Funktion: Sie kümmern sich darum, Bündnisse *gegen* die Feinde der konstitutiven Interdependenzen zu bilden (zum Beispiel der erwähnte Kampf gegen die Pestizide).

In den Fällen, die militantes Engagement verlangen, das heute allgegenwärtig ist, arbeiten die interspezifischen Diplomaten daran, unerwartete Bündnisse *zwischen* Lebewesen und bestimmten menschlichen Nutzungsweisen der Erde *gegen* andere Nutzungsweisen zu errichten.[147] Sie arbeiten meist gegen extraktivistische Nutzung und gegen alle, die den Fortbestand der Verflechtungen schwächen, gegen all jene, die am Prozess der »Verbilligung«[148] des Geflechts des Lebendigen teilhaben. Es handelt sich dabei um den Prozess, der es »billig«, »geringwertig« macht in jedem Sinn des Wortes. Er entwertet es ontologisch, entpolitisiert es und wandelt es in Rohmaterial für den Produktivismus um. Doch es wäre ein Fehler, dieses Geflecht des Lebendigen unschuldig »Natur« zu nennen, wie es die Modernen getan haben, als das, was man schützen, lieben oder eben nutzen muss (aber man darf dieses Wort auch nicht aufgeben, sondern eher ist es nötig, Tausende reflexive Wörter zu befreien, zu erfinden und umzuwenden). Denn, wie es Patel und Moore sagen: »Natur ist keine Sache, sondern eine Weise der Organisation und der Verbilligung von Leben.«[149] Unter diesen Bedingungen ist es zwiespältig zu behaupten, dass wir »die *Natur* sind, die sich verteidigt«. Wir sind das Lebendige, das sich verteidigt, einschließlich gegen seine Umwandlung in »Natur«.

Und selbstverständlich verbündet man sich nicht mit *allen* Lebewesen gegen alle Menschen, die misanthropisch verteufelt würden. *Bestimmte* menschliche Kollektive verbünden sich im Namen der Interdependenzen mit bestimmten Lebewesen und gegen andere Bündnisse, die manchmal auch zwischen Menschen und Lebewesen verlaufen (zum Beispiel bildet die Verbindung zwischen dem Unternehmen Bayer-Monsanto und seinem gentechnisch veränderten Bt-Soja auch ein Bündnis zwischen verschiedenen Arten, zwischen Menschen und Nichtmenschen). Wie weiß man dann, wo die Linien zwischen Verbündeten und Feinden verlaufen? Durch die kollektive Intelligenz, durch die konkrete Analyse konkreter Situationen. Denn nicht jede Beziehung ist eine Interdependenz. Zuerst einmal hat jede Interdependenz irgendwo ihren Ort. Sie geht von einem Milieu aus, einer Lebensgemeinschaft mit ihrer Geschichte. Die Beziehung zwischen Monsanto und seinem gentechnisch modifizierten Soja ist keine Interdependenz, weil sie zuerst außerhalb des Bodens stattfindet und dann, weil diese Beziehung das Geflecht des Lebendigen überall, wo sie aufgezwungen wird, schwächt. Eine Interdependenz zwischen menschlichen und nichtmenschlichen Nutzungsweisen eines Territoriums impliziert immer notwendigerweise, dass man das genutzte Milieu bewohnt. Hier kann an den bloßen Nutzungsinteressen gerüttelt werden, denn wenn man die Umwelt bewohnt, ist man gezwungen, die Auswirkungen seines Nutzungsverhaltens zu erleben und folglich die Wirkungen auf die Interdependenzen zu spüren. Es gibt keine Interdependenzen, wenn es keine Bodenbindung gibt.

Doch die Dimension des Kampfes darf nicht ein Problem verdecken, das es zu behandeln gilt. Man darf nicht die Feinde eines Lagers mit den Feinden der Interdependenzen verwechseln, weil man damit riskiert, alle abweichenden Gesichtspunkte als feindlich anzusehen und zu glauben, dass der Kampf alle Probleme löst. In den Situationen ohne offensichtlich Schuldigen gegen die Interdependenzen, in den Fällen, in denen man die Erde mit anderen teilen muss, läuft die Diplomatie darauf hinaus, zugunsten der Beziehung zu arbeiten, auch wenn das als vorerst undenkbare Schrulle erscheinen mag. Das sind Momente der »Kompromiss«-Diplomatie, wo es darum geht, Landnutzungsweisen neu zu erfinden, um den Bedeutungsgemeinschaften über die kurzfristigen Widersprüche hinaus Gerechtigkeit widerfahren zu lassen.

Man kann versuchen, diesen schwierigen Punkt allgemeiner zu fassen. Carl Schmitts Satz, der das Wesen der Politik als den Akt der Unterscheidung zwischen Freund und Feind definiert, erfährt heute ein Revival, weil er die Vorstellung zu beleben vermag, dass die Politik nicht auf konsensuelle Formen der Beratung und der Verhandlung beschränkt ist; dass sie nicht vom beschränkten institutionellen Handlungsspielraum des Wählers konfisziert wird, sondern aus Kämpfen, Kräftemessen und Konflikten besteht. Im Feld der politischen Ökologie herrscht heute eine Spaltung zwischen den Anhängern der Verhandlung und denen des Konflikts. Ich glaube, dass die monolithischen Positionen zu dieser Frage – die Position der Kampfbefürworter, die jegliche Verhandlung mit einem faulen Kompromiss mit dem System gleichsetzen, und die Position der Reformer, die jeden radikalen Kampf für romantische Unreife halten – uns die Sicht darauf verstellen, worum es intellektuell und politisch in Wahrheit geht, nämlich darum, wie man gemeinsam, in *organisierter* Weise und mit geeigneten Zielen, Verhandlung und Kampf verbindet. Die Hauptschwierigkeit besteht hier also darin, die Notwendigkeit eines diplomatischen Zugangs zu anderen Lebensformen, mehrere Nutzungsformen desselben Territoriums, die die Erfindung von *Modi Vivendi* implizieren, und Formen der Verhandlung von Nutzungsweisen zusammen zu denken und gleichzeitig an der Notwendigkeit eines Kampfes gegen bestimmte Akteure festzuhalten.

Die Politik der Interdependenzen antwortet auf diese Frage folgendermaßen: Verhandlung mit allen Mitgliedern, die die Verflechtung bilden und von ihr gebildet werden; Kampf gegen all jene, die sie zerstören und ausbeuten, indem sie sie strukturell schwächen.

In den Bereichen der Forstpraktiken zum Beispiel nutzt die »gewaltlose Waldwirtschaft«[150] die Wälder, doch sie ist Teil des Geflechts, weil ihre Praktiken den eigenen Dynamiken des Waldes gerecht werden und ihn achtsam behandeln. Diese Waldbewirtschafter haben einen empathischen Umgang mit den Gesichtspunkten des Waldes und seinen Wildakteuren erreicht: Sie ziehen den Gesichtspunkt ihrer früheren »Ressource« in Betracht. Umgekehrt sind die Monokulturforstwirtschaften, deren Investoren Tausende Kilometer von den genutzten Wäldern entfernt leben, und deren Funktion darin besteht, die Flächen in Holzfabriken zu verwandeln, um den Weltmarkt zu beliefern, Gegner der Interdependenzen, die die lebendigen Akteure des Milieus zusammenhalten.

Ich sage damit nicht, dass es nunmehr offensichtlich ist, zwischen Verbündeten und Gegnern zu unterscheiden, aber ich schlage einen Kompass vor, der es ermöglicht, besser, im Lichte von konkreten Analysen in unentwirrbaren Situationen zu navigieren. Das Spiel der Verbündeten, mit denen man verhandelt, und der Feinde, die man bekämpft, findet nicht mehr zwischen Lagern statt (dem Lager der Menschen, dem der Natur, dem der Wölfe, dem der Hirten, dem der Bäume, dem der Wachstumskritiker, dem der Kapitalisten), sondern im Lichte der Interdependenzen, die die Grundlage des Lebens einer Umwelt bilden. Ich bin mir bewusst, dass es sich um einen fragilen Kompass handelt, aber es ist der beste, den ich bisher gefunden habe, um ein wenig Licht in unsere so dunkle Lage zu bringen. Und vielleicht dient er dazu, bestimmte Situation zu klären.

Der Versuch, von einem Gesichtspunkt der Interdependenzen aus zu fühlen, ermöglicht uns also eine neue politische Kartografie, in der empathische Dezentrierung und Notwendigkeit des Kampfes nicht mehr unvereinbar erscheinen. Denn den Gesichtspunkt der Interdependenzen stark zu machen, läuft nicht auf eine konsensuelle und befriedende Empathie gegenüber allen *ohne Unterschied* hinaus, sondern auf eine *andere* Weise, Freunde und Feinde erscheinen zu lassen. Die Feinde sind nicht mehr diejenigen, die aus meinem menschlichen Lager stammen, das außerhalb des Geflechts mit den Lebewesen liegt, sondern sie sind die Feinde der Verflechtung selbst. Vom Gesichtspunkt der Interdependenzen aus gesehen sind bestimmte Kämpfe möglich und notwendig, eben jene gegen alle Nutzungsweisen der Erde, die die Interdependenzen zerstören oder missachten. Dieser Kampf wird im Namen einer Bedeutungsgemeinschaft zwischen vielen Arten geführt, im Namen eines nachhaltigen Gewebes von Interdependenzen, gegen die menschlichen Nutzungen, die es gefährden.

Vom Gesichtspunkt der Interdependenzen aus zu sehen, bedeutet, in voller Klarheit die Feinde der Verflechtung hervortreten zu lassen. Das politisiert »besser«, weil man nicht mehr bodenlose Ideen vertritt, sondern Bedeutungsgemeinschaften, kollektive Transformationen der Nutzung lebendiger Territorien, die ihrer evolutiven, ökologischen und menschlichen Geschichte Gerechtigkeit widerfahren lassen.

Das ist jedoch unbequem, weil die liberale politische Philosophie uns jahrhundertelang das Gegenteil gelehrt hat: Das Lager war eine stabile politische Einheit (hier murmelt man zaghaft: Die Interdependenz ist die metastabile politische Einheit). Das Lager war das, was eine geschlossene empathische Identifizierung verlangte (Fahne, Hymne, Vaterland) und jede Gefühlsausdehnung ins gegenüberliegende Lager verbat (die Feinde der Nachbarnation sind Kakerlaken, die Einwanderer Eindringlinge, die Fremden Barbaren). Dieses Modell hat sich in allen Formen des Kampfes zwischen Lagern fortgesetzt: Die Pro-Wölfe haben kein Recht auf Empathie gegenüber den Schafzüchtern, wenn sie nicht des Verrats angeklagt werden wollen; die Schafzüchter haben kein Recht, das Existenzrecht der Wölfe anzusprechen, ohne manchmal heftige Repressalien vonseiten der radikalisierten Anti-Wolf-Partei der Weidewirtschaft zu riskieren.

Im hier skizzierten Zugang muss die Empathie im Gegenteil *bis zu* den »Feinden« reichen, zwischen allen Lagern zirkulieren, damit man danach klar sieht, *wer*, trotz der Verflechtungen, die ihnen zugrunde liegen, gegen sie arbeitet, wer sie zerstört und nicht mitspielt.

Diese Zirkulation, die von jedem vollzogen werden kann und von dem einen oder vom anderen Lager kommt, vermag es, jeden, auch wider seinen Willen das Milieu vom Gesichtspunkt der Interdependenzen aus empfinden zu lassen. Dann stellt sich das Problem anders: Wie erschafft und entbirgt man kreative und neue Verbindungen, die die Bedeutungsgemeinschaft sichtbar und wirklich machen?[151] Dieser Agent im Dienste der konstitutiven Beziehungen wird zum lebendigen Gedächtnis der Interdependenzen, er erhebt sich für sie, er ruft sie denen, die sie vergessen, in Erinnerung, und ist gleichzeitig eine kreative

Kraft, die Wege zum Handeln eröffnet und die Demarkationslinien verschiebt – weil er selbst einen neuen Gesichtspunkt einnimmt (im Gebirge weiß jeder, wie sich die Landschaft verändert, wenn man sie von einem anderen Pass, von einem anderen Gesichtspunkt aus sieht: Neue Wege, die von überall anders aus unsichtbar waren, zeichnen sich ab).

DIE SORGE UM DIE INTERDEPENDENZEN ALS SORGE UM SICH SELBST

Hier wird deutlich, was das Gelände mit der Philosophie macht. Es aktiviert die Arbeit am Begriff, lässt seine Potenzialitäten, seine Bedeutungsvielfalt und andere Vernetzungen auftauchen. Es ermöglicht, bestimmte Aspekte zu klären, um seine Entwicklung zu leiten, wie die positional-relationale Dimension der Diplomatie und das innere Symptom des moralischen Unwohlseins, durch das man weiß, dass man sich in dieser Position befindet.

Das moralische Unwohlsein ist jedoch *nur ein* Symptom und nicht der Affekt selbst, der uns mit anderen Lebewesen verbindet. Der Affekt, der uns verbindet, ist vor allem das Gefühl ihrer Bedeutung, eine Forderung, dass man ihnen die Aufmerksamkeit schenkt, die sie verdienen, mit einem Wort, er ist eine Fürsorge. Eine Sorge um das Lebendige außer und in uns. Dieser Punkt ist interessant, denn in diesem Entwicklungsgang verleiht er der Philosophie eine Bedeutung. Pierre Hadot, ein großer Theoretiker der Originalität der philosophischen Praxis, versteht die Philosophie als eine *Umwandlung der Sorge*.

Er schreibt zum Beispiel: »Im Prinzip verleiht man dem, um das man sich sorgt, Wert. Wenn man den Gegenstand der Sorge verändert, dann vollzieht man eine Umkehrung der Werte und wendet die Aufmerksamkeit in andere Richtungen.«[152] Deshalb ist die Philosophie für Hadot »eine Verwandlung der Weltwahrnehmung«, »eine Bemühung, die Welt neu sehen zu lernen«.[153]

Hadot macht hier die Reihenfolge der Phänomene deutlich: Man sorgt sich nicht deshalb um die Lebewesen, weil man rational beweist oder logisch deduziert, dass sie Wert besitzen, sondern man verleiht ihnen Wert, weil man sich um sie sorgt. Die Sorge ist ursprünglich und sie ist die Kraft, die die architektonischen Linien der politischen Aufmerksamkeit zwischen dem, was bedeutsam ist, und dem, was es nicht ist, verschiebt. Die Sorge hat jene grundlegende Zwiespältigkeit, dass sie sowohl Besorgnis als auch Fürsorge ist. Sie ist ein Signal, das uns anzeigt, dass etwas für uns zählt. Wie kann man die unsichtbar gemachten Lebewesen zum Gegenstand dieser Sorge machen? Wie kann man widersprüchliche Empathien für abweichende, aber in einem Milieu verwobene Lebensformen ins Feld der politischen Aufmerksamkeit einführen?

Anstatt an die Liebe zur Natur zu appellieren oder die Furcht vor der Apokalypse zu beschwören, scheint mir der passendste Weg, den Herausforderungen der Zeit zu begegnen, darin zu liegen, die Zugänge, Praktiken, Diskurse, Werke, Vorrichtungen und Erfahrungen zu vervielfältigen, die fähig sind, uns vom Gesichtspunkt der Interdependenzen aus *fühlen und leben* zu lassen; uns als Lebewesen unter Lebewesen fühlen und leben zu lassen, die wir, so wie sie, im Faden eines gemeinsamen Schicksals und einer wechselseitigen Verletzlichkeit verwoben sind, in dem gemeinsame Aszendenzen und Arten des Lebendigseins geteilt werden.

Paradoxerweise ist die gegenwärtige Krise (die Krise der Bienen, die Krise des Bodenlebens, die Krise der Amazonaswälder als Kohlenstoffspeicher) die effizienteste Anordnung dafür, weil die Schwächung einer Lebensform innerhalb des Gewebes den ganzen Faden *bis zu uns* erzittern lässt und uns daran erinnert, dass wir niemals alleine gewesen sind, dass wir nur lebendig sind, weil wir mit dem Leben anderer und in einer Situation wechselseitiger Verletzlichkeit verwoben sind.

Die Erfahrung der *wechselseitigen* Verletzlichkeit mit den Bestäubern, den Regenwürmern, dem Leben in den Meeren, drängt uns dazu, vom Gesichtspunkt der Interdependenzen aus zu fühlen und das Spektrum der Sorge auszuweiten. Wir handeln nunmehr als Lebewesen unter Lebewesen und nicht von »Mensch« zu »Natur«. Wir sind sensibel für ihre Schwächung, weil sie für uns bedeutsam sind. Und wenn sie bedeutsam sind, warum nicht alle anderen auch? Und hier öffnet sich eine Bresche in unserer politischen Aufmerksamkeit, durch die der ganze Rest des Lebendigen eindringen kann. Somit kann eine so plötzliche Entfaltung einer Bewegung wie Extinction Rebellion und der tiefe Sinn ihrer Parole »Mit Liebe und Wut gemacht« verstanden werden. Die Liebe ist die Sorge um die Interdependenzen, die Wut richtet sich auf das, was sie zerstört.

Es geht hier um nicht mehr und nicht weniger als eine Wandlung unseres Selbstverständnisses, denn die politische Sorge um die ökologischen Interdependenzen ist nicht nur eine Strategie, mit der auf die systemische ökologische Krise reagiert wird, sondern auch die Erfahrung einer anderen Antwort auf die Frage, wer wir sind, das heißt, aus wem oder was wir gemacht sind.

Denn bei dieser Sorge um das Lebendige handelt es sich tatsächlich um eine »Sorge um sich selbst« im Sinne Foucaults, doch um ein erweitertes Selbst, das aus seinen Verbindungen besteht. Ein Selbst, das nicht mehr das isolierte und egohafte Element ist, das sich im Universum eines absurden Kosmos befindet, sondern das sich zum Gesichtspunkt seines realen Seins aufgeschwungen hat. Als ein Knotenpunkt in der Verbindung mit anderen Lebewesen ist seine Sorge eine Sorge um die Interdependenzen.

In den Bantusprachen gibt es ein wichtiges Wort, das völlig unübersetzbar ist: *ubuntu*. Es bedeutet im Wesentlichen: »Ich bin, was ich bin, weil wir sind, was wir sind.« Oder: »Ich bin, was ich bin, dank dem, was wir alle sind.« Die Idee als politischer Kompass hat mit dem Ende der Apartheid in Südafrika im Rahmen der von Desmond Tutu geführten Wahrheits- und Versöhnungskommission Aufschwung erlangt. Diese Formulierung ist die Zauberformel einer politischen Philosophie des südlichen Afrikas, das die Identität jedes Individuums in seinen Beziehungen mit den anderen Menschen der Gemeinschaft zentriert. Doch ohne dass man es merkt, ist diese schöne Formulierung auch eine strenge und fast perfekte Definition der Öko-Evolution, der lebendigen Welt. Es geht hier darum, die Urtatsache ans Licht zu bringen, dass dieser, auf die Beziehungen zwischen den Menschen beschränkte Satz in Wirklichkeit verdient, auf unsere Beziehungen zu den anderen Lebewesen ausgedehnt zu werden. Als Lebewesen »bin ich, was ich bin, weil wir, die Lebewesen, sind, was wir sind«. Diese Sorge um sich selbst als Sorge um die Interdependenzen ist ein über den Menschen hinaus ausgedehntes *ubuntu*. Ein *ubuntu* zwischen vielen Spezies.

Die Linien der Sorge zu verschieben, bedeutet also eine Neukonfiguration des metamorphen Körpers der Bindungen und Loslösungen, die ein menschliches Wesen bilden. Wir lösen uns von einer monolithischen und verkrampften Fixierung auf unsere ausschließlichen Lagerinteressen, die unsere Verbindungen mit der nährenden Umwelt verdeckt hat (keine Landwirtschaft ohne Bodenleben, das von der intensiven Landwirtschaft geschwächt wird); und in derselben Bewegung binden wir uns an eine Bedeutungsgemeinschaft, die unterschiedliche Akteure miteinander verknüpft, die scheinbar in Nutzungskonflikten stehen, doch die tatsächlich die nährende Umwelt selbst konstituieren, jene Umwelt, die unsere Tätigkeiten und unser Dasein ermöglicht. Wir binden uns an unsere »wahren« Interessen, die nicht mehr als »ausschließliche Interessen« des liberalen, bodenlosen, losgelösten Individuums zu verstehen sind, sondern als Bande, die befreien, als Verbindungen, die beleben. Die individuellen und kollektiven Linien der Loslösung und Bindungen in Bewegung zu bringen, ist die Aufgabe einer diplomatischen Erfahrung, in die man plötzlich gedrängt wird, um vom Gesichtspunkt der Interdependenzen aus zu fühlen und zu kämpfen. Sich von dem zu lösen, was früher so sehr zählte, dass es unsere Identität definierte (»wenn man meine Interessen berührt, greift man mich selbst an«), doch was nicht mehr wirklich zählt, wenn all das, wodurch es unsichtbar getragen wurde, von meinem Interesse untergraben wird; sich mit dem verbinden, was früher unsichtbar war, aber was in Wirklichkeit das ausmacht, was mein Leben lebendig macht, nämlich die Verbundenheit mit anderen Leben. Sich lösen, sich verbinden.

Folglich besteht das Problem nicht mehr darin, autonom im Sinne von *losgebunden* von jeder Lebensgemeinschaft zu sein, wie in der modernen Bestimmung der Autonomie. Interdependent zu sein, besteht nun darin, autonom zu sein, aber im Sinne von *gut verbunden* mit den mannigfaltigen Elementen der Lebensgemeinschaft, das heißt auf plurale, widerstandsfähige, gangbare Weise, sodass man nicht absolut von der Instabilität des Milieus abhängt. Da es keine Autonomie als Loslösung vom lebendigen Milieu gibt, ist die einzig wahrhafte Unabhängigkeit eine *ausgeglichene Interdependenz*. Eine Interdependenz, die uns von einer Abhängigkeit befreit, die auf ein einziges Element fokussiert ist (zum Beispiel auf die fossilen Energien und den Einsatz chemischer Substanzen für Ernten).

Der moderne Gegensatz zwischen Unabhängigkeit und Abhängigkeit, der unsere politische Vorstellungswelt gestaltet hat, richtete die Zeit des gesellschaftlichen Fortschritts als einen Übergang von der Unmündigkeit zur Mündigkeit ein, durch eine Emanzipation, die als Eroberung zweier paralleler Unabhängigkeiten kodiert war, einerseits hinsichtlich der Natur, die als Einschränkung unserer Freiheit aufgefasst wurde, und andererseits hinsichtlich der sozialen Zugehörigkeiten, die als für das Individuum entfremdend verstanden wurden. In einem ökopolitischen Denken der Interdependenzen besteht das Problem nicht mehr darin, Unabhängigkeit gegen Abhängigkeit zu stellen, sondern in der Kunst, den Unterschied zwischen den *Verbindungen, die befreien*, und denen, die entfremden, zu machen. In dieser Welt wird das Problem ein kartografisches, es besteht darin, die unterwerfenden Verbindungen von denen zu unterscheiden, die Handlungsmacht geben; die Loslösungen, die schwächen, von denen zu unterscheiden, die beleben. Wie stachelt man die Verbindungen mit dem Lebendigen an, die uns als Gesellschaften und als Individuen in die richtige Richtung drängen, um unsere Nutzungsweisen der Erde hin zu nachhaltigeren und für die Interdependenzen bewohnbareren Formen zu verändern?

Diese Politik des Lebendigen, die mit einer anderen Konzeption des Selbst verbunden ist, mag für moderne Ohren dem politischen Projekt widersprechen, das die Moderne begründete und auf der Vorstellung beruhte, dass eine menschliche Gemeinschaft sich selbst aus der natürlichen Umwelt (die als Einschränkung gedacht wurde) löst, um sich selbst ihr Gesetz zu geben, ohne die Anordnungen der »Natur« über sich ergehen lassen zu müssen, nachdem man über sie triumphiert hat. Man darf in den Interdependenzen jedoch nicht das Gespenst einer Normativität sehen, die der Politik äußerlich wäre, durch die die Ökosysteme den demokratischen Gemeinschaften ihre Gesetze aufzwingen würden.[154] Denn die ökologische Krise zwingt uns nicht, an eine Rückkehr zur Natur zu denken, die den Menschen ihre Gesetze diktiert, von der der moderne Mythos beansprucht, die moderne Demokratie emanzipiert zu haben. Es geht um etwas ganz anderes, um den Ruf der Interdependenzen, die der Bandbreite der von der demokratischen Gemeinschaft erforschbaren Möglichkeiten ihre Grenzen anzeigt. Die ökologischen Grenzen sind keine *äußeren* Zwänge für die menschliche Politik, sondern innere Lebenslinien, die unsere menschliche Lage als *verwoben* darstellen, verwoben mit den anderen Lebensformen, die die Umwelt in einem *ubuntu* der Lebewesen zusammensetzen. Wenn die menschliche Gemeinschaft nur ein Knoten von Beziehungen zur Umwelt ist, die sie bewohnt, dann sind die Grenzen der Nutzung dieser Umwelt keine äußeren Zwänge, die von einer Natur auferlegt werden, von der man sich emanzipieren müsste, sondern sie sind unsere Gesichtszüge selbst. Die Züge unseres wahren Gesichts, nicht eines Fantasiegesichts, sondern die Gesichtszüge eines Lebewesens, dem Leben von der Lebensgemeinschaft eingehaucht wird, die es auf Händen trägt.

EPILOG

ANGEPASSTE RÜCKSICHTNAHMEN

Wir befinden uns in einer Epoche systemischer ökologischer Krisen, in einer Zeit, in der die Beziehungen zu den Tieren, Pflanzen und Umwelten wieder fraglich geworden sind. Unsere Beziehungen zu ihnen müssen neu erfunden werden. Man kann sich dabei von den animistischen Traditionen inspirieren lassen, da ihre Beziehungen zu den anderen Lebewesen reicher als unsere sind. Doch ich bezweifle, dass es eine angemessene Lösung für unsere Situation ist, die ganze Kosmologie der indianischen Völker blindlings zu übernehmen.

Von welchen konkreten Aspekten des Animismus könnten wir Erben der naturalistischen Moderne (dieser Kosmologie, die »Natur« auf der einen Seite den Menschen auf der anderen entgegensetzt) uns also inspirieren lassen? Es scheint mir, dass die Beziehungen, die die Animisten zu den Tieren, Pflanzen und Flüssen unterhalten, so gestaltet sind, dass sie es ermöglichen, mit den Nichtmenschen *in Kontakt zu treten* und somit in einem kosmopolitischen, kontingenten und immer von Zwietracht und Konflikt bedrohten Kontext einen nachhaltigen »Handel« mit ihnen einzugehen, im alten Sinne des Wortes, der eine sowohl friedliche als auch möglichst beiderseitig vorteilhaft verhandelte Interaktion bezeichnet. Wenn man sich zum Beispiel auf den Animismus bezieht, den Descola beschreibt, wenn er die »politischen« Beziehungen der Achuars zu den Wollaffen, die sie jagen, und zum Mais, den sie anpflanzen, erwähnt, dann erkennt man eine Gemeinsamkeit der animistischen Beziehungen zu den anderen Lebewesen darin, dass sie es ermöglichen müssen, eine Interaktion, die Verhandlung eines *Modus Vivendi* herzustellen, der Formen der Gegenseitigkeit und nicht der Gleichheit impliziert. Gleichheit ist de jure und de facto unmöglich, denn welche Gleichheit sollte zwischen uns und jeder der Millionen Bakterien, die unseren Verdauungsapparat bevölkern, bestehen? Die für diese Beziehungen in den animistischen Kulturen charakteristische Konstante ist kein abstrakter Egalitarismus, sondern die Tatsache, dass sie immer *Rücksichtnahmen* erfordern, selbst auf der Jagd, wenn man zum Beispiel einen Affen jagt und tötet. Man nimmt selbst auf sogenannte »schädliche« Tiere Rücksicht, auf Dornensträucher oder Gebüsche, die man *nicht* nutzen kann. Das ist es, was man durch den späten modernen Dualismus verleugnet und verloren hat.

Die anderen Lebewesen, die Umgebungen, waren Entitäten, auf die man Rücksicht nehmen musste, denen man Formen der Gegenseitigkeit schuldete, weil sie die Welt ausmachen, die uns zu dem macht, was wir sind. Das Wesen der animistischen, das heißt der nichtmodernen Beziehung zu anderen Lebensformen ist die Rücksichtnahme. Das Wesen der modernen Beziehung, so wie sie von denen erfunden wurde, die die späte Idee der »Natur« erfunden haben, ist umgekehrt die *Nutzlosigkeit* der Rücksichtnahme gegenüber den Lebewesen und den Nichtmenschen, ihre Irrationalität. Das ist das Wesen der »Natur« der Modernen: Als Materie, die keine eigene Empfindsamkeit und Bedeutung besitzt, als Ressourcenreservoir, aus dem man schöpfen kann, ist die Natur das, gegenüber dem Rücksichten zu haben irrational und kindisch wäre. Man merkt das gut im Diskurs der vorgeblich »ernsthaften Erwachsenen« in Anzug, die die Welt regieren. Es wäre »sentimental, absurd, rückständig, abergläubisch«, den Tieren oder Pflanzen, den Flüssen und Umwelten Respekt und Mitgefühl entgegenzubringen. Schlimmer noch, man müsse diese »Natur« beherrschen, sie organisieren, verwerten, unterwerfen, damit sie uns nicht überschwemmt. Der durchschnittliche Moderne hat eine gelassene, aber reale Verachtung für jede Form von Umweltschutz. Er betrachtet mit Herablassung die Irrationalität der »Ökos«, die Rücksicht gegenüber dem verlangen, was für ihn bloße »Materie« ist. Die späte westliche Weltanschauung, die der Naturalismus darstellt, hat durch ihre Erfindung der »Natur« etwas Entscheidendes geleistet: Man braucht auf die ursprünglichsten Beziehungen zur Welt keine Rücksicht mehr nehmen. Meines Erachtens hat die Menschheit bis dahin keine verrücktere Idee erfunden.

Und dieser Kontrast könnte auf andere menschliche Gemeinschaften, andere Kulturen und andere Kosmologien ausgeweitet werden, um die Absonderlichkeit der dualistischen Metaphysik der Modernen hervorzuheben. Wenn man unter diesem Gesichtspunkt neuerlich das untersucht, was die Anthropologie »heidnische Religionen« nennt, die im alten Griechenland den Kult der kleinen Fluss- und Waldgötter pflegten, den Kult der römischen Penaten und Nymphen, der gallischen Gottheiten der Fruchtbarkeit des Feldes, der Kami des japanischen Shintoismus, die in den Wäldern und Quellen hausten, dann kann man sie außerhalb des jüdisch-christlichen Ethnozentrismus auf eine andere Weise verstehen. Sie sind dann nicht Götter im spiritualistischen Sinn, sondern *Träger von Rücksichtnahmen*, sie sind selbst immanente Entitäten (*diese* Quelle, *dieser* Wald), und nicht ein Geist, der hinzukommt, sie sind dieser Fluss, insofern er Rücksichtnahmen erfordert. Dann obliegt es jeder Kultur, die Natur und die rituelle Form dieser Rücksichtnahmen zu erfinden.

Das entdeckt man, wenn man die Aufmerksamkeit nicht auf die »Natur« oder die »Kultur« als getrennte Blöcke richtet, sondern auf die *Beziehungen*, die man zu den Naturwesen unterhält, und auf die Beziehungen, die man zu den Menschen unterhält. Diese methodologische Fokusverschiebung ermöglicht jene sonderbare Entdeckung und lässt ein verborgenes Wesen des modernen Naturalismus ans Licht kommen, nämlich dass die große

Erfindung der modernen Kosmologie nicht der Dualismus ist. Die Besonderheit des Naturalismus ist vielmehr, die erste Kosmologie erfunden zu haben, die postuliert, dass wir keine Rücksicht auf die Welt nehmen müssen, die uns gemacht hat. Keine Rücksicht auf die lebendige Welt, mit der wir die Erde teilen. Keine Rücksicht auf die Ökosysteme, die uns nähren, die Umwelt, die das Wasser erzeugt, das wir trinken, und den Sauerstoff, den wir atmen. Wie sonderbar ist doch unsere Geschichte!

Warum sollte man auf die lebendige Welt Rücksicht nehmen? Weil sie unseren Körper und unseren Geist gemacht hat, die zu Gefühlen, Freude, Sinn fähig sind. Die lebendige Welt hat alle unsere Vermögen, einschließlich die befreiendsten, geformt, in einer grundlegenden Verflechtung mit den anderen Lebensformen. Sie bewirkt, dass wir dem Tod trotzen, da sie uns ständig und fröhlich Leben einhaucht (was unter anderem »atmen« genannt wird). Wenn man sich von dieser Verbindung löst, dann ist alles aus. Das nennt man Öko-Evolution. Folglich kehrt sich die Frage um: Wie hat man so verrückt werden können, um zu glauben, dass es irrational ist, auf das Rücksicht zu nehmen, was uns geformt hat und in jedem Augenblick die Bedingungen unseres Lebens und unserer möglichen Glückseligkeit sicherstellt? Man muss die Beweislast umkehren. Die Ideologen der Moderne müssen uns beweisen, dass diese Rücksichtnahmen irrational sind (wir wünschen ihnen viel Glück dabei!).

Wie haben sie bloß diesen Taschenspielertrick während der letzten Jahrhunderte hinbekommen? Es hat ihnen gereicht, die lebendige Welt mechanisch und seelenlos zu machen, sie zu entzaubern. Sie haben sich einen Schöpfergott ausgedacht und ihn dann außerhalb der sinnlichen Welt projiziert, die somit profan geworden ist, das heißt zu einer Ressourcenansammlung, die unserer Willkür überlassen und dazu bestimmt wurde, wirtschaftlichen »Wert« zu produzieren. Wo es doch die Umwelt ist, die uns nährt, insofern sie uns alles gegeben hat, gibt und geben wird.

Heute gilt es, unsere Beziehungen zum Lebendigen, zu den bestäubenden Bienen, zu den Urwäldern, Tieren des Bauernhofs oder zur Bodenmikrofauna neu zu erfinden, Rücksichtnahmen neu zu denken.

Es geht jedoch nicht um eine anti-moderne Sehnsucht nach vergangenen Zeiten, als man eine sakrale »Natur« verehrte. Der Begriff der Rücksichtnahmen soll gerade diese Verschiebung des Problembereichs *weg* vom Gegensatz zwischen sakral und profan, zwischen Verehren und Ausbeuten, leisten. Denn es handelt sich dabei immer noch um denselben Dualismus. Und Sakralisierung ist übrigens keine gute ethnografische Beschreibung davon, was die nichtmodernen Völker gegenüber ihrer Umwelt (die nicht die »Natur« ist) vollziehen. Sakralisierung ist der dualistische Begriff, den *unsere* Tradition zum binären Gegensatz »Ausbeutung« gebildet hat. Es gibt das Profane, die rücksichtslos ausbeutbare Materie, und das Sakrale, das Immaterielle, das *überhaupt nicht* angerührt werden darf (die Nichtmodernen hingegen töten, essen, überlisten, bewirtschaften und sammeln ihr »Sakrales«, aber sie sähen und ernten es auch). Die modernen Ethnografen des beginnenden 20. Jahrhunderts haben oft nur ihren provinziellen dualistischen Begriff des Sakralen auf die rituellen und praktischen Formen anderer Völker projiziert, die nicht absolute Verehrung und Sakralisierung sind, sondern Beziehungen, die nie *Rücksichtnahmen* vermissen lassen.

Und die Rücksichtnahmen entfalten sich vor dem Hintergrund einer anderen kosmischen Geografie als der des Dualismus. Sie sind weder der Nutzung noch der Bewirtschaftung entgegengesetzt, im Gegenteil: Je mehr man eine Umwelt bewirtschaftet, desto mehr Rücksichtnahmen ist man ihr schuldig, je mehr man der Erde nimmt, desto mehr muss man ihr zurückgeben, aber dieser Erde und nicht einem transzendenten Gott außerhalb der Welt, dem unberührten heiligen Hain oder dem Naturpark. Die westliche Logik der Bewahrung macht unser dualistisches Erbe gut sichtbar: Wenn wir ein paar Prozente, ein paar Konfetti unseres Nationalgebiets absolut schützen, dann können wir mit gutem Gewissen den ganzen Rest als auspressbare Materie ausbeuten und verwalten (das nennen die Modernen in einer sonderbaren geschichtlichen Wendung nach Locke: die Erde »verbessern«, sie »gut nutzen«, das heißt, sie durch die landwirtschaftliche Organisation bearbeiten, die die Erträge der Biomasse maximiert, im Wesentlichen Getreide und Nutzvieh, um eine wachsende Stadtbevölkerung zu ernähren und insgeheim Mehrwert für die Kapitalakkumulation zu schaffen).

Es ist zwar absolut wesentlich, große Flächen frei von Nutzung zu belassen und sich frei entwickeln zu lassen,[155] doch die Folgerung, die den *Rest*, den bewohnten Raum, betrifft, ist falsch (man könne ihn rücksichtslos auspressen). Es gibt nicht zwei Räume, einen profanen und einen sakralen, es gibt nicht zwei Handlungslogiken (Ausbeuten oder Sakralisieren), denn es gibt nur eine Welt und nur eine Art von nachhaltigen Praktiken: mit Rücksichtnahme vom Land leben. Man muss eine ganze Abstufung von Rücksichtnahmen erfinden, die vom Verbot jeder Form von Nutzung der Umwelt, die man sich frei entwickeln lässt, bis zu Formen nachhaltiger, diplomatischer agroökologischer Nutzung reichen.

Die Idee ist hier, dass der moderne Dualismus das ganze Sakrale der menschlichen Person zugeschrieben und den Rest der Welt jedes höheren Werts, jeder ontologischen Konsistenz, jeder ethischen Anforderung entleert hat. Es ist nicht harmlos, dass der Naturalismus eine ganze Bandbreite von Beziehungen zur Welt erfunden hat, bei denen man auf Rücksichtnahmen *verzichtet*. Die Wahl der Wörter ist hier wichtig: »Rücksichtnahmen« sieht nach wenig aus, doch es ist ein subtiler, wendiger Begriff, der sich der modernen dualistischen Aufteilung zwischen *moralischen* Beziehungen zu Personen (Zwecken an sich) und dem *instrumentellen* Verhältnis zum ganzen Rest (den Mitteln zu Zwecken an sich) entzieht und sich außerhalb von ihm positioniert. Dieser Dualismus wurde von Immanuel Kant glasklar formuliert, der in vielerlei Hinsicht der wichtigste Denker der ökologischen Krise ist, insofern er diesen Gegensatz theoretisiert hat, der grundlegend für unsere alltäglichen Lebensweisen geworden ist.[156]

Wenn man die Moderne als eine Gefangene dieses Dualismus begreift, dann kann man die aktuellsten Bewegungen und ihre Irrungen anders verstehen. Zum Beispiel sind die Antispeziesisten im modernen Dualismus gefangen. Sie wiederholen das dualistische Drama zwischen dem Sakralen und dem Profanen, zwischen Ausbeuten oder Schützen, indem sie als Muster des Sakralen, das die Tiere schützen soll, nicht die vormoderne Form verwenden (die heilige Natur), die von der Moderne zurückgewiesen wurde, sondern die letzte Überlebende der Entgöttlichung der alten Natur, die hypermoderne Form der Sakralität, die die menschliche Person darstellt, welche als Zweck an sich angesehen wird, weil sie Würde besitzt (im Gegensatz zum Rest des Kosmos, der nur Mittel zum Zweck, also profan ist). Indem der Antispeziesismus die fühlenden Tiere in die Kategorie der Personen eingehen lässt, wiederholt und verewigt er diesen Dualismus, der den ganzen Rest (die Pflanzen, die nicht fühlenden Tiere, die Umwelt) dazu verdammt, »Naturressource« zu bleiben, Mittel für die Personen (menschliche und nunmehr auch tierische). Er gibt vor, die moderne Moral zu revolutionieren, doch er zementiert bloß ihre toxischste Grundlage.

Dieser für uns so offensichtliche Dualismus ist trotz seines universellen Scheins tatsächlich sehr provinziell, sehr spät und lokal. Das wahre Feld der Beziehungen zu den Wesen der Welt, das sich in seiner ganzen Unterschiedlichkeit in den Kulturen der Erde seit mehr als dreihunderttausend Jahren entfaltet hat, nimmt vom Gesichtspunkt der konkreten Praktiken aus gesehen eine Zwischenposition ein. Auf diesem Feld der Rücksichtnahmen wird weder absolut sakralisiert und geschützt noch blind ausgebeutet (denn es befindet sich auf einer anderen metaphysischen Landkarte). Überall auf der Welt wird in den nichtdualistischen Kulturen Rücksichtnahme auch den Lebewesen gegenüber gefordert, die man tötet und isst (sie sind keine Personen oder Zwecke an sich). Selbst gegenüber der lebensspendenden Umwelt, die man bewirtschaftet, ist man zu Rücksichtnahmen verpflichtet, gerade deshalb, weil man sie bewirtschaftet. Die Rücksichtnahme verortet sich genau zwischen der Moral und dem Instrumentellen, sie ist eine Position der Gegenseitigkeit, die den anderen weder gleich macht noch sakralisiert. Genau darauf kommt es an.

In diesem Sinn möchte ich schließlich die Diplomatie der interspezifischen Interdependenzen als »Theorie und Praxis angepasster Rücksichtnahmen« neu definieren. Die Rücksichtnahmen, die erfunden werden müssen, sind »angepasst« (*ajustés*), und nicht »gerecht« oder »richtig« (*justes*), eben weil die Wesen, mit denen wir es zu tun haben, in Wirklichkeit Wesen sind, deren Vermögen wir nicht kennen. Wir verfügen nicht über die Kenntnis ihres letztendlichen moralischen Status (Person, Würde, Zweck an sich, Mittel, reine Materie). Man muss die Rücksichtnahmen ständig an die Antworten, die sie uns geben (an ihre Reaktionsweisen, an ihre Art, unser Handeln zu verändern und uns mit ihm zu konfrontieren), anpassen und immer wieder neu anpassen. So wie die Bestäuber der französischen Landschaften uns mit unserer massiven Verwendung von Pestiziden und Pflanzenschutzmitteln auf unvorhersehbare Weise konfrontieren, indem sie uns »sagen«: »Wenn ihr so weitermacht, machen wir Bestäubungsstreik (Streik durch Tod) und ihr habt kein Obst, kein Gemüse, keine Blumen, keinen Frühling mehr, nichts mehr!« Anpassen erfordert Arbeit, eine Entwicklung, ein ständiges Justieren, ein Verhandeln. Es handelt sich nicht einfach darum, das Richtige zu entdecken und dann zu etwas anderem überzugehen, denn dieses Richtige gibt es nicht, sondern es geht darum, ständig die Anstrengung neu zu beginnen, damit die Beziehung gerecht bleibt, damit die Harmonie wie in einem Orchester stimmig bleibt. Es geht nicht um Moral, sondern um ein praktisches Handwerk, eine Sensibilität, einen empathischen Geschmack. Der Anpasser ist ein Handwerker, der wie ein Schneider auf die Besonderheiten achtgibt und immer bereit ist, sein Kleid zu überarbeiten. Deshalb ist diese Neuerfindung kein direkter und ausschließlicher Gegenstand des Rechts, der durch sein Wesen selbst den Rechtsstatus über-stabilisieren soll. Diese Neuerfindung ist aus Gründen der Nachhaltigkeit auch und vor allem die große Herausforderung für die Praktiker, die im Kontakt mit den anderen Lebensformen stehen (Bauern, Permakulturalisten, Förster, Raumordner, Naturschützer, Stadtplaner, Architekten ...), eine Transformation unserer Landnutzung zu erreichen.

Doch wie kann man wissen, welche Rücksicht man auf wen nehmen muss? Die Gegenwart stellt uns dafür hilfreiche Werkzeuge zur Verfügung: Die Revolutionen des Zugangs zu Information und zu Wissen ermöglichen uns, bewusst und informiert in einen Kontakt zum Lebendigen zu treten.

Das zeigen uns jene gegenwärtigen Praktiker und Naturforscher, die die ganze Nacht lang im Internet auf Blogs von »Amateurexperten« verbringen, um zu lernen, die Verhaltensweisen und die Beziehungen zwischen ihrem Lauch und den Nacktschnecken im Permakulturgarten zu entschlüsseln, die Verhaltensweisen der wilden Auwälder, die das Wasser von allen Nitraten und Phosphaten reinigen, die Beziehungen zwischen der Darmflora und den Mykorrhizen. Und am nächsten Tag sind sie den ganzen Tag lang im Gelände oder stecken die Hände in die Erde, stellen sich neue Fragen und erproben das erworbene Wissen. Dieses Hin und Her zwischen der Praxis vor Ort im Gelände und dem außerordentlichen Zugang zu Information, den das Netz ermöglicht, namentlich in seiner Amateurform, begründet ein philosophisch angereichertes Spurensuchen, das uns unerhörte Entdeckerkräfte verleihen kann und uns lehrt, auf jede Lebensform, jede Verknüpfung von Lebewesen angepasste Rücksichten zu nehmen. Der oftmals wiederholte Gegensatz zwischen authentischer Realität des Kontakts zur Natur einerseits und der »virtuellen« Welt andererseits geht an den gegenwärtigen Bedingungen vorbei. Das Internet ist eine wunderbare Maschine, mit der man die Beziehungen zum Lebendigen bereichern kann, sobald sie zur Sensibilisierung dient, die unmittelbar in gelebte Praktiken umgesetzt werden kann. Daher ist es so wichtig, eine Kultur des freien Internets zu verteidigen, die großzügig Erfahrungen und unterschiedliches Wissen kostenlos und frei zugänglich teilt. In diesem Teilen von Informationen, das unsere Verbindungen mit dem Lebendigen bereichert, wird eine »Kultur der Gabe« wiederbelebt, ein durch die Hacker-Gemeinschaften reaktiviertes anthropologisches Phänomen. Stellen Sie sich eine soziale Welt vor, in der Sie nicht dafür geschätzt werden, was Sie an sich reißen und besitzen, sondern dafür, was Sie frei geben!

Indem diese Kräfte der Zirkulation intelligenten Wissens durch die für das Net charakteristische Kultur der Gabe genutzt werden, kann man die Erforschung der angepassten Rücksichtnahmen gegenüber dem Lebendigen *demokratisieren*. Die Sensibilität speist sich dabei aus dem Wissen, sie wird intensiver, flimmernder, intelligenter. Sie verbindet sich spontan mit den Kämpfen: Die Bürger werden dadurch zu Experten der ökologischen Bündnisse mit dem Lebendigen in den Lebensräumen, in denen sie leben und für die sie kämpfen, gegen die Expertise der Technokraten, die von den Firmen bezahlt werden oder die im Dienste der Großen Sinnlosen Projekte stehen, die sie zerstören.

Das Internet mit seiner horizontalen Zirkulation, wo ein jeder unzähligen Informationen nachspüren kann, ist ein Verstärker der Sensibilität für die lebendigen Rätsel, und ein Verstärker des Kampfes für die Lebensbündnisse, wie dergleichen noch nie in der Menschheitsgeschichte zur Verfügung stand.

Davon ausgehend muss man eine kosmopolitische Höflichkeit (*cosmopolitesse*) neu erfinden. Es geht darum, angepasste Rücksichtnahmen auf die anderen Lebensformen, die die Welt bilden, wiederzufinden und zu erfinden, damit wir endlich ein wenig kosmopolitisch-höflich werden.

NACHWORT

Warum ist es wichtig? Warum ist es so wichtig? Wer, was? Nun, dieses Buch! Und allgemeiner, alle Bücher von Baptiste Morizot.

Sie sind wichtig nicht nur für einen einfachen Soldaten wie mich, der unversehens an die Front geschickt wird, um dieses Nachwort zu schreiben; nicht nur für meine Schöpfungen, die sie zutiefst befruchtet haben; nicht nur für jede Reise, deren leuchtender Fluchtpunkt die Schönheit des Am-Leben-Seins ist.

Sie sind wichtig für diese Gesellschaft, die alles Fleisch zu einer Ziffer macht, für den Westen, der ebenso leblos ist wie ein Backenzahn ohne Nerv, den man in Ermangelung eines Besseren mit Blei füllt. Sie sind wichtig für diese Erde, die niemals gerettet hat werden müssen, sondern nur ihren eigenen Kräften, ihrer Freiheit überlassen, damit sie ihren Saft und ihre Blätter erneuern kann. »Auf natürliche Weise«.

Versuchen wir also, in einfachen Ausdrücken festzustellen, was auf dem Spiel steht.

Unsere Moderne ist seit drei kleinen Jahrhunderten ein zerfetzter Lumpen. Der Stoff ist zerrissen, aus dem unsere lebendigen Körper gewebt sind. Wir sind nicht die Individuen, sondern die Dividuen dieses digitalen Jahrhunderts, verstreut in unseren technologischen Kokons, wir sind die Stoffstücke oder Stoffballen, die Fetzen, die nach einem Generalangriff auf alle Verbindungen übrig sind. Unsere Verbindungen zur Welt sind ebenso wie unsere Verbindungen zu den anderen und zu uns selbst geschickt zerfasert worden. Und vor allem, sie alle umhüllend, sind unsere Verbindungen zum Lebendigen zerfasert.

Die Verbindungen zu jenem Lebendigen, das in uns, außerhalb von uns und durch uns pulsiert. Das Lebendige ist ein Feld und ein Rhythmus, das heißt etymologisch, eine Art zu fließen. In dieser Hydrodynamik sind wir Pumpen und Röhren, Geysir und Quelle, See, Regen oder Flüsse, so wie die geringste Zelle, die einfachste Bakterie oder der majestätischste Feigenbaum.

Baptiste Morizot zeigt gekonnt auf, dass die gegenwärtige ökologische Krise vor allem eine Krise unserer *Beziehungen* zum Lebendigen ist. Folglich eine Krise der Sensibilität. Eine tragische Verarmung der Modi der Aufmerksamkeit und der Aufgeschlossenheit für die Lebensformen. Ein unscheinbares Aussterben der Erfahrungen und Praktiken, die zur Offensichtlichkeit beitragen, dass wir leibhaftiger Teil der Welt sind, und nicht zweifüßiges Fleisch unter künstlicher Käseglocke. »Die Besonderheit des Naturalismus ist [...], die erste Kosmologie erfunden zu haben, die postuliert, dass wir keine Rücksicht auf die Welt nehmen müssen, die uns gemacht hat. Keine Rücksicht auf die lebendige Welt, mit der wir die Erde teilen. Keine Rücksicht auf die Ökosysteme, die uns nähren, die Umwelt, die das Wasser erzeugt, das wir trinken, und den Sauerstoff, den wir atmen. Wie sonderbar ist doch unsere Geschichte!«

Angesichts der Trugbilder des Technozäns, das glaubt, den Globus terraformen zu können, so wie man eine Plastilinkugel kneten würde; angesichts des stillen Ökozids, vor dem man die Augen verschließt; angesichts der beschleunigten Erwärmung der winzigen Luftschicht, die uns vom Kosmos schützt und uns sieben Milliarden nunmehr in den Schnellkochtopf mit geschlossenem Deckel steckt, müssen wir mehr als jemals zuvor Philosophen sein. Nietzscheanische Philosophen. Das heißt, solche, die der gegenwärtigen »Dummheit schaden tun«, die Schluss machen mit dem Moralin, dem Messianismus der Apokalypsen, dem billigen Antispeziesismus und den Trugbildern des Rechts, jenen blühenden Reichen des Reaktiven. Wir müssen uns, so weit es geht, mit einer Philosophie des Lebendigen wappnen, die ebenso eine Politik des Lebendigen ist, und eine Praxis, die sich aus ihr speist. Genau das leistet dieses Buch – und dadurch ist es so wertvoll.

Im dichten und im besten Sinne des Wortes umkämpften Bereich des gegenwärtigen ökologischen Denkens ist Baptiste Morizot eine Tür. Er öffnet zum Danach. Nicht, weil er besser als andere antizipiert oder seine Visionen weiter projiziert, sondern gerade umgekehrt, weil er *da* ist, während viele andere *anderswo* hinsehen (ich meine damit hinter uns, jenseits von uns, zu weit oder zu hoch, wir, die kurzsichtigen Adler). Weil er in der Gegenwart unserer Beziehungen wohnt, weil er sich an den Knoten des Knäuels begibt und uns somit erahnen lässt, was wir sein könnten und wie wir *gemeinsam zusammen wohnen* können, sobald diese abgrundtiefe Absurdität einer von der Welt abgetrennten Welt überwunden ist.

Morizot schreibt Bücher für den kleinen Sapiens, der ich bin, der wie so viele andere zwischen sozialen Kämpfen und ökologischen Gefechten aufgerieben wird, der aus dem verschmutzenden, plündernden und sabotierenden Kapitalismus ausbrechen möchte, der aber in der Lawine der schlechten Nachrichten der Kollapsologie steckt, der verzweifelt nach einem Kompass, einem Eispickel, einer nicht zu sehr vernebelten Konstellation sucht, um den Pass des Anthropozäns zu überschreiten und zum Südhang zu gelangen (und der dennoch in seinem knurrenden Körper, in seinem pochenden Herz, spürt, dass alles schon da ist, dass es uns an nichts fehlt, dass das Verlangen, das uns bewegt, Macht und Herrlichkeit ist) – für Leute wie mich schreibt Morizot also Bücher, die wie Lippen sind, die fähig sind, die Welt sowohl zu artikulieren als auch zu küssen. Und trivialer: die fähig sind, uns zu nähren.

Diese Politik des Lebendigen, die in seinen Texten unbändig zum Vorschein kommt, berührt den Schmelzpunkt dreier brennender Herausforderungen, die ich, jegliche Eleganz opfernd, folgendermaßen formulieren könnte:

1. Wie entkommt man dem physischen und kognitiven Technokapitalismus und bannt endlich seine Suchtbegehrensökonomie (Individualismus, postulierte Unabhängigkeit, triebhafter Konsum, Anhäufungswahn, digitale Selbstknechtung ...), indem man darauf mit einer Reaktivierung unserer betäubten Lebenskräfte, einer wiedergefundenen Konfrontation mit unserem Außen und einer Wiederermächtigung unserer verbindenden Körper antwortet?

2. Wie knüpft man wieder ans Lebendige an durch eine nüchterne, widerstandsfähige und fröhliche Ökosophie, die die apokalyptischen Ängste und Faszinationen dekonstruiert und uns in unserer Fantasie ebenso wie in unserem Erleben jene Post-Hybris-Zukunft erahnen lässt, die man bereits zu konstruieren anfangen kann?

3. Wie kann man kollektiv einen politischen Zugang herstellen, bei dem die Sorge und die Bemühung um die Beziehungen in ihrem ganzen Umfang und ihrer ganzen Komplexität im Mittelpunkt der Praktiken stehen? Anders gesagt, wie kann man in unseren Beziehungen sowohl zu den Menschen als auch zu den anderen Lebewesen den Trieb zur Beherrschung und Zähmung aushebeln, der uns seit dem Neolithikum beschäftigt, und ins Ethos der Begegnung und des Empfangs eintreten? In die Gastfreundschaft gegenüber dem Nicht-wie-Ich, in die zirkulierenden und sich überschneidenden Empathien, die uns *retten* und nicht vernichten? Kurz und gut, wie gelangt man zu den beweglichen und präzisen *angepassten Rücksichtnahmen* gegenüber allen Lebewesen, die sich von uns unterscheiden, um dabei *ihre* Kräfte mit *unseren* eigenen Vermögen (die wir meist mit ihnen teilen) zu verbinden?

Ich will hier den Modus der Demonstrationsslogans wagen: Es geht nicht darum, das Monatsende (*fin du mois*)[157] und das Weltende (*fin du monde*) zusammenfallen zu lassen, sondern das Ich-Ende (*fin du moi*) zu beschleunigen, um das Ende des Schändlichen (*fin de l'immonde*) zu bewirken. Und somit soll auch zu einem Welthunger (*faim du monde*) angeregt werden, zu einem Durst danach, an ihr teilzuhaben als jemand, der mit ihr an ihr webt und mit und in ihr lebt. Kameraden, es ist also an der Zeit, die Spruchbänder auszutauschen und zu verkünden: *Ich-Ende – Welthunger: dieselbe Vereinigung!*[158]

So wie ich sie verstehe, scheint mir Morizots Arbeit von einer herausragenden Originalität und drei wesentlichen Beiträgen zum ökosophischen Denken gekennzeichnet zu sein.

Die Originalität? Sie besteht darin, dass er vom Terrain ausgeht. Er ist ein eingebetteter und verorteter Philosoph. Höchst konkret. Das Gegenteil eines von oben herab Sprechenden. Daher stammt seine Präzision und die Redlichkeit seiner Pädagogik. Keinerlei unnötige Virtuosität. Kein schwammiger Begriff. Keine Idee, von der man nicht die aktivierbaren Potenziale spürt. Wir haben es mit einem bewegenden Denken zu tun, das aus dem erlebten und alltäglichen Bezug zum Lebendigen entsteht.

Die drei wesentlichen Beiträge? Meines Erachtens sind das:
1. Er gibt dem Lebendigen seine Freiheit wieder.
2. Er politisiert im schönsten Sinne des Wortes.
3. Er verbindet uns mit der Welt, auf sehr feine Weise, Faden um Faden, indem er den Fluch der Modernen bannt und das Menschliche an seinen angestammten »panimalischen« Platz zurückführt.

Entfalten wir das ein wenig.

1. Er gibt dem Lebendigen seine kreative Freiheit wieder. Lange Zeit haben Mechanismus und Determinismus das Lebendige verarmt und entstellt. Morizots Unterscheidung zwischen Funktion und Nutzung erneuert ebenso wie seine Wiederaufnahme des Begriffs der *Exaptation* (der zeigt, dass eine für ein Organ »vorgesehene« Funktion abgelöst und auf andere Praktiken übertragen werden kann) völlig den Blick auf die Evolution.

> Die begriffliche Nuancierung zwischen Funktion und Nutzen, die ich hier vorschlage, soll einer Philosophie des Lebendigen den Weg bereiten, die das biologische Erbe akzeptiert, *ohne* es zu einem Determinismus zu machen. Es bildet im Gegenteil die Bedingung für Erfindungen, Neuheit und Freiheit.

Durch die Bedeutung, die den Variationen, den »Flüssen von Varianten« und der subtilen Kombinatorik der Begriffe von Ursprung und Modell bei den ererbten Vermögen verliehen wird, erfahren Unterschied und Abweichung vor dem Hintergrund der gemeinsamen Quelle und der evolutiven Konvergenz größere Aufmerksamkeit. Er verwendet Simondon, um den Spezies eine vorindividuelle Dynamik zurückzuerstatten, die der Annahme ihrer strukturierten Form vorausgeht. Dasselbe gilt für die Territorialität, deren Besonderheit in einer geopolitischen Raumerfahrung liegt, die von vielen Spezies geteilt wird.

Bezüglich der Tiere, die man untersucht, erinnert er daran, dass »man niemals lesen darf, sondern immer übersetzen muss«. Immer und immer wieder. »Um dem gerecht zu werden, was stattfindet, was sie sind, um der Beziehung gerecht zu werden.« Kein Lebewesen ist auf einen Automaten oder ein Programm reduzierbar. Jedes ist immer ein freies und verortetes

Geschöpf, das unter Zwängen handelt und seine Befreiungen erfindet. Diese Freiheit, die man nur den Menschen zusprach, findet ihre besonderen Formen in Wirklichkeit überall – und folglich erfordert sie Rücksichtnahme. Und Interpretation. Vorsichtige, intelligente und auf die Umstände achtende Interpretation.

Deshalb wird auch dem Perspektivismus von Viveiros de Castro so viel Bedeutung zugemessen, den Baptiste zum Beispiel in seiner Geopolitik der Wolfsexkremente anwendet: »Die Handhabung von Analogien der perspektivistischen Ethologie befreit uns vom simplifizierenden Anthropomorphismus (›Losungen sind Wappen‹), von der Naturalisierung des Menschen zum Tier (›Die menschlichen Wappen sind nur Losungen‹) und vom ethologischen Reduktionismus (›Losungen sind nur Stimuli, die durch wirksame Konditionierung ausgelöst werden‹).«

Denn in einer freien, lebendigen Welt muss man es verstehen, den anderen mittels *Beziehungsähnlichkeit* zu denken und zu spüren, ohne ihn zu verflachen. Er ist zwar frei »wie wir«, aber er ist auch ein *anderer* Körper als wir, und besitzt andere Potenziale. Man muss versuchen die Verhaltensmöglichkeiten des Körpers zu verstehen. »Jedes Tier sieht und gestaltet die Welt nicht von seinem Geist, sondern von seinem Körper aus: Sein Körper mit seinen Vermögen des Fühlens und Sich-Aneignens bildet die Grundlage seiner Perspektive auf die Welt. Das ist die große Idee des Perspektivismus.«

Denken wie ein Wolf, fühlen wie ein Schaf, wahrnehmen wie ein Hirtenhund – ja, unter der Voraussetzung, dass man sich bewusst ist, dass die Strukturen der Beziehung zur Welt analog sind, aber nicht der direkte Bezug, der immer singulär ist.

2. *Baptiste Morizot politisiert das Lebendige auf die edelste und tiefste Art und Weise.* Für mich ist das absolut entscheidend. Vor allem, um die gegenwärtigen Aporien zwischen Extraktivismus und Sakralisierung der Natur hinter uns zu lassen. Oder um »den Planeten« anders aufzufassen, nicht als Kristallkugel, die wir uns herablassen müssen zu »retten«.

Er politisiert das Lebendige zuerst, weil er, wie wir gesehen haben, jedes Lebewesen in seiner Freiheit gegründet sieht, die ihm so oft verweigert wird. Weniger, um es zu einem »Rechtssubjekt« in einer Marionettendemokratie zu machen, in der der Mensch der Puppenspieler ist, sondern um die Lebewesen in die Mitte eines »Handels« im alten Sinne zu bringen, in dem alle Lebendigen Handelnde sind.

Politisieren heißt vor allem, die Beziehung ins Zentrum von allem zu stellen. Von der Beziehung ausgehen, ob sie symbiotisch oder beutemachend, gegenseitig oder parasitär ist, und die Knoten und Spannungen wiedergeben. Durch sie die Ökosysteme zu repolitisieren, bedeutet zu zeigen, dass nur die Beziehung wirklich Welten hervorbringt. Und um sie und für sie muss man eine Konstellation von Begriffen entfalten, die die plastische Kraft von Morizots Denken ausmachen: die Begegnung, das Zusammenleben, die Interdependenz, die Kunst der Diplomatie. Es gilt, die Ethologie als eine *Ethopolitik* aufzufassen und, mit noch mehr Fingerspitzengefühl: als eine Beziehungskunst, die mit neuer Schärfe die Frage des Zusammenlebens auf diesem kleinen blauen und grünen Stück Kosmos, das um eine Sonne kreist, aufwirft.

Im Epilog des Buches geht Baptiste Morizot noch weiter. Er legt ein Werkzeug (oder ist es eine Waffe?) auf die begriffliche Werkbank, dem meiner Ansicht nach eine äußerst fruchtbare Zukunft beschieden sein wird. Er hat es »angepasste Rücksichtnahme« getauft. Die Verbindung der zwei Wörter verkörpert selbst schon die Beziehung, die man finden muss. Sie fungiert als eine Wasserpumpenzange, die den Habitus, die Gewohnheit und die Ethik artikuliert, die den Lebewesen gegenüber ein- und anzunehmen sind, und zugleich die ethologische Verhaltensweise, die es umzusetzen gilt: *diese Rücksichtnahmen anpassen*, die Aufmerksamkeit zwischen ihnen, auf die Lebendigkeit der Beziehung achten, die Interdependenzen respektieren und besser noch, sie (neu)zusammensetzen, um ihnen zu helfen, ihre Flüssigkeit wiederzuerlangen, damit sie zusammenleben und zusammen funktionieren können, wenn sie sich in einer krankhaften Konfliktträchtigkeit selbständig machen.

> In diesem Sinn möchte ich schließlich die Diplomatie der interspezifischen Interdependenzen als »Theorie und Praxis angepasster Rücksichtnahmen« neu definieren. Die Rücksichtnahmen, die erfunden werden müssen, sind »angepasst« (*ajustés*), und nicht »gerecht« oder »richtig« (*justes*), eben weil die Wesen, mit denen wir es zu tun haben, in Wirklichkeit Wesen sind, deren Vermögen wir nicht kennen. [...] Es geht darum, ständig die Anstrengung neu zu beginnen, damit die Beziehung gerecht bleibt, damit die Harmonie wie in einem Orchester stimmig bleibt. Es geht nicht um Moral, sondern um ein praktisches Handwerk, eine Sensibilität, einen empathischen Geschmack. Der Anpasser ist ein Handwerker, der wie ein Schneider auf die Besonderheiten achtgibt und immer bereit ist, sein Kleid zu überarbeiten. Deshalb ist diese Neuerfindung kein direkter und ausschließlicher Gegenstand des Rechts, der durch sein Wesen selbst den Rechtsstatus über-stabilisieren soll. Diese Neuerfindung ist aus Gründen der Nachhaltigkeit auch und vor allem die große Herausforderung für die Praktiker, die im Kontakt mit den anderen Lebensformen stehen (Bauern,

Permakulturalisten, Förster, Raumordner, Naturschützer, Stadtplaner, Architekten …), eine Transformation unserer Landnutzung zu erreichen.

Morizot verleiht diesen Rücksichtnahmen also eine Vielzahl möglicher immanenter Justierungen und Anpassungen, Genauigkeiten und Gerechtigkeiten, die dem Kontext entspringen. Er verschafft den Beziehungen, die man für starr und determiniert hielt, einen Spielraum und »eine ganze Abstufung von Rücksichtnahmen […], die vom Verbot jeder Form von Nutzung der Umwelt, die man sich frei entwickeln lässt, bis zu Formen nachhaltiger, diplomatischer agroökologischer Nutzung reichen«.

In unserem Austausch habe ich Morizot manchmal seinen Gebrauch des Ausdrucks »Diplomat« oder »Diplomatie« vorgeworfen, den ich bald ein wenig unscheinbar, bald zu einschränkend empfand (*diplo*- bedeutet *zwei* und die Beziehungen sind immer zahlreich), aber auch, weil er zu sehr an seinen semantischen Rahmen erinnert, der darauf gründet, dass ein Individuum das Mandat für die Verteidigung eines Lagers erhält. Ich fand, dass das Wort nicht dem vielstimmigen, ja sogar vielköpfigen, sehr tiefgründigen Zugang gerecht wird, den er entwickelt. Doch wahrscheinlich kann ein einziger Ausdruck nicht die Komplexität eines Verhältnisses ausdrücken. Und indem man ein Substantiv (Rücksichtnahme) und ein Verb im Partizip Perfekt (angepasst) miteinander verbindet, verschafft man ihm die Mittel seiner Politik. Oder vielmehr seiner *Polytik*, das heißt einer Politik, die das Binäre der Lager überwindet und unvermeidlich vielfältige Beziehungen knüpft. Denn der Diplomat, den er beschwört, ist im Grunde doch ein polytischer Mann oder eine polytische Frau, das heißt ein Mensch, der seine Herkunft aus einem Lager akzeptiert und doch nicht aufhört, sich in den Dienst der Beziehung zu stellen, der ein rücksichtsvoller Hüter der Interdependenzen ist und kein strenger Wächter der Identitäten, einer Spezies oder eines Lagers.

Wenn beim Tier, durch die Anmut des Übergesichts, wie Portmann sagt, »die höchste Ausprägung des Einzelwesens, die Möglichkeit der Kundgabe innerer Zustände, im Dienste der Begegnung steht«, dann ist *der polytische Mensch* derjenige, der einen Kontakt zu den verwandten Aliens herstellt, der für sie vermittelt und von dieser Fremdheit aus etwas schafft, das man sich zu eigen machen kann. Er stellt sich der Arbeit der Übersetzung, er interpretiert Fährten, Ausdrücke und Zeichen, und wird von diesem vielfachen Leben durchlöchert/gespalten/durchzogen, das er ohne Gewissheit entschlüsselt und ohne Transzendenz artikuliert. So gut es eben geht.

Eine Generation wie die meinige, die an Sartre und Camus geschult und mit dem Absurden und der ontologischen Differenz großgezogen wurde, die mit dem ranzigen »modernen« Mythos des Schweigens des Universums gefüttert, die von der postulierten Einsamkeit der melancholischen Nacktschnecke angesichts der Stille der Heide und des Meeres gelähmt wurde – unsere Generation kann Morizot und seinesgleichen nicht genug danken, diese flimmernde Wahrnehmung einer Welt wieder zurückerstattet zu haben, deren schimmernder Taftstoff durch uns raschelt und von der jede Bewegung das innige Netz dieser Verbindungen vibrieren lässt, das wir verloren geglaubt hatten. Dank ihnen sind wir bereits die Kinder einer neuen Polytisierung.

IMMER DRINNEN, NIEMALS DAVOR

3. Ich komme auf den dritten wesentlichen Beitrag dieses Buches zu sprechen. Es gliedert uns wieder ins Lebendige ein. Es stellt unsere gemeinsame Zugehörigkeit wieder her. Es gibt uns unseren Platz und unser Glück wieder. Indem es die vierte Wand dieses Theaters des Humanismus-als-Zentrum-von-allem niederreißt, führt es uns (fast wie eine neue Spezies)

ins Herz der Verbindungen zurück, die uns befreien. Die vom Liberalismus gepriesene Unabhängigkeit wird zur Interdependenz nicht nur als eine Tatsache, sondern als eine Kraft. Das Buch erinnert uns daran, dass die Interdependenz nicht als eine Anhäufung von Zwängen erlebt werden muss, sondern dass sie der Hauptstrang unserer Emanzipation ist. Man muss diese großartige Stelle vollständig zitieren.

> Das Gewebe des Lebendigen besteht aus Zeit, aber wir sind drinnen, darin verwoben, stehen nie vor ihm. Wir müssen es von innen sehen und verstehen, wir werden es nicht verlassen können.
> Das macht ein *vom Lebendigen ungetrennter Zugang* sichtbar, eine öko-evolutio-ethologische Philosophie, die sensibel für die horizontalen Verbindungen mit der Lebensgemeinschaft um uns ist (entnaturalisierte Ökologie), sensibel für die vertikalen Fäden, die uns mit den ins Unvordenkliche eingetauchten mannigfaltigen Anzestralitäten verbinden (entmechanisierte Evolutionsbiologie), und aufmerksam für die Fähigkeit des Lebendigen, neue Seinsdimensionen zu eröffnen, das heißt Raum für erfinderische Existenzformen (philosophisch angereicherte Ethologie) zu geben.
> Die entnaturalisierte Ökologie ist offen für die politischen Dimensionen der interspezifischen Beziehungen, die entmechanisierte Evolutionsbiologie beschäftigt sich mit den Ablagerungen von verfügbaren Aszendenzen und mit der exaptativen Reserve, die neue Beziehungen ermöglicht; die angereicherte Ethologie ist eine des »Sehens-wie«, die auf der Methode der *perspektivistischen Analogie* aufbaut. Sie nimmt die biosemiotische Dimension der Kommunikationen und Konventionen, Übereinkünfte, Sitten und Gebräuche der Lebewesen auf.
> [...]

> Die tierischen Anzestralitäten sind wie Gespenster, die uns heimsuchen, indem sie an die Oberfläche der Gegenwart aufsteigen. Es sind freundliche Gespenster, die zu Hilfe kommen, die aus uns ein *Panimal*, ein *Pan-Animal*, ein All-Tier, ein umfassendes Tier machen, metamorph wie der Gott *Pan*. Sie erfinden bei Bedarf eine originelle Lösung für ein Lebensproblem.

Natürlich wird diese neuerliche Anbindung an das Lebendige von vielen Denkern und Aktivisten getragen und unterstützt. Baptiste jedoch setzt sie nicht nur auf begrifflicher Ebene um, sondern fügt sie in seine Praxis ein und aktiviert sie in seinen Wahrnehmungsweisen. Er verkörpert sie in seiner Erfahrung der Spurensuche und lässt ihre Emotionen in seinen narrativen und stilistischen Qualitäten widerspiegeln.

> Die angereicherte Spurensuche ist die sinnliche und praktische Seite eines umfassenden philosophischen Zugangs zum Lebendigen, das heißt ein Aufmerksamkeitsstil. Sie ist auf der Hut: Ein Auf-der-Hut-Sein, das empfänglich ist für die verschwenderische Fülle der Zeichen des Lebendigen, das tief in die Zeit reicht und ein Gewebe aus verwandten Aliens ist. Ein Auf-der-Hut-Sein, das immer schon mitten drin steckt und niemals außerhalb steht.

VOM STIL IN DER PHILOSOPHIE

»Die großen Philosophen sind auch große Stilisten. Der Stil in der Philosophie ist die Bewegung des Begriffs.« Wer hat das besser als Deleuze formuliert?[159]

Wenn man wie Morizot inmitten des Lebendigen schreibt, stellt sich eine beunruhigende Frage der Schrift, oder vielmehr eine Vielzahl von beunruhigenden Fragen der Schrift! Das beginnt mit folgenden Fragen: Wie legt man tierische Affekte in die Sätze hinein? Wie schreibt man nicht über die Beziehung, sondern vom knurrenden Magen der Beziehung aus, so als ginge man von der Sonne aus, um über ihre Strahlen zu erzählen? Vor allem, wie erreicht man diesen Pol der Empathie mit einer Lebensform, zum Beispiel mit dem Wolf, von dem aus man plötzlich nicht mehr beschreibt, was der Wolf tut, sondern wolf-schreibt, wolft, so wie man stottert, wild seine Syntax herumwolft, um verstohlen ein Wolf-Werden in einem Käfig von Worten einzufangen und dieser berühmten Fremdsprache in der Sprache einen möglichen Tunnel zu graben, von der aus unerhörte Affekte aufsteigen können.

Baptiste weicht der Herausforderung nicht aus, im Gegenteil, er stellt sich ihr, manchmal auf wunderbare Weise, wie am Ende der dritten Episode von »Eine Zeit bei den Lebewesen«, wo er die Bedeutungen eines einzigen Geheuls in einem Feuerwerk explodieren lässt:

> »Ich bin hier, kommt, kommt nicht, findet mich, flieht, antwortet mir, ich bin euer Bruder, der Liebhaber, ein Fremder, ich bin der Tod, ich habe Angst, ich habe mich verirrt, wo seid ihr? In welche Richtung soll ich laufen, zu welchem Kamm, zu welchem Gipfel? Es ist Nacht. Zerreißt den Nebel mit einem tönenden Stern, damit ich ihm folgen kann! Und wer von euch ist in Rufweite? Freund? (*Sotto voce.*) Feind? Bilden wir ein Rudel! Wir sind ein Rudel. Kommt! Wer mich liebt, folgt mir! Seid ihr da? Ich bin der Unvollständige, der Eure, der Ungetröstete. (*Allegro.*) Es soll ein Fest geben, wir sind am Aufbrechen, die Zeremonie hat begonnen und ich bin Fragment. Ist da jemand? Ich sehne mich. Freude! Oh Freude!« (*Jemand hat geantwortet.*)
> Ein einziges Heulen.

Will man aus der Perspektive eines anderen Körpers schreiben, der andere Arten des Lebendigseins verkörpert und aktiviert, dann muss man in sich seinen verborgenen, in tierischen Anzestralitäten aufgefächerten Körper suchen und seine Kräfte erwachen lassen. Das ist nicht unmöglich. Man braucht dafür bloß Talent, eine Begabung fürs Eintauchen, eine feuchte Durchlässigkeit für Zustände, die den unseren nahe sind, und die man übertragen kann, gemäß der unüberbietbaren Anregung Mallarmés: Man muss sich mit den rhythmischen Entsprechungen der Natur verbinden und sie durch Verwandtschaftsentsprechungen in Sprache übertragen. Man muss im Spiel der Klänge und in den Syntaxverdrehungen etwas finden, das es ermöglicht, das Spiegelbild des Spiels der Beziehungen und die Verdrehungen der Wirklichkeit wiederzugeben.

Anders gesagt, man muss in sich diesen Affekt des Rudels oder der Meute empfinden, das Gefühl, sowohl geschützt als auch stark zu sein, eine Weise finden, den »reinen Fluss von Zähnen« der beißenden Mäuler auszudrücken. Plötzlich taucht die Wahrnehmung auf, wie ein wandernder Wolf neophil und fröhlich herumzuirren, man verleiht ihr die mit leichten Kommata rhythmisierte Bewegung der Syntax, die zuerst hüpfend und gelenkig ist, dann von einem abtauchenden Syntagma geerdet wird, um sie mit kleinen Fächerbewegungen sodann zu einem anderen, brennenden Begehren zu erweitern: »alles kosten, alles probieren, nichts tun, flanieren, sich total langweilen; und dann geht die Sonne dort hinten unter und man spürt eine kleine Einsamkeit in sich aufsteigen, die Lust nach einer Wolfsmaske, die man lecken kann, die Lust der Erregung des Zusammenseins, die Sehnsucht nach dem warmen Geruch der anderen, in den man wie in ein Dampfbad eintaucht, die Sehnsucht nach den anderen«.

Oder die Jagd auf das ununterschiedene Tier der Landschaft, das wie aus dem Körper der Berge selbst entstanden ist, das das Bild des »rauchenden Wildschwein-Hügels« auftauchen lässt, in dem zwei Substantive zu einer als ungetrennt erlebten Welt verschmelzen.

Das sind bloß bescheidene Beispiele in Morizots Prosa, so als ob der philosophische Anspruch die Poesie verbieten würde, die doch einzig über die sinnlichen Mittel verfügt, uns auf die andere Seite der Nacht übergehen zu lassen, dorthin, wo das Tier endlich in unser Blut überginge, in unseren Rhythmen rehabilitiert, und durch die umhüllende Kraft der Wörter auf unseren gemeinsamen ontologischen Grundstock zurückgeholt würde.

Wenn, wie Deleuze es andeutet, der Begriff niemals vollständig sein kann ohne den affektiven und perzeptiven Flügel, der seinen ganzen Flug austarieren und schließlich gewährleisten wird, wie kann man dann vorgeben, vom Lebendigen in seinem ganzen Ausmaß zu sprechen, ohne einen Stil geschmiedet zu haben, der selbst dieses in Syntagmen vernetzte Leben ist, das in Wildtierklängen gebrüllt, in kleinen Alliterationen gezwitschert und schließlich in Anklängen trompetet wird, die ebenso dickhäutig sind wie in einer Trockensavanne trampelnde Elefanten? Man wird Baptiste nicht den Vorwurf machen, sich dessen nicht bewusst zu sein:

> Die angepassten Rücksichtnahmen beginnen mit einem Verständnis der Lebensform der anderen, das versucht, ihrer Andersheit gerecht zu werden. Dies impliziert also, einen angepassten Stil zu finden, um von ihnen zu sprechen, um ihre Lebensweise in Worte zu fassen – was sie selbst nicht tun werden. Und in diesem Sinn ist man immer zum Scheitern verurteilt, man wird nie Gerechtigkeit erlangen, doch gerade deshalb muss man endlos sprechen, das Unübersetzbare übersetzen und wieder neu übersetzen, es immer von Neuem versuchen. Man muss es schaffen, von ihnen in einer Sprache zu sprechen, die man verwendet, wenn man von uns spricht, um zu zei-

gen, dass sie nicht physische Materie, nicht »Natur« sind. Doch man muss diese Sprache auch so verwenden, dass ihre Fremdartigkeit sichtbar wird.

Damit würde sich eine Philosophie eröffnen – möge dieser Traum Baptistes zukünftigen Büchern Nahrung geben –, die an ihre notwendige Poesie anknüpfen würde, insofern das Lebendige, mehr als jeder andere Begriff, besser als jeder andere, im Schreiben eine Vielzahl von Tonlagen, Stößen, Salven und Empfindungen, Atem und Knospen verlangt, kurz, eine extreme stilistische Lebendigkeit, ohne die es eine brave Aneinanderreihung von Holzschnitten bliebe. Das Lebendige lässt sich weder beschreiben noch darstellen, es choreografiert sich. Es verlangt ein Fließen. Es verlangt stürmisch seine eigene Syntax.

DIE GLÜHENDE VERSCHMELZUNG

Das Buch *Arten des Lebendigseins*, das Sie in Händen halten, ist kein klassisch philosophisches Buch, das haben Sie schon bemerkt. Es ist nicht auf dem Schreibtisch entstanden, in der absteigenden Strenge der Begriffe. Es weist ebenso viele Arten des Schreibens auf, wie es Arten gibt, sein Denken zum Leben zu erwecken: intensive und wissenschaftliche Beobachtung des Terrains (»Auf die andere Seite der Nacht wechseln«) oder Abenteuererzählung, nahe am ethologischen Thriller, der die Chronologie der Fährtenverfolgung der Wölfe schildert (»Eine Zeit bei den Lebewesen«); durch eine aufmerksame Lektüre großer Denker (»Mit seinen Raubtieren zusammenleben«) oder die Erprobung einer genialen Hypothese und die Fiktion eines Rituals (»Die Versprechen eines Schwamms«).

Diese Textsammlung errichtet somit einen *Empfang* (*accueil*), einen Empfang des Außen, das in unsere Schädel dringt, anstatt einen *Sarg* (*cercueil*) für unsere bereits kalten Gedanken zu errichten. Und wenn ich Kanadier wäre, würde ich sogar so weit gehen, zu sagen, es handle sich um einen *Eisgang* (*bouscueil*), um eine durch den Wind, die Flut oder die Strömung hervorgerufene Bewegung des Eises, als ob es einen ganzen Frühling Schneeschmelze bräuchte, um endlich die hierarchischen Dualismen aufzutauen, die uns blockieren.

In meinen Augen ist Baptiste Morizot ein Mischwesen. Das macht seine Kraft aus. An ihm ist ein Romanschriftsteller verloren gegangen. Er ist ein Trapper, der auf Robbenfell Ski fährt und plötzlich zum Barbaren eines Raubtiers wird. Er ist der Fährtenleser, der Kotstücke auseinandernimmt, Grotten erforscht und Kratzspuren sucht, ein Schamane ohne Mystik, ein etwas melomaner Monomane, der mit den Wölfen heult. Er ist ein Psychologe der Modernen und ein Ethnologe per Prokura, der uns die Indianer näherbringt und im Handumdrehen wieder in der Zeit der Mythen lebt. Manche Nächte wird er nacheinander Hirte, Hirtenhund, Schaf und Wolf, Stern und Wiese, Militärspion und verstreutes Rudel – doch immer bleibt er Philosoph und Ethologe und ein ebenso vorsichtiger wie strenger Übersetzer einer Tierwelt, die ihn fasziniert.

Es wäre also falsch, in diesem Buch eines *Ethosophen* die Lässigkeit eines vagabundierenden Denkens zu sehen, das uns zu Zeugen seiner glücklichen Wanderungen machte. Denn man bahnt sich zwar seinen Weg zwischen Epiphanien inmitten der Natur und blitzartigen Intuitionen, doch niemals geht die Bodenbindung verloren. Das Denken bewegt und entfaltet sich weniger wie Inseln denn wie ein Wald, der wächst, seine Hochwälder verdichtet und seinen Machtbereich auf die Brache ausdehnt.

Baptiste Morizot ist ein großer Philosoph, aus einem sehr schönen Grund und auf eine sehr schöne Weise: Er bringt das Leben ins Denken hinein. *Sein* Leben ebenso sehr wie *unseres*, wenn diese Eigentumstrivialitäten in einem Bereich, der alles und jeden durchdringt, auch nur den geringsten Sinn haben. Nicht so sehr das Leben als Idee, sondern das Leben als Virulenz, als sinnliche Prägung, als Wuchern der Spuren, Knospen der Hypothesen, die die Blüte erahnen lassen, die als Thesen leben und zu Früchten werden.

Und da das Lebendige in uns ist, inmitten unserer Lymphen und unserer mikrobiotischen Bäuche, in uns als tierische Aszendenzen, die in uns knurren und in einer Myriade geistiger Akte und dahinschießender Wahrnehmungen ans Licht kommen, das in uns ist, insofern das Lebendige unser gemeinsames Wunder und unsere gemeinsame Erfahrung ist – was wäre sonderbar daran, dass es als *Intercept*[160] des Denkens knistert? Als das, was es elektrisiert, seine Bahnen zieht, unsere Wege kreuzt und unsere Routinen durchlöchert …

Baptistes Denken ist eine Bewegung durch die Kalksteinblöcke des Naturalismus, die es aufbricht. Es steigt die knirschenden Geröllhalden hinauf, auf denen die Aufstiege ins Rutschen kommen, sobald man sie unternimmt, die aber jede echte Philosophie des Lebendigen zu bewältigen hat. Wie ein Troll bringt er im Vorbeigehen mit einem neckischen Pfeil die Begriffe zum Platzen, die so dick und leer wie Werbeballons sind: Natur, Kultur, Kollaps …

Er denkt, wie er Spuren liest, indem er zwischen den Zistrosen tanzt, mit seinem von Lektüren vollgestopften geistigen Rucksack, Schulter an Schulter mit den Buchsbäumen, das Ohr auf der Lauer. Und wenn seine Begriffe so reichhaltig sind, verdankt er dies meiner Meinung nach den Orten, an denen sie aufblühen, an seiner Fähigkeit, auf den Bergkämmen stehend über einen Fußabdruck nachzudenken, mit einem steifen Nacken, weil er einem Weg folgt, der im weichen Schnee verschwindet. Ein Feld-Philosoph, nicht wahr? Ja, irdisch und erdig, bodenständig, wenn es sein muss, um im nächsten Moment nach oben zu blicken und den Schrei eines Bartgeiers zu genießen, und dann wieder den Wasserlauf hinaufzusteigen, den

Fluss als Syntax, mit schnüffelnder Schnauze und den Wolf als Fluchtpunkt. Doch vor allem ist er ein Philosoph, weil er weiß und spürt, wie sehr der reine Begriff nichts ist ohne die Affekte und Perzepte, die ihn heimsuchen, ohne diese ständige Durchquerung im Zickzackkurs, rauf-runter, der von den Empfindungen (und sogar von den kindlichsten Gefühlen) zur Klarheit einer Idee führt. Bei jedem Hin-und-Her durchschneidet ein Schwall von Aufmerksamkeitsmodi die Wirklichkeit, rahmt sie ein, entfernt die Schlacke, um die Perlen freizulegen.

Baptiste hat dieser Praxis und Fähigkeit, den dreifachen Bezug zur Welt – Affekt, Perzept, Konzept – zusammen und verschmelzend in Vibration zu versetzen, einen großartigen Namen verliehen: glühende Verschmelzung. Das habe ich in meinem Roman *Die Flüchtigen* weniger glanzvoll »offenes Rot« genannt.[161] Und ich habe versucht, das in ein Musikalbum zu übersetzen, durch diese Sprache, die von Van Gogh inspiriert ist, als er die Gewalt des Lichts der Provence entdeckte, die einer Form von Schrecken nahekommt: *in die Farbe treten*. Eine »Art des Lebendigseins«, die ganz und vielfältig lebendig ist: in seinem Denken, dünnhäutig, die Hand in der Glut und mit den Augen nach dem ganz profanen Glühpunkt fassen, wo die Gegenwart ein Schmiedeschwert ist, das man ergreift, ohne sich zu verbrennen.

> Als Rätsel unter den Rätseln erhält die menschliche Art des Lebendigseins nur dann ihre Bedeutung, wenn sie mit den Tausenden anderen Arten des Lebendigseins verwoben ist, die die Tiere, Pflanzen, Bakterien und Ökosysteme um uns für sich beanspruchen.

Möge dieses Buch den Lesern so wie mir die intensive Freude bereiten, die die Empfindung verschafft, gleichzeitig erweitert, erhoben und vertieft zu werden.

Gerade ein wenig größer zu sein, wenn man diese Seiten beendet, ganz einfach.

Was kann man mehr verlangen?

Alain Damasio
Oktober 2019

ANMERKUNGEN

1 Richard POWERS, *Die Wurzeln des Lebens*. Roman. Aus dem Amerikanischen von Manfred Allié und Gabriele Kempf-Allié, Frankfurt am Main 2018, S. 391.

2 Der Col de la Bataille ist ein Gebirgspass im Vercors-Gebiet am westlichen Rand der französischen Alpen (A. d. Ü.).

3 Ich danke Estelle Zhong Mengual für diese Idee und für die Reichhaltigkeit unserer Diskussionen und Lektüren. Sie haben dieses Buch besser gemacht, so wie alles, was sie anfasst.

4 Sensibilität bedeutet Empfindlichkeit, Empfindsamkeit und Empfänglichkeit. Man sollte jedoch mitbedenken, dass im französischen Wort *sensibilité* der Verweis auf *le sens* (»Sinn«) in seiner doppelten Bedeutung (Wahrnehmungssinn und eben Bedeutung) viel leichter lesbar ist (A. d. Ü.).

5 Robert PYLE, *The Thunder Tree*, Portland 2011.

6 Studie, die 2014 von Discover the Forest, dem US Forest Service und dem Ad Council durchgeführt wurde.

7 Richard K. NELSON, *Make Prayers to the Raven. A Koyukon View of the Northern Forest*, Chicago 1986.

8 Vgl. Baptiste MORIZOT und Estelle Zhong MENGUAL, »L'illisibilité du paysage. La crise écologique comme crise de sensibilité«, in: *Nouvelle Revue d'esthétique* 22 (2018), S. 87–96.

9 Charles STÉPANOFF, »Human-Animal ›Joint Commitment‹ in a Reindeer Herding System«, in: *Journal of Ethnographic Theory* 2.2 (2012), S. 287-312. Eduardo KOHN, *How Forests Think. Toward an Anthropology Beyond the Human*, University of California 2013.

10 Das französische Wort *ascendance* wird zumeist mit »Abstammung« wiedergegeben. Das hier verwendete deutsche Lehnwort bringt jedoch genauer den Gedanken zum Ausdruck, dass es um die (von der Gegenwart aus gesehen) aufsteigende Verwandtschaft im Gegensatz zur absteigenden geht, die »Deszendenz« (fr. *descendance*) genannt wird. Da Morizot den Aspekt des Aufsteigens und An-die-Oberfläche-Tretens betonen will, wird hier der genaue Fachausdruck als Begriff eingeführt (A. d. Ü.).

11 »Gegenseitige Abhängigkeit«, das aus dem Lateinischen stammende Wort wurde beibehalten, weil es bei Morizot einen starken Begriff bildet, der besser nicht in zwei Wörter zerrissen werden sollte (A. d. Ü.).

12 Eine Figur von Richard Powers Roman *Die Wurzeln des Lebens* sagt: »Sie wollen dahinterkommen, warum manche Menschen die belebte Natur ernst nehmen, wo doch für alle anderen das einzig Reale andere Menschen sind. [...] So viel zum Thema Pathologie.«, a. a. O., S. 396.

13 Man wird dem natürlich Camus' *Hochzeit des Lichts* entgegenhalten, wo andere Beziehungen zur lebendigen Welt sichtbar werden. Doch man muss das Argument hier in seiner höchsten Allgemeinheit verstehen.

14 Es handelt sich hier um den Begriff *affordance*, den James GIBSON in *The Ecological Approach to Visual Perception*, Boston 1978 (dt.: *Wahrnehmung und Umwelt: der ökologische Ansatz in der visuellen Wahrnehmung*, aus dem Englischen von Gerhard Lücke u. a., München/Wien/Baltimore 1982), entwickelt. Er definiert Angebote (*affordances*) als Eigenschaften, die in der Umwelt sind und zu einer bestimmten Art von Handlungen einladen, wie der Türknopf dazu einlädt, von einer menschlichen Hand gedreht zu werden, und die Klippe einen Geier dazu auffordert, sich in die Lüfte zu erheben.

15 Claude LÉVI-STRAUSS, *Das Nahe und das Ferne. Eine Autobiographie in Gesprächen mit Didier Eribon*, aus dem Französischen von Hans-Horst Henschen, Zürich 2019, S. 244.

16 Martyn EVANS, »Wonder and the Clinical Encounter«, in: *Theoretical Medicine and Bioethics* 33. 2 (Februar 2012), S. 123–136.

17 Edward O. WILSON, *Biophilia*, Cambridge/London 1984, S. 139–140.

18 Marie-Françoise GUÉDON, *Le Rêve et la forêt. Histoires de chamanes nabesna*, Québec 2005, S. 131.

19 Ebenda, S. 132.

20 Barbara CASSIN, *Éloge de la traduction*, Paris 2016, S. 10.

21 Unter »biologischem Merkmal« verstehe ich im weiten Sinne irgendein Organ, ein Verhaltensschema, eine vererbte organisierte Eigenschaft. Ich akzeptiere hier als Prämisse die Grundthese der klassischen Ethologie, der zufolge die Verhaltensschemata (wie zum Beispiel die Abfolge von Akten, die ein Geheul bilden) in einem gewissen Maße wie die Organe vererbbar und der Evolution unterworfen sind.

22 Karen NEANDER, »Functions as Selected Effects: The Conceptual Analyst's Defense«, in: *Philosophy of Science* 58.2 (Juni 1991), S. 168–184.

23 Vinciane Despret hebt dieses Phänomen deutlich hervor, indem sie die Existenz zahlreicher Arten von »Territorien« bei den Vögeln aufzeigt, die mehr als bloß unterschiedliche Auffassungen von Territorium bei den Ethologen sind, nämlich so etwas wie unterschiedliche Anwendungen des territorialen Verhaltens, um unterschiedliche Beziehungen zum geteilten Raum und zur gemeinsamen Umwelt zu skizzieren. Sie bringt damit einen Kontinent von Anwendungen ans Licht, die sich dem Ökonomismus der Verhaltensökologie entziehen, obwohl sie die von der Evolution sedimentierten Verhaltensmuster als Ausgangsmaterial verwendet. Vgl. Vinciane DESPRET, *Wie der Vogel wohnt*, aus dem Französischen von Nicola Denis, Berlin 2022.

24 Wie das Kunstwerk bei Kant scheint das Wolfsgeheul eine »Zweckmäßigkeit ohne Zweck« zu zeigen. Dieser Lesart zufolge ist die Kant'sche Zweckmäßigkeit ohne Zweck keine Wirklichkeit, sondern eine Erfahrung: Sie ist der Name der Erfahrung, die man vom Kunstwerk im Gegensatz zum technischen Gegenstand macht. Angesichts eines Segelschiffs spürt man, dass es vollkommen gemacht ist, und man weiß auch, zu welchem Zweck, man versteht, warum jedes Element, vom Mast zum Steuerrad, von den Knaggen zum Steven, genau *diese* Form erhalten hat. Doch beim Geheul macht man die Erfahrung der Zweckmäßigkeit *ohne* Zweck: Man spürt, dass es seit Millionen Jahren gewissermaßen auf unvergleichliche Weise geformt wurde, aber es ist unmöglich zu wissen, wozu (denn seit Urzeiten häufen sich die Funktionen und Nutzungsweisen an und werden umgewendet, und diese ganze Geschichte ist *in* der Form des Gesangs).

25 John R. KREBS, »The Significance of Song Repertoires: The Beau Geste Hypothesis«, in: *Animal Behaviour* 25.2 (Mai 1977), S. 475–478 (»Beau geste« bedeutet zwar »schöne Geste« auf Französisch, ist tatsächlich aber auch der Name des Protagonisten des Romans. Allerdings heißt er in Wirklichkeit Michael und wird eingeführt, indem sein Diebstahl eines Edelsteins seiner Tante ironisch als »beau geste« tituliert wird. A. d. Ü.).

26 L. David MECH und Luigi BOITANI, *Wolves: Behavior, Ecology and Conservation,* Chicago 2006.

27 Der Ausdruck *kin* bezeichnet im Englischen sowohl Verwandte als auch Nahestehende.

28 Roland BARTHES, *Fragmente einer Sprache der Liebe*, aus dem Französischen von Hans-Horst Henschen, Frankfurt am Main 1988, S. 137.

29 Man könnte hier eine erweiterte pragmatistische Maxime anwenden: Wenn der Sinn eines Wortes die Palette seiner praktischen Auswirkungen ist, ist hier der Sinn eines Geheuls die Palette seiner Angebote für alle ins Gewebe Eingewebten.

30 Edgar WIND, *Heidnische Mysterien in der Renaissance*, übersetzt von Christa Münstermann u. a., Frankfurt am Main 1981, S. 269.

31 Vgl. Cornelius OSGOOD, *Contributions to the Ethnography of the Kutchin*, New Haven 1936.

32 Eduardo VIVEIROS de CASTRO, *The Relative Native*, Chicago 2016.

33 Man findet hier den Deleuze'schen Gedanken der Differenz wieder. Vgl. Gilles DELEUZE, *Differenz und Wiederholung*, aus dem Französischen von Joseph Vogl, München 1992.

34 Maurice MERLEAU-PONTY, *Die Natur. Aufzeichnungen von Vorlesungen am Collège de France 1956–1960*, herausgegeben und mit Anmerkungen versehen von Monique Séglard, aus dem Französischen von Mira Köller, München 2000, S. 294.

35 Die Vergangenheit sagt uns zwar, wer wir sind, aber es lässt sich in ihr niemals ein Wesen oder eine Grundlage finden. Foucaults Formel zufolge liegt am Ursprung einer Sache nicht ihre Wahrheit oder ihr Wesen, sondern »das Disparate der anderen Dinge«. Von einem begrifflichen Blickpunkt aus gesehen handelt es sich um eine Foucault'sche Logik, die auf Darwin angewandt wird. Man könnte diese Variante in Simondon'schen Ausdrücken »präspezifische Singularität« nennen, doch ich gebe zu, dass das ein wenig dunkel ist. Dieser Begriff bedeutet, dass die Singularität keinen präzisen, zuschreibbaren Inhalt hat, dass sie der Individuation einer Spezies vorhergeht. Sie ist vor jeder Spezies, vor ihrer strukturierten Ausformung. Das ist zum Beispiel die ethologische Tatsache, ein Revier zu haben, aber das ist schon alles, es bedeutet nur: Erbe einer Vergangenheit von territorialen Praktiken und Logiken. Es gibt eine präspezifische (präindividuelle) Singularität territorialer Spezies, die eine Erfahrung des Raumes als eines geopolitischen Orts ist, und sie existiert parallel bei ihnen und bei uns, jeder ist davon eine Variante ohne Modell.

36 Dabei erscheinen Abweichungen, jedoch vor dem Hintergrund einer Beziehungsanalogie. Man kann die entscheidenden Unterschiede herausstellen, um sich kontrollierte Untersuchungen vorzustellen: Worin unterscheidet sich unsere Beziehung zum Wappen von ihrer Beziehung zur Losung? Wie ist das Aussetzen des Markierungsverhaltens zu verstehen, wenn Wölfe das Revier eines anderen Rudels betreten? Wie ist im Lichte dieser Analogie die Tat-

sache zu verstehen, dass das Rudel keine Markierungen vornimmt, wenn es in unzugänglichen Tälern ist, und alle Kreuzungen markiert, sobald es sich auf einem Pfad befindet, der auch von anderen Lebewesen begangen wird? Welche anderen Lebewesen veranlassen es, Wappen und Fahnen zu platzieren? Das Aussetzen der Markierung ist faszinierend.

37 »Interspezifisch« bedeutet »zwischen den Arten« (A. d. Ü.).

38 Claude LÉVI-STRAUSS, *Das wilde Denken*, aus dem Französischen von Hans Naumann, Frankfurt am Main 1968, S. 253.

39 Ebenda, S. 254.

40 Kofferwort aus dem griechischen *pan* (ganz, all) und dem französischen *animal* (Tier), das im Deutschen so nicht wiederzugeben ist (A. d. Ü.).

41 Friedrich NIETZSCHE, *Nachgelassene Fragmente, 1884–1885*, Fragment 26 [233], in: *Kritische Studienausgabe*, Bd. 11, hg. von Mazzino Montinari und Giorgio Colli, München/Berlin 1988, S. 244

42 Dank an Alain Damasio, mit dem diese Nuance zusammengebastelt worden ist.

43 Dank an Jean-Christophe Bailly, der mich in die Kraft dieses Satzes eingeführt hat. (NOVALIS, »Die Natur«, in: *Werke*, hg. von Gerhard Schulz, München 2001, S. 115, A. d. Ü.).

44 Als Exaptation wird insbesondere in der Evolutionsbiologie die Nutzbarmachung einer Eigenschaft für eine Funktion bezeichnet, für die sie ursprünglich nicht entstanden war. Vgl. Baptiste MORIZOT, *Philosophie der Wildnis oder Die Kunst vom Weg abzukommen*, aus dem Französischen von Ulrich Bossier, Stuttgart 2021, S. 92, Anm. 7, und S. 157 (A. d. Ü.).

45 Adolf PORTMANN, *Studien über die Bedeutung der tierischen Erscheinung*, Freiburg/Basel/Wien 1965, S. 207.

46 Das ist die *animistische* Definition der Verwandlung ins Tier gemäß Eduardo VIVEIROS de CASTRO, *The Relative Native. Essays on the Indigenous Conceptual Worlds*, Chicago 2015, S. 277.

47 Friedrich NIETZSCHE, *Ecce Homo. Wie man wird, was man ist*, in: *Kritische Studienausgabe*, hg. von Mazzino Montinari und Giorgio Colli, Bd. 6, München/Berlin 1988, S. 255-374, hier: S. 278.

48 Vgl. John DEWEY, *Wie wir denken. Eine Untersuchung über die Beziehung des reflektiven Denkens zum Prozess der Erziehung* aus dem Amerikanischen von Alice Burgeni, Zürich 1951.

49 LÉVI-STRAUSS, *Das Nahe und das Ferne*, a. a. O., S. 244 (Kursivierung durch mich, B. M.).

50 »In dieser Hypothese wäre der Gegensatz zwischen Kultur und Natur weder eine ursprüngliche Gegebenheit noch ein objek-

tiver Aspekt der Weltordnung. Wir müßten in ihm eine künstliche Schöpfung der Kultur sehen, ein Bollwerk, das diese um sich herum errichtet hätte, da sie sich nicht in der Lage sah, ihre Existenz und Originalität anders zu behaupten als dadurch, daß sie alle Verbindungen abschnitt, die geeignet waren, ihre ursprüngliche Verbindung mit den übrigen Manifestationen des Lebens zu bezeugen.« Claude LÉVI-STRAUSS, *Die elementaren Strukturen der Verwandtschaft*, übersetzt von Eva Moldenhauer, Frankfurt am Main 1981, S. 24.

51 Ich wandle hier Latours Denkfigur »auf der Erde landen« ab. Vgl. vor allem Bruno LATOUR, *Das terrestrische Manifest*, aus dem Französischen von Bernd Schwibs, Berlin 2018. (Im Original trägt das Buch den Titel *Où atterrir?*, das heißt »Wo landen?«, wobei im Verb *atterrir* das Wort *terre* (Erde) steckt, A. d. Ü.).

52 Im Orig. *cosmopolitesse*: Kofferwort aus *cosmopolitique* (kosmopolitisch) und *politesse* (Höflichkeit) (A. d. Ü.).

53 Peter GODFREY-SMITH, *Other Minds: The Octopus, the Sea, and the Deep Origins of Consciousness*, New York 2016.

54 Jean GOEDERT u. a., »Euryhaline Ecology of Early Tetrapods Revealed by Stable Isotopes«, *Nature* 558 (2018), S. 68-72.

55 Man muss daran erinnern, dass der Salzgehalt des Wassers im inneren Stoffwechsel nicht gleich ist mit dem des Salzwassers im ursprünglichen Milieu, er ist niedriger, sogar bei den derzeitigen Knochenfischen.

56 Lori MARINO u. a., »Neuroanatomy of the Killer Whale (Orcinus orca) from Magnetic Resonance Images«, Anatomical Record, Bd. 281A, Nr. 2, Dezember 2004, S. 1256-1263; Lori MARINO u. a., »Cetaceans Have Complex Brains for Complex Cognition«, PLOS/Biology, Mai 2007.

57 Vgl. Richard G. DELISLE, *Les Philosophies du néo-darwinisme*, Paris 2009.

58 Vgl. Joël BOCKAERT, *La Communication du vivant*, Paris 2017.

59 Stephen Jay GOULD, *Zufall Mensch. Das Wunder des Lebens als Spiel der Natur*, aus dem Amerikanischen von Friedrich Griese, München 1991. Virginie ORGOGOZO, »Replaying the Tape of Life in the Twenty-First Century", in: *Interface Focus* (Dez. 2015).

60 Vgl. vor allem Virginie ORGOGOZO, Baptiste MORIZOT und Arnaud MARTIN, »The Differential View of Genotype-Phenotype Relationships«, in: *Frontiers in Genetics* (2016), S. 6.

61 Vgl. GOULD, *Zufall Mensch*, a. a. O. und Simon Conway MORRIS, *The Crucible of Creation. The Burgess Shale and the Rise of Animals*, Oxford/New York 1998.

[62] Vgl. Simon Conway MORRIS, *Life's Solution. Inevitable Humans in a Lonely Universe*, Cambridge 2003.

[63] Jennifer ACKERMAN, *Die Genies der Lüfte: Die erstaunlichen Talente der Vögel, aus dem Englischen von Christel Dormagen*, Hamburg 2017.

[64] Vgl. GODFREY-SMITH, *Other Minds*, a. a. O.

[65] S. A. RAMESH u. a., »GABA Signalling Modulates Plant Growth by Directly Regulating the Activity of Plant-Specific Anion Transporters«, in: *Nature Communications* 6 (2015).

[66] Vgl. Frans de Waal, »Moral Behavior in Animals«, TEDxPeachtree, November 2011, {https://www.ted.com/talks/frans_de_waal_moral_behavior_in_animals}, letzter Zugriff 27.1.2024.

[67] Pierre LEGAGNEUX u. a., »Our House Is Burning: Discrepancy in Climate Change vs Biodiversity Coverage in the Media as Compared to Scientific Literature«, in: *Frontiers in Ecology and Evolution* (Januar 2018).

[68] Teilweise, denn es braucht auch eine Zellmaschinerie und eine Umwelt, um sie auszudrücken und zu modifizieren, da jedes Geheimnis je nach dem in der Umwelt verwendeten »Code« anderes übersetzt werden kann.

[69] Peter SINGER, *Henry Spira und die Tierrechtsbewegung*, aus dem Englischen von Hermann Vetter und Claudia Schorcht, Erlangen 2001.

[70] Ronald D. LAING, *Das geteilte Selbst. Eine existentielle Studie über geistige Gesundheit und Wahnsinn*, aus dem Englischen von Christa Tansella-Zimmermann, Köln 1972.

[71] Sir Thomas BROWNE, »Christian Morals«, in: *The Major Works*, London 2006.

[72] PLATON, *Politea*, Buch IV, 431a.

[73] Peter SLOTERDIJK, *Du mußt dein Leben ändern. Über Anthropotechnik*, Frankfurt am Main 2009.

[74] René DESCARTES, *Über die Leidenschaften der Seele*, in: *René Descartes philosophische Werke*. Übersetzt, erläutert und mit einer Lebensbeschreibung des Descartes versehen von J. H. v. Kirchmann, Vierte Abteilung, Berlin 1870, S. 11 (Rechtschreibung modernisiert, A. d. Ü.).

[75] Baruch de SPINZOA, *Ethik in geometrischer Ordnung dargestellt*, Lateinisch-Deutsch, Übersetzung von Wolfgang Bartuschat, *Sämtliche Werke*, Bd. 2, Hamburg 2007, Teil III, Lehrsatz 11, S. 243.

[76] Streng genommen handelt es sich um Gleichheit, gemäß der Diktion, die Chantal JACQUET in *L'Unité du corps et de l'esprit. Affects, actions et passions chez Spinoza*, Paris 2004, verwendet.

77 Der Unterschied zwischen Freude und Lust ist, dass Lust eine Freude eines Teils des Menschen ist, während die Freude die Gesamtheit der Seele betrifft. Vgl. SPINOZA, *Ethik*, a. a. O., Teil III, 11, Anmerkung, S. 245.

78 Yves de PARIS (1588-1678), Kapuziner, *Les Vaines Excuses du pécheur*, Buch 2, Paris 1662, S. 417.

79 Pierre LE MOYNE, Jesuit, *Les Peinture morales*, Buch IV, Paris: Sébastien Cramoisy 1645, S. 425.

80 René de CERIZIERS (1603-1662), Jesuit, *Les Consolations de la philosophie et de la théologie*, Paris 1640, S. 4.

81 Nicolas COËFFETEAU (1574-1623), Theologe, *Tableau des passions humaines*, Buch III, Paris 1625, S. 69.

82 André-Georges HAUDRICOURT, »Domestication des animaux, culture des plantes et traitement d'autrui«, In: *L'Homme*, Bd. II, Nr. 1, 1962, S. 40-50.

83 Die Zähmung der Schafe, Ziegen und dann Kühe und Pferde kennzeichnet den Prozess der Neolithisierung, der vor zwischen elf- und achttausend Jahren stattfand. Sie wurde vom Sesshaftwerden und der Erfindung der Landwirtschaft begleitet. Vgl. Olivier AURENCHE und Stefan KOZLOWSKI, *La naissance du Néolithique au Proche-Orient*, Paris 2015, und Jacques CAUVIN, *Naissance des divinité, naissance de l'agriculture*, Paris 2013.

84 »Als ob die Natur, die undiszipliniert aus den Händen Gottes hervorgekommen wäre, dressiert werden müsste, um vollendet zu werden.« Die Formel stammt von John Baird CALLICOTT, um das jüdisch-christliche Verhältnis zur Natur in der Genesis zu bezeichnen: *Pensées de la terre*, aus dem Englischen ins Französische von Pierre Madelin, Marseille 2010, S. 47.

85 Charles STEPANOFF, »Human-Animal ›Joint Commitment‹ in a Reindeer Herding System«, in: *Journal of Ethnographic Theory* 2.2 (2012), S. 287–312.

86 SPINOZA, *Ethik*, a. a. O., Teil III, Definitionen der Affekte 1, S. 337.

87 Das ist einer der Punkte, die der Neurobiologe Antonio DAMASIO in seinem Buch *Der Spinoza-Effekt. Wie Gefühle unser Leben bestimmen*, aus dem Englischen von Hainer Kober, Berlin 2005, wiederentdeckt.

88 Die Idee der Diplomatie betrifft zuerst die Beziehungen zum Lebendigen außerhalb von uns (die Natur oder die Biodiversität). Ich habe sie in dieser Dimension der ökologischen Philosophie in meinem Buch *Les Diplomates. Cohabiter avec les loups sur une autre carte du vivant*, Marseille 2016, entwickelt.

89 »Hic sunt dracones« (lat. für »hier sind Drachen«) ist ein Satz, der in der mittelalterlichen Kartografie auftauchte und verwendet wurde, um noch unbekannte Gebiete zu bezeichnen, so wie es üblich war, Seeschlangen und andere mythologische Geschöpfe in die unerforschten Zonen einer Karte zu zeichnen.

90 Das Innenleben (als Leidenschaften, Triebe, Gefühle, Empfindungen kodiert) ist, bevor es von der Wagenlenkermoral unselbstständig gemacht wird, wie das Wildtier vor der übermäßigen Zähmung. Sein Verhalten ist subtiler, seine Geselligkeit gemäßigter, sein Schmuck feiner. Es wird roh erst dann, wenn es vereinfacht und geschwächt wurde, um kontrollierbar zu sein.

91 Vgl. Philippe DESCOLA, *Par-delà nature et culture*, Paris 2005.

92 Gilles DELEUZE, *Spinoza. Praktische Philosophie*, aus dem Französischen von Hedwig Linden, Berlin 1988.

93 Steve PETERS, *Das Chimp Paradox. Das Mind Management Modell für Selbstvertrauen, Erfolg und Glück*, aus dem Englischen übersetzt von Karl Heinz Siber, München 2020, S. 29.

94 Ebenda, S. 32.

95 Ebenda, S. 82-83.

96 Ebenda, S. 88 (Übersetzung angepasst, A. d. Ü.).

97 Virginia WOOLF, *Die Fahrt hinaus*, aus dem Englischen von Karin Kersten, in: *Gesammelte Werke*, hg. von Klaus Reichert, Frankfurt am Main 1997, S. 67.

98 Die Stoiker glauben nicht, dass das irrationale Vermögen der Leidenschaft vom rationalen Vermögen verschieden sei, sondern es »ist derselbe Teil der Seele, den sie eben *dianoia* und *hégemonikon* [Denkvermögen und leitendes Prinzip] nennen, der sich vollständig verändert und wandelt in den Leidenschaften und den Verwandlungen. […] Die Leidenschaft sei somit die Vernunft, doch eine lasterhafte und entstellte, die unter der Einwirkung eines schlechten und verkehrten Urteils an Kraft und Stärke gewonnen habe.« Plutarch, zitiert in Pierre HADOT, *Die innere Burg. Anleitungen zu einer Lektüre Marc Aurels*, aus dem Französischen von Makoto Ozaki und Beate von der Osten, Frankfurt am Main 1997, S. 160.

99 Vgl. Ferhat TAYLAN, *Mésopolitique. Connaître, théoriser et gouverner les milieux de vie (1750–1900)*, Paris 2018.

100 »Es kommt darauf an, sich einen inneren Zustand, der unaufhaltsam zu erschöpfen, zu erlöschen droht, immer wieder zu vergegenwärtigen, aufs neue heraufzubeschwören, zu neuem Leben zu erwecken; es geht darum, eine innere Rede, die in Bedeutungslosigkeit und Routine zu verblassen droht und sich verflüchtigt, immer wieder neu zu ordnen. Indem er seine Ermahnungen an

sich selbst niederschreibt, praktiziert Marc Aurel also stoische geistige Übungen, d. h., er bedient sich einer Technik, eines Verfahrens, des Schreibens, um einen Einfluß auf sich selbst auszuüben, um seine innere Rede durch die Meditation über die Dogmen und die Lebensregeln des Stoizismus umzuwandeln.«, HADOT, *Die innere Burg*, a. a. O., S. 83-84.

101 Ryan HOLIDAY und Stephen HANSELMAN, *Der tägliche Stoiker: 366 nachdenkliche Betrachtungen über Weisheit, Beharrlichkeit und Lebensstil*, aus dem Englischen von Elisabeth und Thomas Gilbert, München 2017.

102 Handlungsmodelle dieser Art werden von der Permakultur beansprucht: »Traditionelle Landwirtschaft war arbeitsintensiv, industrielle Landwirtschaft ist energieintensiv und Systeme der Permakultur sind konzeptions- und informationsintensiv.« David HOLMGREN, *Permaculture. Principles & Pathways Beyond Sustainability*, East Meon 2011, S. 13.

103 SPINOZA, *Ethik*, a. a. O., S. 391.

104 Ludwig WITTGENSTEIN, *Vermischte Bemerkungen. Eine Auswahl aus dem Nachlaß*, hg. von Georg Henrik von Wright, Frankfurt am Main 1994, S. 62.

105 SPINOZA, *Ethik*, a. a. O, Teil IV, Lehrsatz 7, S. 393.

106 Wir beziehen uns dabei auf die Analysen von Balthasar THOMASS, *Être heureux avec Spinoza*, Paris 2008.

107 Friedrich NIETZSCHE, *Jenseits von Gut und Böse*, § 117, in: *Kritische Studienausgabe*, Bd. 5, hg. von Giorgio Colli und Mazzino Montinari, München/Berlin 1993, S. 93.

108 Robert MUSIL, *Die Schwärmer. Schauspiel*, Reinbeck bei Hamburg 1978, S. 65.

109 SLOTERDIJK, *Du mußt dein Leben ändern*, a. a. O., S. 262. Sloterdijks Irrtum in *Du mußt dein Leben ändern* besteht darin, dass er in seiner »Asketologie« unhinterfragt Metaphern der Dressur übernimmt und alle Anthropotechniken mit denen gleichsetzt, die aus der Zähmung durch positiv direkte Aktion stammen, sowie mit der Zähmungsrhetorik, die auf das Innenleben angewandt wird. Das Kapitel, das er nicht aufgeschlagen hat, ist das der genauen und praktischen Modalitäten der Übung: Wie übt man nicht gegen sich, sondern *mit* sich? Das ist das, was alle wahren Asketen tun, jene, die nicht verneinende Asketen aus Ressentiment sind. Was Sloterdijk fehlt, ist eine Landkarte der Beziehungen zum Lebendigen in uns, die verhindern würden, dass man die Beziehungen, die seit dem Neolithikum eingerichtet wurden, als natürlich ansieht.

110 Davi KOPENAWA und Bruce ALBERT, *Der Sturz des Himmels. Worte eines Yanomami-Schamanen*, aus dem Französischen von Karin Uttendörfer und Tim Trzaskalik, Berlin 2024.

111 Weggefährte, weil diese Zusammenarbeit einen ständigen Dialog über das Projekt und seine Methode erfordert. Freiwilliger, weil es sich hier darum handelt, vor Ort wie die anderen und mit den anderen zu »arbeiten«, indem man sich auf eine Praxis einlässt, die einer Figur entspricht, die nicht die des Forschers ist, der die Akteure von außen mit dem Notizbuch in der Hand beobachtet. Die Freiwilligentätigkeit erlaubt es übrigens, eine völlige Unabhängigkeit zu wahren. Forscher schließlich, weil dieses Eintauchen in die Praxis, wie man sehen wird, es ermöglicht, im Versuchslabor, zu dem man wird, philosophische Experimente zu verzeichnen.

112 Der Ausdruck stammt von Jean-Marc Landry. Vgl. die Internet-Site von CanOvis (das Kofferwort lässt *canis* und *ovis* miteinander verschmelzen und macht die Positionierung des Projekts sichtbar): {www.ipra-landry.com/nos-projets-de-recherche/projet-canovis/}. Mit der Wärmebildkamera gefilmte Videos sind auf der Site unter dem Reiter »Ressources>Vidéos CanOvis« verfügbar. Man sehe sich vor allem das mit dem Titel *Événement inattendu à la couchade* an.

113 Ebenda.

114 Aldo LEOPOLD, *Ein Jahr im Sand-County*, aus dem Englischen übersetzt, kommentiert und mit einem Nachwort von Jürgen Brôcan, Berlin 2020, S. 90.

115 Dylan THOMAS, »Do not go gentle into that good night« (1951).

116 Ägyptisches Sprichwort.

117 Arthur SCHOPENHAUER, *Die Welt als Wille und Vorstellung*, Bd. 1, in: *Sämtliche Werke*, Bd. 1, Frankfurt am Main 1986, §68 (A. d. Ü.).

118 Michael D. WISE, *Producing Predators. Wolves, Work and Conquest in the Northern Rockies*, Lincoln 2016.

119 Kurdische Weisheit.

120 Diesen Begriff habe ich in folgenden Texten untersucht: *Les Diplomates. Cohabiter avec les loups sur une autre carte du vivant*, Marseille 2016; »Nouvelles alliances avec la terre. Une cohabitation diplomatique avec le vivant«, in: *Tracés* 33 (2017), online: {journals.openedition.org/traces/7001}; *Philosophie der Wildnis*, a. a. O.

121 Als ich ihr Buch gelesen habe, nachdem ich diesen Text geschrieben hatte, habe ich gemerkt, dass in mancher Hinsicht diese Vorstellung etwas mit dem schönen Slogan von Donna Haraway »unruhig bleiben« zu tun hat. Was mich hier jedoch interessiert, ist eine andere Dimension, nämlich die Vorstellung, die später auf-

tauchen wird, dass die moralische Unruhe und die widersprüchlichen Empathien nicht entpolitisieren, sondern besser politisieren. Unruhig bleiben ist hier ein Moment, eine Anfangsphase in einer Verwandlung, die es ermöglicht, anders zu handeln. Vgl. Donna HARAWAY, *Unruhig bleiben. Die Verwandtschaft der Arten im Chthuluzän*, aus dem Amerikanischen von Karin Harrasser, Frankfurt am Main 2018.

122 Abzüglich der Größe ist das ein Gefühl, das dem Gefühl Nelson Mandelas gegenüber seinen Brüdern analog ist, als er 1995 die Wahrheits- und Versöhnungskommission vorschlug.

123 Der Gemeine ist im Lichte dieser Moralphilosophie paradoxerweise nicht notwendigerweise der am wenigsten mitfühlend Handelnde, sondern vielmehr derjenige, der meint, *niemals* zu wenig Mitgefühl oder Großzügigkeit für andere gehabt zu haben.

124 Diese Formulierung wurde vom Anthropologen Eduardo Viveiros de Castro ausgearbeitet, um die perspektivistische Ontologie zu charakterisieren. In ihr wird unsere realste Identität durch unsere Position im Feld der Beziehungen, die wir mit den anderen unterhalten, bestimmt, und nicht durch unser intrinsisches und unabhängiges »Wesen«. Vgl. Eduardo VIVEIROS DE CASTRO, *The Relative Native*, Chicago 2016, S. 258.

125 Kofferwort aus *pastorale* (Schäfer-) und *loup* (Wolf) (A. d. Ü.).

126 Man könnte sich fragen, welche Interdependenzen zwischen Wölfen und Weideschafen existieren. Zuerst ist das Spiegelbild des Wolfs ins Fleisch des Schafes aufgrund von Millionen Jahren an gemeinsamer Evolution eingeschrieben. Tatsächlich sind die Kraft, die Lebendigkeit und die Aufmerksamkeit, die das Schaf auszeichnen (trotz der Anstrengungen, es leichter handhabbar zu machen), Geschenke des Wolfs. Der Jagddruck hat dazu beigetragen, dieses Tier mit seinen Tugenden und Vermögen zu schaffen, von denen wir heute mit der Zähmung profitieren. Die konstitutiven Beziehungen sind ganz klar. Die Interdependenzen werden in der Evolutionsgeschichte geknüpft, aber auch in der politischen Geschichte: Die französische Schafweidewirtschaft ist niemals so gehört, so repräsentiert gewesen, hat niemals einen so starken politischen Hebel besessen wie seit der Rückkehr des Wolfs (das ist ein objektives Bündnis). Die Lebensbedingungen der Schäfer – dem Paradox muss man ins Gesicht sehen – haben sich seit der Rückkehr des Wolfs in vieler Hinsicht stark verbessert: Auf den Almen wurden Hütten errichtet, Hunde und Zäune finanziert, verschwenderische Entschädigungen gezahlt … Eine potentiell beunruhigende Interdependenz zwischen Wölfen und Weidewirtschaft ist

mir von einem Forscher zugeflüstert worden: Aufgrund der Rückkehr der Wölfe kommen die Schäfer in den Genuss völlig finanzierter Hirten-Gehilfen. Aus unbekannten soziologischen Gründen handelt es sich oft um Frauen. Diesem Forscher zufolge (und ich habe keine statistischen Daten zur Frage gefunden) begünstigt das Liebesbeziehungen, die auf den Almen entstehen können. Die Hütte im Gewitter ist ein anderer Ort, wenn man dort alleine mit seinem Hund ist, oder für ein paar Sommermonate zu zweit. Trägt der Wolf dazu bei, die Berge neu mit Liebe zu erfüllen? Der Frage könnte man nachgehen.

127 LEOPOLD, *Ein Jahr im Sand County*, a. a. O., S. 134.

128 Diese Verkörperung ist keine Personifizierung, weil sie auch durchaus ohne Anführer oder Haupt sein kann, wenn sie von Kollektiven, Netzwerken und sogar aus mehreren Spezies bestehenden Gruppen sichergestellt werden kann, wie wir es später sehen werden.

129 Josiah ROYCE, *The Philosophy of Loyalty*, Nashville 1995.

130 Ich folge hier der meisterhaften Interpretation, die Scott PRATT von Royce liefert in: »Philosophy in the ›Middle Ground‹: A Reply to My Critics«, in: *Transactions of the Charles S. Peirce Society* 39.4 (2003), S. 591–616. Im kritischen Dialog mit der »Logik der Beziehung« des Pragmatisten Charles Sanders Peirce vollzieht Royce seinen Vorstoß, der uns hier interessiert. Seine These erhält ihren vollen Sinn im Lichte der Hauptbegriffe seiner politischen Philosophie: »Loyalität« zu einer Gemeinschaft als Ort geschichtlicher und konstruierter Zugehörigkeit ist für Royce die konstitutive Kraft der menschlichen Welt. Die Loyalität wird als ein Interpretationsrahmen der gemeinsamen Erfahrung eines Kollektivs verstanden, der es ermöglicht, sich und die Welt zu verstehen. Man stammt also immer aus einem Lager.

Doch kaum ist dieses Postulat aufgestellt, muss man das Inbeziehungsetzen zwischen loyalen Gemeinschaften untereinander denken. Durch die Schwierigkeit, die Royce sich selbst bereitet, indem er das Problem auf die Loyalität zentriert, kann er die *Beziehung* mit der Andersheit ernst nehmen. Denn ohne Andersheit ist die Loyalität »bestenfalls Solipsismus, schlimmstenfalls sinnlos«. Die Andersheit ist das, wodurch Gemeinschaften und Loyalitäten sich verändern. Es gibt also eine zweite Kraft, die zentrifugal ist, die er »Interpretation« nennt, die auf die Erscheinung von Sinn zentriert ist. »Um über sich selbst hinausgehen und im Zusammenschluss Sinn zu finden, braucht man ein Netzwerk interpretativer Verbindungen zu anderen, durch die Handlungen und Urteile in Frage gestellt und konstruiert werden können.« (ebenda, S. 605) Doch diese Interaktion muss für Royce eine besondere Form haben. Sie verlangt oft einen Vermittler, eben weil ohne ihn die Logiken der Loyalität die Andersheit auf ein reines Selbst (in der fusionellen Liebe zum Beispiel) oder auf einen reinen anderen (den verabsolutierten Feind) reduzieren. Die dyadischen Beziehungen sind »instabil und konfliktgeladen«. Die Dyade ohne Außen ist das, was Royce »an essentially dangerous community« nennt. Die Beziehung muss also von einem Interpretationsprozess vermittelt werden, den ein Vermittler leistet.

131 Josiah ROYCE, *War and Insurance. An Address*, New York 1914. Man beachte das sinnreiche Veröffentlichungsdatum.

132 PRATT, »Philosophy in the ›Middle Ground‹: A Reply to My Critics«, a. a. O., S. 606. (Die Übersetzung folgt hier Morizots stark abgewandelter Übersetzung ins Französische, A. d. Ü.).

133 ROYCE, *War and Insurance*, a. a. O., S. 52.

134 Pratt fügt klarsichtig hinzu, dass vom Gesichtspunkt jeder der beiden Lager der Vermittler im Widerspruch zu leben scheint, seine Urteile scheinen erratisch und seine Ziele unklar. Doch das ist gerade deshalb der Fall, weil sie von der Interpretationsgemeinschaft eines einzigen Lagers aus beurteilt werden.

135 PRATT, »Philosophy in the ›Middle Ground‹: A Reply to My Critics«, a. a. O., S. 606 (Hervorhebung durch B. M.).

136 Es handelt sich nicht um die eigentümliche Figur des Sprechers, die Bruno Latour befürwortet. Damit diese Figur eingerichtet werden kann, muss ein originelles Netz von Institutionen vorhanden sein, wie es in *Das Parlament der Dinge* beschrieben wird. In Wirklichkeit haben die Sprecher der Wölfe oder der Schafe nicht viel mit der Latour'schen Begriffsperson zu tun, da sie Teil präexistenter traditioneller Repräsentationsinstitutionen sind.

137 Zum Beispiel stellen sich die Naturschutzorganisationen innerhalb des vom französischen Staat finanzierten nationalen Wolfskomitees meines Erachtens legitimerweise als Sprecher des Wolfs dar. Die Repräsentanten der Vereinigung der Schafzüchter stellen sich als die Sprecher der Züchter, aber auch der Schafe dar. Das Erstaunliche an dieser institutionalisierten Form ist nun, dass sie die Kluft einzementiert und verschärft. Wenn die Repräsentanten des Wolfs eine vernünftige Maßnahme zugunsten der Beziehung vorschlagen, wird sie aus Prinzip und in jedem Fall von den Repräsentanten der Weidewirtschaft abgelehnt, mit der Begründung, dass die Wolfsfreunde sie vorbringen und dass sie notwendigerweise die Interessen einer Seite zulasten der anderen verteidigen. Dasselbe geht auch in umgekehrter Richtung vor sich, jedoch nicht so oft.

138 Dieses Phänomen spielt sich gegenwärtig ab. Je mehr die Interessen der Menschen durch die Klimaveränderung bedroht werden, desto mehr trägt die spontane Moral dazu bei, sie zu verteidigen: Die Fortschritte in der Umweltethik (Biozentrismus und Ökozentrismus) der letzten fünfzig Jahre werden hinweggefegt, und die »politische Ökologie« wird zu einem Diskurs, wie die Umwelt nachhaltig verwaltet werden kann, und zielt vor allem auf den alleinigen Schutz der Menschen vor einer »instabilen Natur« ab. Wenn die Verteidiger des Lebendigen in einer dualistischen Logik widersprüchlicher Interessen als Repräsentanten der Nichtmenschen identifiziert werden, dann haben diese Nichtmenschen keine Chance gegenüber den Interessen, die als die Interessen der Menschen dargestellt werden, die sich in Krisen-, Leidens- oder Gefahrensituationen befinden. Deshalb verlangt der Klimawandel nicht so sehr Repräsentanten der Interessen der Nichtmenschen, die als widersprüchlich zu denen der Menschen dargestellt werden, als vielmehr Repräsentanten der Interdependenzen. Aus strategischer, aber auch philosophischer Perspektive geht es darum, zu vermeiden, die Repräsentanten der Bienen oder der Wölfe als im Konflikt mit den Repräsentanten der Züchter oder Landwirte zu inszenieren, da durch metonymische Verschiebung der dualistische Gegensatz zwischen Menschen und Natur inszeniert wird. Genau dieses Labyrinth gilt es jedoch zu verlassen.

139 Baptiste MORIZOT, *Les Diplomates*, a. a. O., S. 289.

140 Das Projekt CanOvis macht eine derartige Kreativität gut sichtbar. Vor allem nimmt es eine originelle Position ein, im Kontakt mit den Züchtern und den Wölfen, im Dienste beider. Dadurch entstehen neue Initiativen. Eine der meiner Ansicht nach vielversprechendsten ist die Schaffung eines experimentellen Entscheidungshilfewerkzeugs, das »Vigi-prédation« heißt. Einer der Initiatoren des Projekts, Jean-Luc Borelli, der parallel an der Beobachtung von Wölfen im CanOvis-Projekt und an der Verwaltung des »Lawinenrisikos« in seiner winterlichen Tätigkeit im Lawinenrettungsdienst arbeitet, hatte die Idee, die beiden Fragebereiche miteinander zu verbinden. Die Intuition besteht hier darin, die Gefahr von Wolfsangriffen auf die Herden weder als eine technische Variabel, die man vollständig beherrschen könne, noch als eine Fatalität anzusehen, auf die man keinerlei Einfluss habe, sondern als ein natürliches Risiko, mit einer Mischung aus Hinnahme des Unvorhergesehenen und aktivem Handlungsspielraum, den diese Art besondere Gefahr impliziert. Geleitet von der tiefen Ähnlichkeit, die er zwischen den beiden Arten natürlicher Risiken,

die Lawinen und das Reißen von Schafen durch Wölfe darstellen, hat Jean-Luc Borelli also die Idee gehabt, die neuesten Initiativen der amerikanischen und französischen Experten im Bereich der Verwaltung des »Lawinenrisikos« auf das Wolfsproblem zu übertragen. Die Experten haben verstanden, dass die besten Vorrichtungen, um Unfälle zu vermeiden, in einfachen und pragmatischen Werkzeugen der Entscheidungshilfe bestehen, die den Akteuren ermöglichen, in Echtzeit die an den Kontext am besten angepasste Vorsicht walten zu lassen und sich von den »Fallen des Unbewussten« fernzuhalten. Das Entscheidungshilfewerkzeug ermöglicht es, die Parameter der Situation zu objektivieren, um ein besseres Verständnis der Gefahr zu erlangen, und entsprechend darauf reagieren zu können. Es geht darum, seine Vorsicht an eine sich verändernde Situation anzupassen, sowohl um die Schutzvorrichtungen in einer Situation zu erhöhen, die kritisch wird, als auch darum, zu wissen, wann sie wieder zurückfahren und wieder zur Ruhe kommen sollen, sodass man nicht durch eine ständige und unverhältnismäßige Aufmerksamkeit erschöpft wird. Die Idee ist also, den Schäfern ein Entscheidungshilfewerkzeug an die Hand zu geben, um mit dem »Wolfsrisiko« umzugehen, das analog zum Entscheidungshilfewerkzeug ist, das den Alpinisten angeboten wird, um das »Lawinenrisiko« einzuschätzen. Die Originalität dieses Zugangs besteht also darin, neue Kenntnisse über den Wolf im Kontakt mit Herden mit einer Risikoabschätzung zu verbinden, die den menschlichen Faktor und die anzuwendenden Wachsamkeitsmodalitäten ins Zentrum der Reflexion stellt, um in Echtzeit die Antwort auf eine sich verändernde Situation zu verbessern, das heißt, den »richtigen Schutz zum richtigen Zeitpunkt« zu finden. Dieses Werkzeug wird derzeit im Dialog und durch gemeinsame Konstruktion von Züchtern und Schäfern vor Ort getestet.

141 Man könnte einwenden, dass dieser Zugang den Lebewesen keinen Schutz bietet, die im strengen Sinn keine Interdependenzen bilden, zum Beispiel überflüssige Arten im Ökosystem, die in unseren Nutzungsweisen oder in der gesunden und autonomen Funktionsweise der Ökosysteme »zu nichts gut sind«. Die biozentrischen Umweltethiken behaupten die intrinsische Notwendigkeit, *jede* Lebensform an sich zu verteidigen. Meine Antwort darauf ist, dass dieser Zugang keine monopolistische Bestrebung hat, sondern nur zu anderen Diskursen hinzukommt und vor allem eine Antwort auf eine genau umrissene Situation ist. Tatsächlich wird die neue klimatische Gegebenheit, die unsere Lebensumstände fragiler macht, die Menschen in Situationen der Verletzlichkeit und in Notlagen

versetzen, sodass die Interessen der anderen Lebewesen kein großes Gewicht in unseren Entscheidungen und Prioritäten haben werden. Es war ein Luxus der Wirtschaftswunderzeit, die anderen Lebewesen im Namen eines universellen Existenzrechts zu schützen, das auf der Erweiterung der Ethik beruhte, die die Philosophen der reichen und entwickelten Länder vorschlugen. Es liegt der biozentrischen Umweltethik, die eine Verpflichtung gegenüber jeder Lebensform postuliert, nämlich ein Unterbau unbewusster politischer Ökonomie zugrunde, die in einem Satz zusammengefasst werden kann: Sobald das Wohlergehen und die Sicherheit der Menschen sichergestellt sind, verfügt man über freie Zeit, überschüssige Energie und Geld, um die anderen Arten, alle, von der unscheinbarsten bis zur für uns oder die Ökosysteme scheinbar nutzlosesten zu schützen. Doch mit diesem Luxus ist es vorbei. Die neue Konjunktur zwingt uns, anders zu denken, wenn wir anderen Lebewesen einen Platz lassen und nicht riskieren wollen, dass sie im Kontext der systemischen Krise der menschlichen Gesellschaften (Klima, Migration, Gesundheit oder Ernährung) völlig von der Liste unserer Prioritäten verschwinden. Wir werden in den entwickelten Ländern alle in eine »Subsistenzökologie« eintreten, die die moralische und »selbstlose« Ökologie des Naturschutzes, die auf überschüssigen Kalorien der reichen Länder beruhte und mithilfe von Dollars und NGOs am Laufen gehalten wurde, in den Bereich der Luxusautos, Privatjets und Urlaube am anderen Ende der Welt verweisen wird. Diese Subsistenzökologie, die uns erwartet, ist nicht mehr und nicht weniger als die aller Völker, die sich der konstitutiven Beziehungen zu ihrer ernährenden Umwelt bewusst sind, das, was der Ökonom Joan Martinez Allier »Umweltschutz der Armen« nennt. Ganz deutlich gesprochen: Die reicheren Länder werden im 21. Jahrhundert eine klimatische Verschiebung zum Umweltschutz der Armen erleben, hin zu einer Ökologie der Pflege der nährenden Umwelt, die die Umwelt, die zur Produktion bestimmt ist (dem Markt geopfert), nicht mehr von den mikroskopischen Umwelten trennt, die von jeder menschlichen Aktivität ausgespart bleiben, welche als ein »Eingriff« angesehen wird (die Naturschutzparks im traditionellen Sinn). Um in dieser Konjunktur, in der die Prioritätenreihenfolge die menschlichen Sicherheitsbedürfnisse notwendigerweise ganz oben ansiedeln wird, die Lebewesen nicht aus dem Blick zu verlieren, läuft die Lösung, die ich hier vorschlage, darauf hinaus, so viele Lebensformen wie möglich in die Arche der Interdependenzen zu bringen, die uns mit ihnen verwoben darstellt und unsere vorgeblich getrennten menschlichen Interessen in eine Bedeutungsgemeinschaft unterschiedlicher Spezies verwandelt. Dadurch wird das ökologische Denken schon jetzt an die Konjunktur angepasst, die das 21. Jahrhundert mit voller Wucht treffen wird, in der man nicht mehr den Luxus haben wird, Energien und Ressourcen zum Beispiel in den Schutz von Zwergtrappen einfach deshalb zu investieren, weil sie großartige Vögel sind und weil eine Umweltethik festlegt, dass jede Art ein heiliges Recht auf Existenz besitze. Doch diese Lösung ist weitreichender. In Wirklichkeit weiß man nie wirklich, wer welche Rolle in den Interdependenzen spielt. Und in diesem Sinne muss man der größtmöglich vorstellbaren Zahl an lebendigen Akteuren im Ökosystem Platz lassen und ihre evolutionäre, ökologische und menschliche Geschichte respektieren.

142 Ich danke Charles Stépanoff für seine Kritik an diesem Punkt. Diese Reflexion ist von seiner Unterscheidung zwischen hierarchischem und heterarchischem Schamanismus inspiriert. Vgl. Charles STÉPANOFF, *Voyager dans l'invisible*, Paris 2019.

143 Manche meinen, dass das die Bezeichnung »Diplomat« hinfällig macht, weil das Vorhandensein eines Mandats und eines streng institutionellen Formats, das ihm seine Rechte und Pflichten verleiht, die Figur des Diplomaten wesentlich ausmachen. Ich glaube nicht, dass dieser Einwand entscheidend ist (ich glaube auch nicht, dass die Wörter ein Wesen besitzen): Die Begriffsschöpfung, die auf einer Analogie beruht, impliziert immer ein Akzentuieren und ein Beiseitelassen. Man betont manche Eigenschaften der ursprünglichen Figur und lässt andere beiseite, um aus dem Alten etwas Neues zu schaffen. Ich betone hier vom ursprünglichen Diplomaten bestimmte offensichtliche Eigenschaften, aber ich lasse das formelle institutionalisierte Mandat beiseite (das Mandat kann informell vorhanden sein, es ist einfach keine notwendige Bedingung).

144 Es ist wichtig, schließlich auch klar zu machen, dass dieses Verständnis der Diplomatie keinerlei faule Kompromisse impliziert (das ist die klassische Interpretation, die die »Radikalen« jeglicher Diplomatie angedeihen lassen). Diese Konnotation gehört der überholten Kosmologie an, in der die getrennten Elemente der Situation ursprünglich und feststehend sind. Faule Kompromisse gibt es nur zwischen den reinen Interessen jedes der isolierten Teile. Sobald der Gesichtspunkt der Interdependenzen erscheint, ist die ganze politische und moralische Kartografie der Interessen verändert. Die in Frage stehende Diplomatie kennt keine Zugeständnisse, sie wird in Bezug auf die Beziehung keine Kompromisse eingehen.

145 Manche dieser Kämpfe werden namentlich von Honigproduzenten (Interapi) oder Verbänden (Fédération française d'apiculteurs professionnels, FFAP) ausgefochten. Doch dadurch darf man nicht die weniger sichtbaren Mobilisierungsformen vergessen, die überall in Frankreich mehr im Modus von Basisbewegungen stattfinden.

146 Derselbe Kampf wird von den Vertretern einer nachhaltigen Agrarökologie geführt, die Diplomaten des Bodenlebens sind, wenn sie von seinem Gesichtspunkt als Knoten der Interdependenz besessen sind. Ich verweise hier auf die unermüdliche Arbeit des Alarmschlagens, die sich aus dem mikrobiologischen Wissen des Ehepaars Bourguignon speist, die große Diplomaten des Bodenlebens sind. Vgl. Claude und Lydia BOURGUIGNON, *Le Sol, la terre et les champs. Pour retrouver une agriculture saine*, Paris 2015.

147 Ich habe in »Nouvelles alliances avec la terre«, a. a. O., Begriffe skizziert, mit denen derartige kämpferische Bündnisse denkbar sind. Léna Balaud und Antoine Chopot haben diesen Begriff des Bündnisses in ihrer Formulierung »Waldbündnisse« aufgegriffen, indem sie ihn in einen anderen theoretischen Kontext gestellt haben, der Marx und Rancière nahesteht. Ihre Operation hat das wichtige Verdienst, diesen Begriff deutlich in radikale linke Kämpfe zu übersetzen, indem ein begrifflicher Wortschatz verwendet wird, der aus ihnen stammt. Sie hat jedoch die Schwäche, manchmal in metaphorischer Weise von Bündnissen mit den Lebewesen zu sprechen, eine Gefahr, die der Begriff des »interspezifischen Bündnisses« eben zu bannen versucht, um nicht auf die poetisch-aktivistische Anrufung bloß verbaler Bündnisse zu verfallen, in der die nichtmenschlichen Lebewesen einmal mehr für menschliche politische Angelegenheiten instrumentalisiert und unsichtbar gemacht würden. Zu ihrer Verteidigung ist zu sagen, dass es äußerst schwierig ist, alle Metaphern in diesem begrifflichen Unternehmen zu vermeiden, das der Idee des Bündnisses neue semantische Facetten eröffnet, um die gemeinsamen Fronten mit jenen Einheiten zu bezeichnen, die keine Verträge schließen und nicht sprechen. Jede ökologische und ethologische Ungenauigkeit klingt hier für unsere modernen Ohren wie eine Metapher, weil das ein Theorieweg ist, der von der anthropozentrischen Moderne verboten und lächerlich gemacht worden ist, den sie nur als Äsop'sche Fabeln auffassen kann. Vgl. Léna BALAUD und Antoine CHOPOT, »Nous ne sommes pas seuls. Les alliances sylvestres et la division politique«, ein Text, der aus einem Vortrag am Bauernhof von Lachaux im August 2017 hervorgegangen ist, online verfügbar unter: {ladivisionpolitique.toile-libre.org/nous-ne-sommes-pas-seuls-rencontres-gre.er-de-louvert/}.

148 Raj PATEL und Jason W. MOORE, *Entwertung. Eine Geschichte der Welt in sieben billigen Dingen*, aus dem Englischen von Albrecht Schreiber, Berlin 2018.

149 Raj PATEL und Jason W. MOORE, *A History of the World in Seven Cheap Things. A Guide to Capitalism, Nature and the Future of the Planet*, Oakland 2017, S. 47 (Die deutsche Ausgabe hat diesen Satz unterschlagen, vgl. S. 67. A. d. Ü.).

150 Ich denke an die Praktiken, die vom Réseau pour les alternatives forestières (RAF) verteidigt werden, oder in anderer Hinsicht von Pro Silva.

151 Man könnte dem entgegenhalten, dass das Projekt der interspezifischen Diplomatie der Interdependenzen in seiner Dimension verwandelter politischer Philosophie hinsichtlich der Lebewesen utopisch ist. Mir scheint, dass es utopisch ist, aber »auf realistische Weise«. In einem von John Rawls formulierten, ganz besonderen Sinn: »Die politische Philosophie ist realistisch-utopisch, wenn sie die Grenzen dessen, was wir gewöhnlich für praktisch-politisch möglich halten, ausdehnt.« (John RAWLS, *Das Recht der Völker. Enthält: »Nochmals: Die Idee der öffentlichen Vernunft«*, aus dem Amerikanischen von Wilfried Hinsch, Berlin 2002, S. 4.) Das heißt, dass ihre pragmatische Fähigkeit, die theoretische und praktische Fantasie der Akteure für neue Formen der Beziehung und der Mobilisierung zu befreien, ihren einzigen potenziellen Wert ausmacht.

152 Pierre HADOT, *La Philosophie comme éducation des adultes*, Paris 2019, S. 280.

153 Ebenda, S. 261.

154 Die gegenwärtige Schwierigkeit der demokratischen Staaten, die Vorstellung von Grenzen des Wachstums, der Produktion und des Konsums zu akzeptieren, macht diese Aporie deutlich. Die modernen Gesellschaften erleben diese heute notwendige Verfügung als eine Negation der Demokratie. Die liberalen Theoretiker erleben sie als einen Rückschritt vom progressiven Projekt (materieller Überfluss und Freiheiten für alle), das heißt, dass die architektonische politische Plattform der Moderne nicht mit der lebendigen Welt vereinbar ist, die doch die Grundlage für die Demokratien bildet. Sie muss sich neu denken und die Grenzen akzeptieren, nicht als von außen stammende Einschränkung, sondern als innere Bedingung der menschlichen Gemeinschaften selbst. Die Interdependenz einer menschlichen Gemeinschaft wird nämlich niemals seine Loslösung noch seine Emanzipation von der ihr zugrunde liegenden lebendigen Welt sein. Vgl. zu diesem Punkt

die erhellenden Analysen von Pierre CHARBONNIER, *Abondance et liberté. Une histoire environnementale des idées politiques*, Paris 2020.

155 Freie Entwicklung bedeutet nicht Abschottung, sondern Bewahrung der evolutionären Potenziale, der Widerstandsfähigkeit und der notwendig spontanen ökologischen Dynamiken.

156 Kant zufolge besitzt nur der Menschen absoluten Wert: »Die Wesen, deren Dasein zwar nicht auf unserm Willen, sondern der Natur beruht, haben dennoch, wenn sie vernunftlose Wesen sind, nur einen relativen Wert, als Mittel, und heißen daher *Sachen*, dagegen vernünftige Wesen *Personen* genannt werden, weil ihre Natur sie schon als Zwecke an sich selbst, d. i. als etwas, das nicht bloß als Mittel gebraucht werden darf, auszeichnet, mithin so fern alle Willkür einschränkt (und ein Gegenstand der Achtung ist).« Immanuel KANT, *Grundlegung zur Metaphysik der Sitten*, in: *Werkausgabe Bd. VII*, hg. von Wilhelm Weischedel, Frankfurt am Main 1974, S. 60.

157 Um die Homophonien und Wortspiele deutlich zu machen, wurden sie hier im Original in Klammern nachgestellt (A. d. Ü.).

158 Im Orig. *Fin du moi – faim du monde: même combo!*, was eine fast homophone Abänderung des Slogans der französischen Gelbwesten-Bewegung *Fin du mois – fin du monde: même combât!* (»Monatsende – Weltende: derselbe Kampf!«) ist (A. d. Ü.).

159 Gilles DELEUZE, *Unterhandlungen. 1972–1990*, aus dem Französischen von Gustav Roßler, Frankfurt am Main 1993, S. 204 (A. d. Ü.)

160 Unübersetzbares Kunstwort, das auf den Begriff (*concept*) anspielt und ihn mit dem Verb *intercepter* (abfangen) kombiniert (A. d. Ü.).

161 Alain DAMASIO, *Die Flüchtigen*, aus dem Französischen von Milena Adam, Berlin 2021 (A. d. Ü.).

Dieses Buch erscheint im Rahmen des Förderprogramms des französischen Außenministeriums, vertreten durch die Kulturabteilung der französischen Botschaft in Berlin.

Erste Auflage Berlin 2024

Großbeerenstraße 57A | 10965 Berlin
info@matthes-seitz-berlin.de

Satz: psb, Berlin
Druck und Bindung: GGP Media GmbH Pößneck
ISBN 978-3-7518-2019-6
www.matthes-seitz-berlin.de